主 编 宋冬霞

编 者 蒋 华 徐丽娟

史学论文写作

（第二版）

南京大学出版社

图书在版编目(CIP)数据

史学论文写作/宋冬霞主编. —2版. —南京：
南京大学出版社,2020.8(2025.8重印)
ISBN 978-7-305-23619-8

Ⅰ.①史… Ⅱ.①宋… Ⅲ.①史学—论文—写作
Ⅳ.①K062

中国版本图书馆 CIP 数据核字(2020)第132568号

出版发行	南京大学出版社
社　　址	南京市汉口路22号　　邮　编 210093
书　　名	**史学论文写作** SHIXUE LUNWEN XIEZUO
主　　编	宋冬霞
责任编辑	刁晓静　　　　　编辑热线　025-83592146
照　　排	南京开卷文化传媒有限公司
印　　刷	苏州市古得堡数码印刷有限公司
开　　本	787 mm×960 mm　1/16　印张 13.25　字数 238 千
版　　次	2020年8月第2版　2025年8月第4次印刷
ISBN	978-7-305-23619-8
定　　价	34.00元

网　　址:http://www.njupco.com
官方微博:http://weibo.com/njupco
微信服务号:njuyuexue
销售咨询热线:(025)83594756

* 版权所有,侵权必究
* 凡购买南大版图书,如有印装质量问题,请与所购
　图书销售部门联系调换

编者的话

高等学校历史学专业教学中,《史学论文写作》是极其重要的基础性课程的教材,编者在长期教学实践的基础上,依据本科生培养方案和史学论文写作课程教学目标,以新时代中国特色社会主义为指导,努力运用辩证唯物主义和历史唯物主义的基本观点,吸取、参考学界相关成果编撰而成。教材从史学论文写作课程的重要性入手,系统且有所侧重地阐述毕业论文的类型、格式、选题、资料收集、构思、表达、论证、答辩等基本环节。尽量避免框架雷同、更新缓慢、模式陈旧等缺陷和不足,力求体例安排灵活,贴近学生实际。

本教材试图以实际教学案例为主,除了大量列举名流和其他已发表成果外,尽可能以已毕业学生的论文为例,让教学对象感受身边鲜活的写作经验和教训。这些案例更加贴近自己,学生容易接受,并在自己的写作实践吸取或规避,故而更加具有导向性。同时以史学论文写作指导为主,所举事例兼及社会科学的其他各个学科,所以适用于相应学科毕业论文的写作指导。为了不影响内容的完整性,有些不方便安排的内容诸如自考生毕业论文及教学论文写作等,以附录的形式专篇列于文后。

本次教材修订改版,得到了盐城师范学院历史系王祖奇教授、陆玉芹教授的大力支持,河南大学程民生教授、首都师范大学李华瑞教授对教材的编写提出了许多宝贵意见。需要特别强调的是,本教材编写过程中,吸取、参考了国内已有的多家论文写作指南的研究成果,借用他们的智慧使得本教材的内容更加充实,体例更加完备,在此,对他们表示衷心的感谢!

限于时间之仓促及编写者之学术水平,书中错谬及不足之处在所难免,恳请各位大家和读者批评指正,不胜感激!

编　者

2020 年 7 月

目 录

绪 论 …………………………………………………………… 1
 一、学术论文及其特点 …………………………………… 1
 二、史学论文及其创新 …………………………………… 8
 三、毕业论文及其要旨 …………………………………… 12

第一章 史学论文的类型 ……………………………………… 21
 一、按内容和研究方法分类 ……………………………… 21
 二、按议论性质和形式分类 ……………………………… 21
 三、按研究问题的大小分类 ……………………………… 22
 四、按文体分类 …………………………………………… 22
 五、按学位分类 …………………………………………… 30

第二章 史学论文的格式 ……………………………………… 33
 一、题名 …………………………………………………… 33
 二、摘要 …………………………………………………… 37
 三、关键词 ………………………………………………… 43
 四、目录 …………………………………………………… 49
 五、引言 …………………………………………………… 50
 六、正文 …………………………………………………… 56
 七、结语 …………………………………………………… 61
 八、致谢 …………………………………………………… 65
 九、注释和参考文献 ……………………………………… 66

第三章　史学论文的选题 ································· 78
一、选题的重要性 ································· 78
二、选题原则 ··································· 82
三、史学论文选题途径 ······························· 93
四、怎样避免选题失误 ······························ 100
五、选题的其他几个问题 ····························· 101

第四章　史学论文的资料 ································ 106
一、收集资料的重要性 ······························ 106
二、搜集资料的范围 ······························· 108
三、搜集资料的形式、要求及其资料的分类 ···················· 111
四、收集资料的方法 ······························· 123

第五章　史学论文的构思 ································ 126
一、构思的步骤 ································· 126
二、论文的结构原则 ······························· 138
三、论文的构段 ································· 142
四、论文的逻辑 ································· 144

第六章　毕业论文的文风 ································ 147
一、论文文风的表现特征 ····························· 147
二、论文文风的表现形式 ····························· 148
三、优良文风的基本要求 ····························· 150

第七章　史学论文的论证 ································ 152
一、历史学毕业论文的论点 ···························· 152
二、历史学毕业论文的论据 ···························· 159
三、历史学毕业论文的论证方法 ·························· 162
四、历史学毕业论文的论述过程 ·························· 166

第八章　史学论文的答辩 ·················· 168
一、历史学毕业论文答辩的特点 ············ 168
二、历史学毕业论文答辩的目的和意义 ········ 170
三、毕业论文答辩前的准备 ··············· 174
四、历史学毕业论文答辩程序 ············· 177
五、历史学毕业论文答辩过程 ············· 178

附　录 ································ 184
附录一　如何写好教学论文 ··············· 184
附录二　自考生如何撰写毕业论文 ·········· 188
附录三　毕业论文指导的意义、任务、内容和方法 ·· 192
附录四　补充《泰州捍海堰探析》简纲 ········ 198

参考文献 ······························ 204

绪　论

本书的编写试图为历史专业在校生写作毕业论文指示门径。在叙述正文之前,我们将在绪论中依次厘清学术论文、史学论文、毕业论文的涵义、特点及其联系与区别。在此基础上,进一步探究撰写毕业论文的目的和方法,明确学习本课程的重要意义。

一、学术论文及其特点

中华人民共和国国家标准(UDC 001.81 CB 7713—87 号文件)给出的学术论文的定义为:学术论文是某一学术课题在实验性、理论性或观测性上具有新的科学研究成果或创新见解的知识和科学记录;或是某种已知原理应用于实际中取得新进展的科学总结,用以提供学术会议上宣读、交流或讨论;或在学术刊物上发表;或作其他用途的书面文件。在社会科学领域,人们通常把表达科研成果的论文称为学术论文。学术论文具有四大特点:

(一) 学术性

所谓"学术",是指较为专门、系统的学问。所谓学术性,就是指研究、探讨的内容具有专门性和系统性,即是以科学领域里某一专业性问题作为研究对象。当然也有的学术问题,仅凭一个专业的知识解决不了(如跨学科或边缘学科),就会由两个或几个专业的专家联手合作研究,运用各自的专业知识,解决一个学术问题,写出学术论文。例如在夏商周断代问题的研究中,单靠历史学家就解决不了,于是调集古文字学家、天文学家、考古学家等多学科专家共同研究,再写出科学论著。学术论文从选题上说有很强的专业性。如《中苏条约中的利益冲突及其解决》《宋代城市餐饮业研究》《宋夏关系与北宋经济政策研究》《10—12 世纪楚州研究》《唐高宗、武则天时期中国与林邑的关系》《宋代城市餐饮业研究》《中国早期国家时期的邦国与方国》《范(范仲淹)吕(吕夷简)解仇公案再探讨》《两次鸦片战争期间禁烟的困境——以"重治吸食"为中心的考察》《大光明电影院与近代上海社会文化》《"聊为友谊的比赛"——从陈垣与胡适的争论说到早期中国佛教史研究的现代典范》《黑死病期间西欧的鞭笞者运动(1348—1349)》《法律史研究的方向:法学化还是史学化》等仅从题目上看就有很强的专业性。相反,如《我所认识的启功先生》《我的伯父鲁迅先生》《假期:少儿玩手机悠着点儿》《记念刘和珍君》《中国,鲜红的太阳永不落》《泣血的良知:"黑哨"龚建平忏悔而抑郁的最后时光》《漏电保护器与空气开关的区别》《冰的熔点与压强的关系》等,单从题目上看就没有专业性,多属于纪念性和知识性、科普性内容。

  从内容上看,学术论文更是富有明显的专业性。学术论文是作者运用自身系统的专业知识,去论证或解决专业性很强的学术问题。有时候,单纯从题目上还难以判断是否学术论文,必须从内容上加以辨别。如2001年是辛亥革命90周年纪念,我国主要大报都发表社论①,虽然它也谈历史问题,但主要着眼于现实,这就不是学术论文,而是议论文、政论文。但如果某个历史学专家从历史学的角度研究辛亥革命的某个问题,如《历史研究》2002年第1期发表的著名历史学家章开沅的文章《张汤交谊与辛亥革命》,分析立宪派的两位代表人物张謇与汤寿潜在辛亥革命时期在各项革新事业中的贡献,这就是学术论文了。再如关于破除迷信的论题,可以写成政论文或思想评论,但如果由一位地理学家运用地理知识去论证"风水术"的古代科学与封建迷信并存一体的特点,这就不是一般议论文,而是学术论文。如果从心理学角度剖析"算命术"和"占卜术",也很可能就成为一篇心理学专业性较强的学术论文。所以从内容上看是否有明显的专业性是学术论文和一般议论文最重要的区别所在。

  从语言表达来看,学术论文是运用专业术语和专业性图表符号表达内容的,它主要是写给同行看的,所以不在乎其他人是否看得懂,而是要把学术问题表达得简洁、准确、规范,因此,专业术语用得很多。切忌因为担心读者看不懂而过多解释,这样容易冲淡主题,导致文章冗弱无骨。

---

① 社论是新闻评论的一种,是最为重要的新闻评论和舆论工具,是报纸编辑部就重大问题发表的评论。在英文中,社论称 Leader,又称 Editorial 或 Leading article,前者指的是"总编评论文章",后者则有"首席评论文章"之意。美国作者史本沙尔在《社论写作》一书中认为:"社论是一种事实与意见的精确、合理与有系统的表白,为了娱乐,并影响公众,也为了要解释新闻,使一般读者能够了解其重要性。"

（二）科学性

所谓科学性，就是指研究、探讨的内容准确，思维严密，推理合乎逻辑。科学性是学术论文的特点，也是学术论文的生命和价值所在。开展学术研究，写作学术论文的目的，在于揭示事物发展的客观规律，探求客观真理，从而促进科学的繁荣和发展，这就决定了学术论文必须具有科学性。

学术论文的科学性，是要求作者在立论上不得带有个人好恶的偏见，不得主观臆造，必须切实地从客观实际出发，从中引出符合实际的结论。在论据上，应尽可能多地占有资料，尽量争取做到竭泽而渔、一网打尽，以最充分的、确凿有力的论据作为立论的依据。在论证时，必须经过周密的思考，进行严谨的论证。

学术论文要做到科学性，首先是研究态度的科学性，这就是老老实实、实事求是的态度，要以严肃的态度、严谨的学风、严密的方法开展学术研究。从事社会科学研究，就必须从大量的材料出发，通过分析材料得出结论。而不能先有结论，再找材料去论证。坚持论从史出，用理论统帅资料，用资料说明观点。历史研究的最大特点就是有一份资料说一份话。从事实验研究，就应对课题进行系统的多方面的实验，从大量的实验数据中分析综合，得出正确的结论。

纵观中外古今，研究态度不端正、违背科学性原则的研究者仍然不少，主要表现为：为了沽名钓誉，哗众取宠，故意歪曲事实，标新立异，甚至伪造事实，提出所谓新观点。如在古代，很多人临终前都希望聘请到一位文笔流畅的文学家给自己写墓志，希望能写些漂亮的辞藻为自己歌功颂德，以为这样就能死而无"憾"；丧亲之家为显荣耀，往往聘请有一定社会地位的文人墨客为之撰文。于是，润笔费用便不可缺少。欧阳修为王旦作墓碑，王之子仲仪"送金酒盘盏十副，注子二把，作润笔资"①。王禹龙作庞颖公神道碑，庞家除送润笔金帛外，还奉送了极有收藏价值的"古法书名画三十种。杜荀鹤及第试卷，亦是其一"②。因此而致富者亦不乏其人。宋人孙仲益"每为人作墓碑，得润笔甚富，所以家益丰。有为晋陵主簿者，父死，欲仲益作志铭，先遣人达意于孙，云：'文成，缣帛、银粟各当以千濡毫也'"。孙得到此一许诺后，即"忻然落笔，且溢

---

① 丁传靖：《宋人轶事汇编》卷8《欧阳修》，中华书局2013年版。
② ［清］潘永因：《宋稗类钞》卷8《古玩》。

美之"①。正因为人作碑铭墓志有利可图,故而士人趋之若鹜。在长安,"争为碑志,若市贾然。大官薨,其门如市",甚至出现了"喧竞攘讼,不由丧家"的难堪场面②。显见,作志的过程乃金钱、粟帛与溢美言词之间的交易过程。

当代为已经去世的人写传记之风仍然盛行。某人去世了,其子女或许搞到一笔钱,就物色某个学者或者名人,请他为其故去亲属写作传记。有的人就为尊者讳,任意拔高,违背甚至歪曲事实,这就不是科学的态度,用这种态度曲笔写成的传记因其不能秉笔直书,自然无从谈及科学性。更者甚如:英国一位曾经名扬四海的研究者,"深信理论无误而编造数据";苏联的一位女科学家为了使自己声名显赫而虚构"细胞起源"的假实验。如此,又遑论科学性!

学术论文要做到科学性,其次是研究方法的科学性,也就是要运用马克思主义的立场、观点,用辩证唯物主义和历史唯物主义的方法进行科学探讨。科学性在思维方式上的重要表现就是逻辑性。王力先生说:"撰写论文,第一也是最重要的一点,就是要运用逻辑思维,如果没有科学头脑,就写不出科学论文,所谓科学头脑,也就是逻辑的头脑。"③

有些史学论文在评价历史人物时,用简单化的方法,好就是绝对的好,坏就是绝对的坏,这都是缺乏科学性的,因为这不符合事实。历史人物是复杂的,我们不能用简单的方法去评价他,一定要实事求是,有几分功就肯定几分功,有几分过就指出几分过,这才是科学的。

学界1978年以前对朱元璋不够实事求是的评价即存在明显的研究方法的不科学。当时,明史学界对朱元璋这位历史人物的评价虽说没有尖锐的意见冲突,但在不同的历史时期内,不仅研讨的重点不同,他的身份和地位也时常随着气候的变化而时高时低,脸谱上的油彩不断变换:在20世纪50年代,主要是探求他投身反元起义的作用及其政权性质转化的原因;到了60年代中期以后,有文章认为他参加反元起义是以孔孟思想为武器,是一名蜕化变质的农民起义领袖,还有文章以为他是"投降派";70年代末至80年代初,更多的是批判他如何强化君主专制主义中央集权,推行个人独裁统治;80年代中期以后,重点则转移到全面分析他所强调的中央集权的正负面作用,肯定其在明初经济恢复中的积极意义。对其经济政策、整饬吏治、用人之道等亦多持肯定态

---

① [宋]王明清:《挥麈后录》卷11《孙仲益作墓碑》。
② [宋]洪迈:《容斋续笔》卷6《文字润笔》。
③ 王力、朱光潜、周一良、铁崖、张岱年等著:《怎样写学术论文:十二位名教授学术写作纵横谈》,北京大学出版社1981年版。

度,认为他是一位有作为的伟大帝王。

研究方法的科学性,就是先用归纳法,它是一种由个别到一般、从特殊到普遍、从经验事实到事物内在规律性的认识手段和模式;再用演绎法,从一般性的前提出发,通过推导即"演绎",得出具体陈述或个别结论的过程,而不能反过来。要从大量的具体材料去归纳,以归纳为基础,再作分析,最后得出结论。对结论还要多设疑问,反复思考论证。凡是先有结论,再找材料研究,都是反科学的研究方法。

学术论文要做到科学性,第三是内容的科学性。什么样的内容才符合科学性?这就是论点正确,概念明确,论据确凿充分,推理严密,语言准确。

论点即学术研究的成果结论,这个结论应能反映客观事物的本质规律,揭示客观真理,符合客观实际,经得起实践验证,经得起推敲和逻辑推理。论文中概念的外延、内涵要有明确性、准确性和确定性,不能模糊不清,也不能随意更换概念。

论据要确凿充分,不能使用孤证就轻率得出结论,因为孤证往往带有偶然性、片面性,更不能歪曲或伪造材料。

推理严密就是论据和论点有机联系而无懈可击,假想推断要有严密的逻辑性,有些考证需要类比,也要注意类比的可比性与可靠性。

(三) 创新性

创新性被视为学术论文的特点之一,也是学术论文的生命所在,这是由科学发展的需要决定的。

科学研究是对新知识的探求。如果科学研究只作继承,没有创造,那么人类文明就不会前进。人类的历史就是不断发现、不断发明,也就是不断创新的历史。一个民族如果没有创新精神,这个民族就要衰亡。同样,一篇论文如果没有创新之处,它就毫无价值。

创造性是科学研究的生命。学术论文的创造性在于作者要有自己独到的见解,能提出新的观点、新的理论。这是因为科学的本性就是"革命的和非正统的""科学方法主要是发现新现象、制定新理论的一种手段……旧的科学理论就必然会不断地为新理论推翻"[①]。因此,没有创造性,学术论文就没有科学价值。

---

① [英国] 斯蒂芬·F.梅森著,上海外国自然科学哲学著作编译组译:《自然科学史》,上海人民出版社1977年版。

学术论文的创新，主要表现在以下几个层次：

1. 填补空白的新发现、新发明、新理论

人类的科研活动，主要是发现活动和发明活动。发现是认识世界的科学成就，把原来存在却未被人们认识的事物揭示出来。如居里夫人发现镭，考古学家发现恐龙化石，敦煌石窟资料的发现等。科学发现为人类的知识宝库增添财富，使科学得到发展。发明是改造世界的科技成就，运用知识发明出对人类有用的新成果，成为直接的生产力，如蒸汽机、电子计算机等。新理论是一种自成系统的学说，它对人类的实践具有巨大的理论指导意义，如马克思的《资本论》、李四光的"新华夏构造体系"、邓小平理论等。

2. 在继承基础上发展、完善、创新

创新离不开科学继承，有不少研究成果是在继承基础上发展起来的。继承基础上的发展，也是一种创新，只有创新才能发展。如日本彩电，继承了三分欧洲技术、七分美国技术，在综合国际三百多项高新技术基础上，创造了更先进的日本技术。电子计算机也是经过一代又一代的继承、创新，不断发展，至今仍以日新月异的速度更新换代。邓小平理论也是在继承马列主义、毛泽东思想的基础上，结合中国国情，创造性地发展了社会主义理论。

3. 在众说纷纭中提出独立见解

开展科学研究过程中，学术争鸣是不能避免的，参加学术争鸣切忌人云亦云，应对别人提出的观点和根据给予认真的思辨，并积极参与争鸣，大胆提出自己的独立见解和立论根据。对活跃思维，产生科学创见做出一点贡献，也是一种创造性。

4. 推翻前人定论

由于人们在探究物质世界客观规律过程中，总是不能一下子穷尽其本质，任何学派的理论、学说，都不是尽善尽美的。研究者对研究对象的认识和研究者本人的知识结构，不可避免地存在着局限性，他们研究得出来的结论，即使当时被认为是正确的，但随着历史发展，科学进步，研究手段的更新等，很可能会发现这些定论存在着问题。所以，对待前人的定论，我们提倡继承，但不迷信，若发现其错误，就需要用科学的勇气去批判它、推翻它。科学史上这类例子太多了，这也是一种创新。如湖北云梦睡虎地秦简出土以后，出现了一批专以这个新发现的材料为依据，订正旧的文献资料，从而对秦史不少问题提出新看法的研究成果。他们的共同特点是以这批新发现的秦简作为史料依据，推翻、重新探讨某些旧的论点或看法。

5. 对已有资料作出创造性综合

之所以这也是一种创新,就在于作者在综合过程中发现问题和提出问题,引导人们去解决问题。

当今世界,信息丰富,文字浩瀚,能对资料作分门别类的索引,已经备受欢迎,为科学研究做出了实实在在的贡献。而整理性论文,不仅提供了比索引更详细的资料,而且整理者把散置在各篇文章中的学术精华较为系统地综合成既清晰又条理的问题,明人眼目。更可贵的是整理者在阅读大量的同类信息过程中,以其特有的专业眼光和专业思维,做出筛选归纳,提供的是高度浓缩的信息,这就是创造性综合。这种综合,与文摘有明显区别,需要专业特长,需要学术鉴赏水平,需要综合归纳能力,更需要发现具有学术价值问题的敏锐力。

我们应积极追求学术论文的创造性,为科学发展做出自己的贡献。既应自觉抵制"人云亦云"、拾人牙慧或毫无新意的炒冷饭式的论文,也应自觉抵制为晋升职称而"急功近利""鹦鹉学舌"地去写那些重复别人说过的,改头换面的文章。将论文写作当作晋升职称的"敲门砖",这是学术的悲哀。

但是我们也要看到,一篇学术论文的创造性是有限的。惊人发现、伟大发明、填补空白,这些创造绝非轻而易举,也不可能每篇学术论文都有这种创造性,但只要有自己的一孔之见,在现有研究成果的基础上增添一点新的东西,提供一点人所不知的资料,丰富了别人的论点,从不同角度、不同方面对学术做出了贡献,就可看作是一种创造。

(四)理论性

学术论文与科普读物、实践报告、科技情报之间最大的区别就是具有理论性的特征。学术论文与一般议论文也不同,它必须有自己的理论体系,不能只是材料的罗列,应对大量的事实、材料进行分析、研究,使感性认识上升到理性认识。再者,学术论文还具有论证或论辩色彩。论文的内容必须符合历史唯物主义和唯物辩证法,符合"实事求是""有的放矢""既分析又综合"的科学研究方法。

所谓理论性就是指论文作者思维的理论性、论文结论的理论性和论文表达的论证性。

1. 思维的理论性

研究者对研究对象的思考,不是停留在零散的感性上,而是运用概念、判断、分析、归纳、推理等思辨的方法,深刻认识研究对象的本质和规律,经过高度概括和升华,使之成为理论。

进行理论思维,把感性认识变成理性认识,实现认识上的飞跃,不是轻而易举可以做到的,这需要花大力气、下苦功夫。有的人因时间紧迫,或因畏惧艰难,在理论思维上却步,以致把学术论文写成罗列现象,就事论事,从而使学术论文失去理论色彩,其价值也就大为逊色了。

2. 结论的理论性

学术论文的结论,不是心血来潮的激动之词,也不是天马行空般的幻想,更不是零散琐碎的感性偶得。学术论文的结论是建立在充分的事实归纳上,通过理性思维,高度概括其本质和规律,使之升华为理论,理性思维水平越高,结论的理论价值就越高。

3. 表达的论证性

学术论文除了思维的理论性和结论的理论性外,它还必须对结论展开逻辑的、精密的论证,以达到无懈可击、毋庸置疑的说服力。

除此之外,理论性还体现在:用通俗易懂的语言表述科学道理,不仅要做到文从字顺,而且要准确、鲜明、和谐,力求生动。

二、史学论文及其创新

顾名思义,史学论文就是史学研究的学术论文。史学论文是学术论文的一种,是指对于历史学的某个专门问题,经过深入研究,所完成的持之有故、言之成理,具有独立见解的史学文章。其文体,一般采取论述形式,长短不拘,短则一二千字,长则数万字,甚至数十万字,如博士学位论文动辄20余万字。

(一) 史学论文的涵义

史学论文既能反映我们对历史学领域某个专门问题的研究成果,又能反映作者历史学的研究水平。可以这样说,一篇史学论文是作者德、识、才、学的综合体现。

唐代史学家刘知几曾指出,史家要有才、学、识三长即所谓"史才三长",其中史识最难。清代史学家章学诚在其《文史通义》中进而提出史家应有四长:德、识、才、学,这是对史学家或史学工作者的最高要求。史学工作者的德、识、才、学是通过论著表现出来的。

史德。所谓史德，就是心术，或者说学术道德，亦如清朝史学家章学诚在其史学评论著作《文史通义》中所论及："德者何？谓著书者之心术也。夫秽史者所以自秽，谤书者所以自谤，素行为人所羞，文辞何足取重！魏收之矫诬，沈约之阴恶，读其书者，先不信其人，其患未至于甚也。所患夫心术者，谓其有君子之心，而所养未底于粹也。夫有君子之心，而所养未粹，大贤以下，所不能免也。此而犹患于心术，自非夫子之《春秋》，不足当也。以此责人，不亦难乎？是亦不然也。盖欲为良史者，当慎辨于天人之际，尽其天而不益以人也。尽其天而不益以人，虽未能至，苟允知之，亦足以称著述者之心术矣。而文史之儒，竞言才、学、识，而不知辨心术以议史德，乌乎可哉？"[①]它要求做到：研究历史，一定要从事实出发，实事求是，秉笔直书；对历史人物，不隐恶、不溢美，不看风使舵，"慎辨于天人之际，尽其天而不益以人"；在撰写时不抄袭、剽窃他人成果，不歪曲甚至伪造史料。这都是史德的基本要求。是否达到这些基本要求，从一篇史学论文中即可反映出来。

史识。所谓史识，就是对历史的见识、见解，或者如梁启超所说的"历史家的观察力"。通过对历史的研究，你能有所发现，这就说明你的见识高。一篇史学论文，反映了作者对这个历史问题的看法，这就是史识。史识高不高，眼界开阔不开阔，论文是最好的反映。

史学。所谓史学，就是学问，你的学问精不精，知识面宽不宽，围绕这个问题上下左右的知识你掌握不掌握，通过一篇论文也完全可以反映出来。

史才。所谓史才，就是研究历史的才华，语言表述的才华，通俗说就是写论文的技术诸如驾驭、组织能力等，主要是指文章的结构和语言的文采，文字是否优美、流畅，这都是史才，一篇论文完全能反映作者的史才。

所以，论文写作是一种综合训练，可全面反映作者的德、识、才、学。

那么，一篇优秀的史学论文应达到什么样的标准呢？

被余英时称为"中国史学界的朴实楷模"的著名史学家严耕望有一句话对此讲得很明白，即一篇优秀论文要做到"充实而有光辉"。严先生这句话可分为两个层次即论文写作有两个标准，基本标准是充实，最高标准则是充实而兼具"光辉"。

所谓"充实"，最主要的是材料丰富、论断平允、踏踏实实、不发空论，这样的论著，才能算得是内容充实的有价值的论著。如有必要，须曲折辩论，达到论证的目标，但步步谨严，如做数学，无一步虚浮，这就比较困难，也更见作者

[①] ［清］章学诚：《文史通义》卷三《史德》。

功力,这种论著在充实的论著中又占有较高地位。凡是内容充实的论著,不论其问题大小,主要在一"精"字,虽然是小问题,而做得很精审,仍旧是内容充实的论著,有其颠扑不破的价值。不过精审充实仍只是有价值论著的基本条件,要使论著达到更高境界,则当在"充实"的基础上,再进一步,显示其有"光辉"。

何谓"光辉"?严先生说:"光辉比较难以具体说明,不过我们可以从两方面去认识:第一要有见解有识力,工作成果要显出有魄力,能见人所不能见,言人所不能言,或言人所不敢言;而同时须兼顾最基本的条件——精审充实。这样的论著自可当'光辉'之誉。而此种光辉境界,不一定在大论题上才能显现;若论题甚小,规模也很小,但工作精审,在精审之中能透出作者之有超凡识力,此亦光辉之一面……但充实的工作做完之后,也要能站在材料的坚强基础上,凌空地笼罩全局地说几句话,此亦为显现光辉面之一法。第二要工作规模恢宏、组织严密,且有创获。学术工作要规模恢宏,或组织严密,或有创获都不难,但要兼而有之,则极不易;当然这里面还要包括一个基本条件——内容充实,这就更不易。兼此四者,自亦可当'光辉'之誉。总之,'光辉'总偏向于恢宏与通识,但与通论不同。写通论性论文,固当以恢宏为最基本条件,若不具备此一基本条件,就将毫无学术价值;但恢宏通识却不限于通论性文字。一部大规模的专门性论著,一篇短小精干的专门性论文,皆可透显作者是否有恢宏的意境,通豁的识力,以臻于'光辉'的境界。"①

(二) 史学论文的创新

在大力弘扬创新精神的今天,我们对史学论文的要求最重要的也就是创新,具体来说是四新:选题新、史料新、观点新、方法新。

1. 选题新

一般不要选那些别人做过,而自己没有新见解的题目,否则就是炒冷饭。要勇于开拓新领域,研究新问题。比如说,历史研究,人们向来只注重政治史、经济史、文化史、人物、事件、制度等方面的研究,对人类历史上疫病史的研究在很长时期里没有引起史学家的注意,即使有,也只是医史学界从技术史角度对古今病名对照、疫病内涵与流变以及疫病治疗等疫病本身内容的探讨。事实上,疫病,特别是瘟疫,并非只是个人的生理现象,而是关系到方方面面的社会问题。这就意味着,有关瘟疫的社会反应,是疾病医疗社会史研究中不可

---

① 严耕望:《治史经验谈》,辽宁教育出版社1998年版。

或缺的一大内容,所以,南开大学余新忠就写了一篇论文《清代江南疫病救疗事业探析——论清代国家与社会对瘟疫的反应》,发表在《历史研究》2001年第6期上。这篇论文选题就很新,它新在不是仅仅停留在瘟疫层面,而是将瘟疫与国家及社会关联起来,这也是目前学界越来越关注的论题之一。

2. 材料新

一篇论文最好能发掘些新材料,这也是一种贡献。不过对社会科学尤其是历史学科的中国古代史而言,是不大容易的。如陕西师范大学的李裕民教授曾于1990年赴日本东京都立大学合作研究,发现已佚的司马光日记,赢得国内外学术界好评。1992年李裕民在日本内阁文库查阅《增广司马温公全集》(海内外孤本)时,发现了司马光日记,日记分两类,一是《日录》三卷,保存完整,二是《手录》八卷,仅存前两卷。以上材料已整理成《司马光日记校注》,由中国社会科学出版社1994年出版。司马光日记的发现,对于推动宋史研究有很重要的意义。此书出版,为许多无缘见到《增广集》的读者阅读司马光日记提供了便利,李裕民先生发现新材料之功不可没。李先生以此日记为主要材料,写作发表了一系列研究成果:如《司马光〈日录〉和〈手录〉初探》[1]、《〈司马光日记〉考》[2]、《司马光佚词二首》[3]、《司马光〈手录〉佚文一则》[4]等。

3. 观点新

这是最重要的,观点反映你的认识水平,你的见识,没有新观点的论文就没有什么学术价值。

4. 方法新

用新的方法进行研究,自然会给人以耳目一新的感觉。如有学者运用心理学方法来研究历史人物南宋孝宗皇帝,解析其内政外交策略变化的内在原因:宋孝宗帝位来之不易,即位后又深受其父高宗的掣肘,所以亲政后力图刷新政治,有所作为,但在对外政策遭到些微失败后,即刻转向内政;且对其后继者光宗是百般牵制,由此导致父子关系紧张,甚至在其死后,儿子光宗未能如礼主持其父的丧礼。这种借用心理学研究方法研究历史人物的做法无疑也是史学论文创新之一种尝试和实践。

---

[1] 《光明日报》1992年8月31日。
[2] 《传统文化与现代化》1993年创刊号。
[3] 《中华文史论丛》1993年51辑。
[4] 《晋阳学刊》1997年第4期。

当然,一篇毕业论文,要求全部做到四新是非常困难的,但至少应有一新、两新,如果四新全无,那这篇论文就毫无价值。

三、毕业论文及其要旨

毕业论文是高等院校毕业生提交的一份有一定的学术价值的文章。它是大学生完成学业的标志性作业,是对学习成果的综合性总结和检阅,是大学生从事科学研究的最初尝试,是在教师指导下所取得的科研成果的文字记录,也是检验学生掌握知识的程度、分析问题和解决问题能力的一份综合答卷。

毕业论文从文体上看,归属于议论文中学术论文的种类。所谓议论文,它是一种证明自己观点正确的文章。它包括政论、文论、杂论在内的一切证明事理的文章,或说理、或评论、或辩驳、或疏证,以达到明辨是非、解除疑惑、综陈大义、驳斥谬误等目的。毕业论文就其内容来讲,一种是解决学科中某一问题的,用自己的研究成果加以回答;一种是只提出学科中某一问题,综合别人已有的结论,指明进一步探讨的方向;再一种是对所提出的学科中某一问题,用自己的研究成果,给予部分的回答。毕业论文注重对客观事物作理性分析,指出其本质,提出个人的学术见解和解决某一问题的方法和意见。毕业论文就其形式来讲,具有议论文所共有的一般属性特征,即论点、论据、论证是文章构成的三大要素。文章主要以逻辑思维的方式为展开的依据,强调在事实的基础上,展示严谨的推理过程,得出令人信服的科学结论。

(一)毕业论文的特点

毕业论文虽则属于学术论文之一种,但和学术论文相较,又有自己的特点:

1. 指导性——在老师的指导下完成

毕业论文是在教师指导下独立完成的科学研究成果。毕业论文作为大学毕业前的最后一次作业,离不开教师的帮助和指导。对于如何进行科学研究,如何撰写论文等,教师都要给予具体的方法论指导。在学生写作毕业论文的过程中,教师要启发引导学生独立进行工作,注意发挥学生的主动创造精神,帮助学生最后确定题目,指定参考文献和调查线索,审定论文提纲,解答疑难问题,指导学生修改论文初稿,等等。学生为了写好毕业论文,必须主动地发挥自己的聪明才智,刻苦钻研,在指导老师的指导下独立完成毕业论文的写作任务。

2. 习作性——大学期间的一次习作

根据教学计划的规定,在大学阶段的前期,学生要集中精力学好本学科的基础理论、专门知识和基本技能;在大学的最后一个学期(现在不少高校改为一个学年),学生要集中精力写好毕业论文。学好专业知识和写好毕业论文是统一的,专业基础知识的学习为写作毕业论文打下坚实的基础;毕业论文的写作是对所学专业基础知识的运用和深化。大学生撰写毕业论文就是运用已有的专业基础知识,独立进行科学研究活动,分析和解决一个理论问题或实际问题,把知识转化为能力的实际训练。写作的主要目的是为了培养学生具有综合运用所学知识解决实际问题的能力,为将来作为专业人员写作学术论文做好准备。所以,它实际上是一种习作性的学术论文。

3. 层次性——对层次要求相对较低

毕业论文与学术论文相比要求比较低。专业人员的学术论文,是指专业人员进行科学研究和表述科研成果而撰写的论文,一般反映某专业领域的最新学术成果,具有较高的学术价值,对科学事业的发展起一定的推动作用。大学生的毕业论文由于受各种条件的限制,在文章的质量方面要求相对低一些。这是因为:第一,大学生缺乏写作经验,多数大学生是第一次撰写论文,对撰写论文的知识和技巧知之甚少。第二,多数大学生的科研能力还处在培养形成之中,大学期间主要是学习专业基础理论知识,缺乏运用知识独立进行科学研究的训练。第三,撰写毕业论文受时间限制,一般学校都把毕业论文安排在最后一个学期,而实际上停课写作毕业论文的时间仅为十周左右,在如此短的时间内要写出高质量的学术论文是比较困难的。当然这并不排除少数大学生通过自己的平时积累和充分准备写出较高质量的学术论文。

为了解决毕业生毕业论文严重拖沓的实际问题,我们将毕业论文的写作过程与本课程的学习过程紧密联系,要求毕业生学习本课程以后,完成毕业论文的提纲或者初稿作为课程考查的依据。

(二) 撰写毕业论文的目的和意义

大学生撰写毕业论文的目的,主要有两个方面:一是对学生的知识和能力进行一次全面的考核。二是对学生进行科学研究基本功的训练,培养学生综合运用所学知识独立地分析问题和解决问题的能力,为以后撰写专业学术论文打下良好的基础。具体而言:

1. 全面检验和测试大学生掌握知识的程度

撰写毕业论文是对在校大学生最后一次知识的全面检验,是对学生基本知识、基本理论和基本技能掌握与提高程度的一次总测试。

大学生在学习期间,已经按照教学计划的规定,学完了公共课、基础课、专业课以及选修课等,每门课程也都经过了考试或考查。学习期间的这种考核是单科进行,主要是考查学生对本门学科所学知识的记忆程度和理解程度。但毕业论文则不同,它不是单一地对学生进行某一学科已学知识的考核,而是着重考查学生运用所学知识对某一问题进行探讨和研究的能力。写好一篇毕业论文,既要系统地掌握和运用专业知识,还要有较宽的知识面并有一定的逻辑思维能力和写作功底。这就要求学生既要具备良好的专业知识,又要有深厚的基础课和公共课知识。由于目前学校的考试方法大都偏重于记忆,限于书本知识的一般理解,致使对学生掌握理论的深度和实际运用的能力,难以全面了解。有的学生平时学习马马虎虎,满足于应付考试,很少作课堂笔记和读书札记,对写作知识了解不多,更少进行写作练习,结果,到写毕业论文时才临阵磨枪,回头补习各种知识,写出来的论文连最基本的格式要求都不懂,逻辑上颠三倒四。还有一类学生平时学习死记硬背,缺乏能力的培养,缺少动手动笔和实际操作的能力。对于这些问题,学生在撰写毕业论文时,都会暴露出来。通过毕业论文的写作,使学生发现自己的长处和短处,以便在今后的实践中有针对性地克服缺点,也便于学校和毕业生录用单位全面地了解和考察每个学生的业务水平和工作态度,便于发现人才。

所以说,撰写毕业论文是检验学生在校学习成果的重要措施。大学生在毕业前都必须完成毕业论文的撰写任务。申请学位必须提交相应的学位论文,经答辩通过后,方可取得学位。毕业论文是大学生才华的第一次显露,是向祖国和人民所交的一份有份量的答卷,是投身社会主义现代化建设事业的报到书。一篇毕业论文虽然不能全面地反映出一个人的才华,也不一定能对社会直接带来巨大的效益,对专业产生开拓性的影响,但它总是在一定程度上表明一个人的能力与才华,向社会展示自身的价值。撰写毕业论文在学业生涯中是一件值得留恋的事情。论文写作过程中所唤起的对科学研究的极大兴趣,所激发的对科学事业的满腔热情,以及写作中辛勤的耕耘,导师的教诲和拿到学位证书时激动人心的场面等,都会变成美好的回忆,深藏在记忆之中。此外,撰写毕业论文是大学生在校学习期间专业考核的重要环节。教学计划规定,大学期间,除学习有关的专业知识之外,按规定三年级要完成学年论文,四年级要完成毕业论文(学士学位论文)。学年论文是大学生在学完三年以后,初次运用已学过的知识去分析解决一个学术问题而写的论文,这是一种科研的初步锻炼,所以论文题目不必太大,篇幅也不必太长,通过学年论文的写作,主要是初步掌握学术论文的写作方法,积累科研经验,为以后撰写毕业论文作准备。

毕业论文是每个大学生毕业前完成的最后一项任务,故而也是完成学业的需要,是大学生运用所学的基础课和专业课知识,独立地探讨或解决某一学术问题而写成的论文,是大学生基本知识、基本理论和基本技能掌握程度的一次总测试,它的题目要比学年论文题目大一些,篇幅也长一些,一般要求8千字以上。1981年全国实行学位制度,规定凡申请学位者,都要提交学位论文。目前,撰写毕业论文制度,不仅在全国高等院校中普遍实行,而且在自学考试、电大、函大、职工大学、函授大学等各种形式的高等业余教育中也得到了全面贯彻。实践证明,撰写毕业论文是提高教学质量的重要环节,是保证出好人才的重要措施。因此大学生要完成学业,就必须学会学术论文写作。

同时毕业论文的撰写过程,还可以使学校全面考察、了解教学质量,总结经验改进工作,故而也是提高教学质量的重要环节。

2. 培养大学生的科学研究能力

撰写毕业论文的过程是训练学生独立进行科学研究的过程,使他们初步掌握进行科学研究的基本程序和方法。通过撰写毕业论文,可以使学生了解科学研究的所有环节,掌握收集、整理和利用材料、检索文献资料等方法。撰写毕业论文是学习如何进行科学研究的一个极好的机会,因为它不仅有教师的指导与传授,可以减少摸索中的一些失误,少走弯路,而且直接参与和亲身体验了科学研究工作的全过程及其各环节,是一次系统的、全面的实践机会。

撰写毕业论文的过程,同时也是专业知识的学习过程,而且是更生动、更切实、更深入的专业知识的学习。首先,撰写论文是结合科研课题,把学过的专业知识运用于实际,在理论和实际结合过程中进一步消化、加深和巩固所学的专业知识,并把所学的专业知识转化为分析和解决问题的能力。其次,在搜集材料、调查研究、接触实际的过程中,既可印证学过的书本知识,又可学到许多课堂和书本里学不到的新知识。此外,学生在毕业论文写作过程中,对所学专业的某一侧面和专题作了较为深入的研究,会培养学习的志趣,这对于他们今后确定具体的专业方向,增强攀登某一领域科学高峰的信心大有裨益。

作为高师院校的大学生,它的培养目标是能够胜任中学教学的合格的中学教师,因此教学基本功是最重要的基本功。学校开设的一些师范类的课程就是为了培养和训练这种教学基本功。

除了教学基本功的提升外,现在还强调,大学生在校学习期间,要在知识、能力、素质三方面得以提高。知识一般指我们专业领域里的知识,还有与本专业相关的知识;素质一般指思想政治素质、业务素质、文化素质、身体心理素质。能力则包括表达能力(含口头表达能力、书面表达能力)和适应社会能力(含组织能力、与他人交往共处能力)。书面表达能力就是写作能力,其中最重要的是论文写作。所以,作为在大学期间能力的培养,我们一定要注意书面表达能力尤其是论文写作能力的培养和训练,所以也是大学生必备的基本功之一。

3. 就业的需要

大学生是国家的宝贵财富,经过四年的专业学习和专业训练,应该成为国家的专门人才,应在今后的经济、文化建设中发挥应有的作用。因此,大学生必须具备扎实的专业知识和从事本专业活动的基本功。论文写作也是我们毕业求职和未来搞好工作的需要。

作为一名大学毕业生,毕业后总希望找到一份理想工作。随着市场经济的建立,人才就业已不是计划派遣,而是双向选择。学生选择单位,单位也选择学生。据对用人单位的了解,单位选择毕业生固然希望知识多、能力强、素质高的人,但在一二次接触中很难全面考察,尤其是素质,不是一二下子就能检测出来的。至于知识,虽然成绩单能有所反映,但他们却看得未必很重,应该是基于两个方面的原因:高分低能、分数不真。当时能检测出来的就是能力:教学能力即口头表达能力、写作能力即书面表达能力。

大学生毕业后,不论从事何种工作,都必须具有一定的研究和写作能力。大学生毕业后大体不外几种去向:

一是进中学,当一名中学教师,这是师范院校绝大多数同学的归宿。学校开设的一些师范类的课程就是为了培养和训练这种教学基本功。但仅凭上好课这一点是远远不够的。现实点讲,要评职称,而评职称有很多规定的条件和要求:上课时数、教学获奖情况、科研项目、教学研究论文。前两项问题还不太大,但后两项让很多人感到头痛,无可奈何。后两项关键是论文写作能力。会写教学研究论文,就能争取到课题、项目。反之,从未发表过一篇教学研究论文,没有前期成果做支撑,就很难争取到课题或项目。可见论文写作能力的重要。虽然教学研究论文和史学研究论文还有点区别,但基本道理是相通的。只要掌握了科学研究论文写作的基本方法,再认真看几篇教学研究论文,很快就会写作。

要搞好教学必须要学会科学研究。教学和科研绝不是对立、互相排斥的,而是紧密相连、相得益彰的。大量事实表明,科学研究做得好的教师,绝大多数教学会很好;科学研究做得差的教师,绝大多数教学也不行。或者说,不搞科研的教师绝不是一个好教师。因此科学研究也应是大学生具备的基本功。只有学会研究我们才能不断解决教学中遇到的问题,只有学会研究才能向社会贡献出有价值的成果,推动社会的发展。科学研究会有研究成果,研究成果公布出来、表达出来就是论文写作。如果论文写作的方法不会,我们就不能将自己的研究成果、研究心得很好地表达出来。

可见,不论将来从事教学还是科研工作,科学研究都是他们的一项重要任务。大学是高层次的教育,所培养的人才应该具有开拓精神,既有较扎实的基础知识和专业知识,又能发挥无限的创造力,不断解决实际工作中出现的新问题;既能运用已有的知识熟练地从事一般性的专业工作,又能对人类未知的领域大胆探索,不断向科学的高峰攀登。

二是进非教学单位。在党政部门和企事业单位从事管理工作,就要学会搞调查研究,学会起草工作计划、总结、汇报、报告等,为此就要学会收集和整理材料,能提出问题、分析问题和解决问题,并将其结果以文字的形式表达出来。新来的大学生,而且又是文科大学生,这些文字材料的写作任务,很可能就落在这些人的身上。而且刚毕业的大学生年纪轻,头脑再灵活一点,很可能被选为秘书,这样领导的讲话稿也可能让你起草,几乎天天都要动笔。如果写作能力不强,你就无法胜任自己的工作,很多机会就会失之交臂,久而久之,甚至会被淘汰。当然这些应用文的写作与论文的写作有所区别,但其中的基本道理也是相通的。论文写作过了关,其他应用文的写作也不会有问题,只是不同的文体、格式、要求不同罢了。所以一定要在大学阶段学会论文写作。

三是考取研究生,进入高一层次学习和研究,这就更需要论文写作的基本功了。研究生,主要是研究,当然学习期间导师也会讲些课,但与本科生时上课大不一样了。导师只是点拨、指导,主要是训练自己独立开展研究。也有的导师手中还有课题任务,往往还会交一部分任务给你完成,你就要从事论文写作。如果你写作能力很强,在导师的指导下,你会顺利完成某项任务,甚至能够在杂志上发表。这样,做起硕士论文来就不会感到很吃力了。如果你写作能力较差,根本未过关,不仅导师指导起来很吃力,自己也会感到很紧张。现在都要求在研究生学习期间公开发表1—2篇学术论文,然后才允许答辩。如果你不具备这方面的能力,光是发表两篇论文就够受的,有的还要对付外语等级考试,更别说写硕士论文了。因为硕士论文2万—4万字,要求更高。所以在大学阶段,论文写作能力提高了,你的研究生学习阶段就会比较顺利,也比较容易出成果,尽快成才。

4. 现实状况提出的严峻课题

大学生论文写作能力的培养和训练,也具有强烈的现实意义,也是针对现实状况而提出的严峻问题。大学生论文写作能力的现实状况如何呢?可以说颇为堪忧!大学四年,基本上都是知识传授,几乎没有什么写作方面的训练。虽然也有作业,但基本上都是东抄西抄、拼拼凑凑而成的。由于班级人数太多,教师也不可能像中学语文教师批改作文那样,连字、词、句、标点符号都改,一般着重看其观点、材料,而且也很少讲评,这样对学生而言,学生的写作能力尤其是论文写作能力很难提高。

如果说平时作业是如此,那么毕业论文(学士论文)总应该要认真对待吧,也不尽然。以前是剪刀加糨糊,现在是复制加粘贴。不少学生的毕业论文也是从一些论文中拼凑出来的。一个题目确立后,赶快去找相关论文,甚至同题论文,然后复印下来,再回去搞排列组合,所以每次写毕业论文时,学生的能力没有得到真正的锻炼,倒是便宜了学校的复印社,让他们赚了一笔大钱。所以作为大学毕业生,可以说真正意义上的论文写作没有经历过、实践过。如何选题,如何构思,如何收集材料,如何提炼观点,如何撰写等,绝大多数学生都不会,基本的学术规范也不了解。更有甚者,在一篇拼凑、抄袭的文章中,错别字有之,语句不通者有之,逻辑不清者有之,文不对题者有之,情形实在令人担忧。如笔者在指导专升本学生的毕业论文时曾遭遇过非常奇葩的一件事:学生提交的论文,看题目是关于隋炀帝的研究,再看文中,竟然是关于某企业改革的内容,通篇没有片言只语与隋朝历史相关联者。如此这般的本科生毕业论文虽则仅是个别事例,但也足以表明现状的严峻程度!

过去大学生在本科阶段发表论文是常见的,如蓝翎、李希凡在山东大学中文系学习时就写作论文《关于〈红楼梦简论〉及其他》,发表在《文史哲》1954年第9期,曾经轰动文坛,轰动全国,甚至受到毛泽东主席的肯定。而现在在校大学生发表论文已经寥若晨星了。本科是这种状况,这就给研究生培养带来了困难。我们现在的研究生,主要不足倒不在于知识面不宽,基础知识不扎实,这都不怕。主要的不足,就是研究能力不强,论文写作能力不强,有的导师还要替研究生改标点、改错别字,更别说其他了。可以想象,这样的学生短期内很难培养出来。

5. 社会现实的需要

撰写毕业论文,提高写作水平也是干部队伍"四化"建设的需要。党中央要求,为了适应现代化建设的需要,领导班子成员应当逐步实现"革命化、年轻化、知识化、专业化"。这个"四化"的要求,也包含了对干部写作能力和写作水平的要求。毛泽东同志指出:"一个革命干部,必须能看能写,又有丰富的社会常识与自然常识,以为从事工作的基础与学习理论的基础,工作才有做好的希望,理论才有学好的希望。"[①]"四化"干部必须是"开拓型"人才,他们应当具备科学研究的能力、发明创造的能力、组织管理的能力、获取信息情报的能力、语言和文字表达的能力、社会活动的能力等,这些能力的培养和形成都是与写作能力的提高密切相关的。大学毕业生是我国干部队伍的重要来源之一,他们写作水平的高低,直接影响着整个干部队伍的素质。目前,在我们的干部队伍中,即使是具有大专以上文化程度的干部,并不是每个人都具有较高的写作水平的,有的人学理工不学文,有的人学文不撰文,有的人专业能力可能很强,写作能力却很差。有的领导只会动口不会动手,会议报告、草拟文件,甚至一个座谈会讲几句话,都要秘书代劳。这种人正如邓小平同志1975年7月14日在中共中央军委扩大会议上的讲话中所批评的那样:"有的人小病大养,无病呻吟,官僚主义,工作不努力,不踏实,不深入基层,不亲自动手,不动脑筋,靠秘书办事,讲五分钟话都要人家写成稿子照着念,有时还念错了。这是思想懒惰。"[②]要解决这一问题,除了端正思想路线,克服懒汉思想和官僚主义之外,方法之一,就是帮助干部学习写作知识和进行写作练习,提高他们的写作水平,这是实现干部队伍"四化"的一项不容忽视的重要任务,从而也对加强大学生的毕业论文写作,提高写作水平提出了更高的要求。

提高大学生的写作水平,也是社会主义物质文明和精神文明建设的需要。在新的历史时期,无论是提高全民族的科学文化水平,掌握现代科技知识和科学管理方法,还是培养社会主义新人,都要求我们的干部具有较高的写作能力。在经济建设中,作为领导人员和机关的办事人员,要写指示、通知、总结、调查报告等应用文;要写说明书、广告、解说词等说明文;还要写科学论文、经济评论等议论文。在当今信息社会中,信息对于加快经济发展速度,取得良好

---

① 毛泽东:《文化课本序》,《论语文学习》,人民出版社1961年版。
② 邓小平:《军队整顿的任务》,《邓小平文选》卷2,人民出版社1983年版。

的经济效益发挥着愈来愈大的作用。写作是以语言文字为信号,是传达信息的方式。信息的来源、信息的收集、信息的储存、整理、传播等都离不开写作。在社会主义精神文明建设中,一方面要宣传马克思主义,宣传社会主义的新人新事,宣传共产主义理想,用建设有中国特色的社会主义理论武装全国人民;另一方面要批评和抵制剥削阶级的腐朽思想,更新陈腐的观念和旧的思维方式,揭露新形势下出现的各种阻碍改革开放的不正之风和腐败丑恶现象,还要大力发展社会主义的科学文化教育事业,提高全民族的科学文化水平。这就要求我们的干部,特别是领导干部,不但自己会写文章,而且懂得修改别人的文章,指导群众性的写作活动。大学生要写好毕业论文,努力提高自己的写作水平,让写作这一社会主义物质文明和精神文明建设的重要工具在今后的工作中发挥出更大的作用。

综上所述,我们今天开设史学论文写作课,培养和提高大学生的论文写作能力不是无的放矢,不是随意的。希望每一位同学都要把论文写作能力的培养和提高,放在非常重要的位置,十分重视这个问题,写作能力提高了,到哪里都不怕,真正是"一招鲜,吃遍天"。

这门课主要是介绍论文写作的一些基本方法和基本学术规范。讲解中,通过分享自己写作的成功经验和失败教训,想必对大家会有所借鉴的。同时通过讲评大量的范文来加深大家的理解。当然,史学论文写作是一门实践性很强的课,要真正提高自己的写作能力,绝不是上了这门课就能奏效的。好比学游泳,老师讲解一点基本理论、基本要领是必要的,但不是说听了这些要领,就会游了。要学会游泳,还得要下水,要实践。同样,要学会史学论文写作,提高这方面的能力,主要要靠实践,自己动手去写,在实践中总结经验教训,不断实践,能力就会不断提高。

思考与实践

1. 结合刘知几的"史才三长"和章学诚的"史才四长"理论,谈谈史才、史学、史识、史德在史学论文写作中的体现。

2. 史学论文的创新主要体现在哪些方面?

3. 为什么要学习史学论文写作课程?

第一章 史学论文的类型

史学论文作为学术论文的一种，它的表现形式并非只是一个面孔，而是丰富多彩的。为了进一步探讨和掌握毕业论文的写作规律和特点，需要对毕业论文进行分类。由于毕业论文本身的内容和性质不同，研究领域、对象、方法、表现方式不同，因此，毕业论文就有不同的分类方法。

一、按内容和研究方法分类

按照论文内容性质和研究方法的不同，可以把毕业论文分为理论性论文、实验性论文、描述性论文和设计性论文。后三种论文主要是理工科大学生可以选择的论文形式，这里不作介绍。文科大学生一般写的是理论性论文。理论性论文具体又可分成两种：一种是以纯粹的抽象理论为研究对象，研究方法是严密的理论推导和数学运算，有的也涉及实验与观测，用以验证论点的正确性。另一种是以对客观事物和现象的调查、考察所得观测资料以及有关文献资料数据为研究对象，研究方法是对有关资料进行分析、综合、概括、抽象，通过归纳、演绎、类比，提出某种新的理论和新的见解。

二、按议论性质和形式分类

按照议论的性质不同，可以把毕业论文分为立论文和驳论文。立论性的毕业论文是指从正面阐述论证自己的观点和主张。一篇论文侧重于以立论为主，就属于立论性论文。立论文要求论点鲜明，论据充分，论证严密，以理和事实服人。驳论性毕业论文是指通过反驳别人的论点来树立自己的论点和主张。如果毕业论文侧重于以驳论为主，批驳某些错误的观点、见解、理论，就属于驳论性毕业论文。驳论文除按立论文对论点、论据、论证的要求以外，还要求针锋相对，据理力争。

三、按研究问题的大小分类

按照研究问题的大小不同,可以把毕业论文分为宏观论文和微观论文。凡属国家全局性、带有普遍性并对局部工作有一定指导意义的论文,称为宏观论文。它研究的面比较宽广,具有较大范围的影响。反之,研究局部性、具体问题的论文,是微观论文。它对具体工作有指导意义,影响的面窄一些。

四、按文体分类

广义而言,史学论文可分为专题论文、札记、考证、评论(亦称述评、综述)、传记、随笔等类型。

(一) 专题论文

这是在分析前人研究成果的基础上,以直接论述的形式发表见解,从正面提出某学科中某一学术问题的一种论文。如《浅析领导者突出工作重点的方法与艺术》一文,从正面论述了突出重点的工作方法的意义、方法和原则,表明了作者对突出工作重点方法的肯定和理解。又如《试评论乱世枭雄蒋介石》一文,从成长经历、中国的大独裁者、外交风云等层面正面论述了蒋介石的成与败,并对蒋介石做了总体的评价,阐述作者对乱世王者的蒋介石也有着自己独特的人格魅力的鲜明观点。这是真正意义上的学术论文,最能反映一个人德、识、才、学,最能锻炼我们研究能力、写作能力的就是这一种。从字数上看,一般应在8千字以上,乃至几万字、十几万字,通常在8千至1万字之间,各大历史刊物及大学学报(哲学社会科学版)上发表的史学论文基本上属于专题研究论文。专题研究论文,根据论文的内容和用途,大体可以划分为两大类型:基础性研究论文和应用性研究论文。

所谓基础性研究论文,是指以解决史学基本理论和基本方法为主要任务的论文,这种论文多是对历史规律、历史本质的探讨。比如,中国古史分期问题、亚细亚生产方式问题、东方专制主义问题、中国资本主义萌芽问题、历史上的爱国主义问题、中华民族凝聚力问题、如何认识和引进现代科学方法问题等,这种类型论文的特点是:自由度大、涉及面宽、影响大、探索性强、研究周期也较长、难度较大,但一旦取得成功,则影响广泛。撰写基础性研究论文,主要使用宏观方法。

所谓应用性研究论文,是指以解决历史学领域中的具体问题和具体方法为任务的论文,这种论文多是以局部问题、具体问题为研究内容,如历史中的经济、政治、文化、军事、社会等方面的问题,这些问题的解决,无疑有助于揭示历史的规律和本质,但论文本身并不直接探讨历史规律和本质问题。比如,关于某一个历史遗址的社会性质和断代问题,关于夏都阳城的遗址问题,关于商鞅变法的历史评价问题,关于中外文化交流、倭寇、外国传教士、天朝田亩制度、皖南事变等问题。这种类型的论文特点是:问题具体明确、定向性强、成功把握较大,但影响范围有限,难以取得惊人成就。

(二) 札记

札记最初是指校勘、考证性文字,宋人谓之考,如魏了翁有《古今考》;或称考异,如朱熹有《韩文考异》。清乾嘉诸儒,翻刻古书,一字之异,胪列诸本,考其原委得失,往往著成《札记》附于本书之后,也有题"勘误考异"等名称的。以"札记"作为书名始于清阎若璩之《潜邱札记》。后来也指把读书心得、体会或闻见所得随时记录下来,累积成篇称之札记,最著名的札记清代有赵翼的《廿二史札记》,现代有吴晗的《读史札记》。札记由于是记读书心得,只要有一得之见,都可随手记下。这种文体比较灵活,既有短仅数十字的札记,如《廿二史札记》之"守节绝域"条仅有43字:

元史,月里麻思使宋,被囚于长沙飞虎寨,三十六年而死。石天麟使于海都,亦被留二十八年乃归。俱见各本传。

这就是一条札记,是作者在读"元史"的过程中发现了这种情况,随手记下的。这里有两点值得注意:作者不是单纯地摘抄,单纯地摘抄材料还是孤立的,作者把同类材料加以概括抄在一起,就有联系了;作者冠以"守节绝域"的题目,这就更进一步,反映了作者对这一现象的认识。

亦有稍长一点的札记,如《廿二史札记》卷32之"明祖行事多仿汉高"条:

明祖以布衣起事,与汉高同,故幕下士多以汉高事陈说于前,明祖亦遂有一汉高在胸中,而行事多仿之。初起兵时,问李善长平天下之策,善长曰:"秦乱,汉高起布衣,豁达大度,知人善任,不嗜杀人,五载成帝业。今元纲既紊,天下土崩瓦解。公濠产,距沛不远,山川王气公当受之。法其所为,天下不足定也。""当是时,江左兵势日盛,太祖以汉高自期,尝谓克仁曰:秦政暴虐,汉高帝起布衣,以宽大驭群雄,遂为天下主。今群雄蜂起,皆不知修法度以明军政,此其所以无成也。"即明帝一起事即以汉高为法。今观其初定都金陵,方四出征伐,而已建都城,宫阙极壮丽,即萧何造未央宫之例也。① 徙江南富人十四万户于中都,即汉初徙齐、楚大族昭氏、屈氏、景氏、怀氏、田氏以实关中之例也。② 分封子弟于各省以建屏藩,即汉初分王子弟,以弟交王楚,从弟贾王荆,从子濞王吴,子肥王齐,如意王赵,文帝王代之例也。诏天下富民年八十以上赐爵里士,九十以上赐爵社士,即汉初赐民爵士大夫以上之例也。甚至胡、蓝之狱,诛戮功臣,亦仿菹醢韩、彭之例,此则学之而过甚者也。

这篇札记不到 500 字,它根本不是一般的史料摘抄,完全是他读明史时的心得,是经过思考、比较而写出来的,先是找出了明祖与汉高都是"布衣起事"的相同点,然后通过李善长、孔克仁两人的话,说明谋士劝明祖学汉高,明祖也自觉效法汉高,接着又举了造宫阙、徙富人、封子弟、赐富民、诛功臣五件事说明朱元璋在学习汉高祖,并且得出"明祖行事多仿汉高"的结论。这都说明赵翼在读书时确实是经过认真思考的,看到了事物即明太祖与汉高祖之间的联系。

赵翼的《廿二史札记》就是这样日积月累而成的,这些札记对我们今天研究二十二史都是很有启发的。

由于这些札记都还是初步的研究成果,有的也不够深入,今人在这个基础上更进一步,就某个问题进一步研究,冠以"读史札记"之名,实际上就是一篇篇幅小一点的论文,如吴晗的《读史札记》其实就是论文汇编。至今《历史研究》《中国史研究》《史学月刊》等权威刊物也常辟"读史札记"专栏,如《历史研究》2014 年第 1 期的"读史札记"专栏分别登载了三篇札记:李天虹的《严仓 1 号墓墓主、墓葬年代考》、杨铭的《有关吐蕃"九大尚论"的若干问题》、黄鸿山、王卫平的《厘金源于林则徐"一文愿"考》;第 3 期亦刊发两篇札记:李凭、梁玲华的《源伊信校勘南监本〈北史〉考》和马顺平的《豹与明代宫廷》。《史学月刊》1994 年第 4 期也在其"读史札记"专栏下刊登了两篇札记:刘克辉的《有感于某些英雄人物传记写作》、宋冬霞的《宋代士大夫的狎妓风》;《中国史研究》1987 年第 1 期竟刊载了九篇读史札记,分别是:李新强的《唐代秀才科停废考》、刘芝的《金花银、轻赍与金花籽粒》、石潭的《两汉妻妾名谓略考》、袁穗的《贡荔枝

---

① 何治宫殿极壮丽,帝怒,以为天下新定,何重劳吾民。何曰:"天下方未定,故可因以就宫室。"帝悦,乃徙居之。

② 娄敬请徙齐、楚诸大族以实关中,汉高从之,徙者十余万户。

小考》、温岭的《元朝上都的粮食来源》、岳麓的《明代"盗矿"之风颇盛》、陈宝良的《戚继光〈愚愚稿〉释意》、村愚的《明清江南虎踪》和王继光的《〈明史·鲁鉴传〉订误》。2019年第1期也刊载了两篇读史札记：张欣的《〈汉旧仪〉大鸿胪、郡国二千石调百石条考辨》和王善军、郭应彪的《翰林天文考》。

这些札记基本上就是针对一个小问题，或考证，或辩误①，或发微，或综合某种现象，或纠正某种定论，一般来说篇幅较小，它不要求高深的理论，不要求深厚的基础知识，非常适合我们本科生写作。

当然，更多的"读史札记"就是一篇学术论文，只是一般篇幅不长。《历史研究》2019年第3期刊载有汤志彪和杨彦君的两篇"读史札记"《"甲子朝岁贞克闻夙有商"解诂》与《七三一部队人员编成考》就是如此。

（三）考证

这也是应用型史学论文的文体之一，即是用考证的方法写出来的论文，系指针对某个具体问题，辨别其真伪，提示其真相的文章。

考证的对象多种多样，历史人物的生卒年月、籍贯、行年、身份，历史事件的发生时间，某项制度的行废，某个历史问题的真相，都可作为考证的对象。凡是纠正历史上的错误成说，澄清某个问题的历史迷雾，都是考证性论文。

考证的文章篇幅可大可小，小者几百字，如上述《贡荔枝小考》则主要考证贡荔枝始于汉代，而不是唐代，荔枝不仅来自广东，也来自四川、福建，又考出除了贡鲜荔外，还有贡荔枝制品等。大者有几万字、十几万字，如顾诚发表在《历史研究》1999年第1期的《沈万三及其家族事迹考》即达一二万字。

考证性文章主要是凭材料说话，这就需要平时多读书扩大知识面，其次要学习一些考证的方法，要善于找出疑点，根据线索去挖掘材料。

由于考证性文章长短不拘，故短者可作一条"谈史札记"，稍长的可作一篇论文发表，再长的可作一部专著出版。

（四）综述（述评、评论）

这是在归纳、总结前人或今人对某学科中某一学术问题已有研究成果的

---

① 即属论辩型论文。这是针对他人在某学科中某一学术问题的见解，凭借充分的论据，着重揭露其不足或错误之处，通过论辩形式来发表见解的一种论文。如《家庭联产承包责任制改变了农村集体所有制性质吗？》一文，是针对"家庭联产承包责任制改变了农村集体所有制性质"的观点，进行了有理有据的驳斥和分析，以论辩的形式阐发了"家庭联产承包责任制并没有改变农村集体所有制"的观点。另外，针对几种不同意见或社会普遍流行的错误看法，以正面理由加以辩驳的论文，也属于论辩型论文。

基础上,加以介绍或评论,从而发表自己见解的一种论文。评论有多种,有对一篇史学论文的评论,有对一本史学著作的评论,也有对某个问题或某个方面(断代、专题)的研究状况的评论,如《中国史研究动态》每期都有大量评论,都有对上一年度中国历史学界对某一方面问题研究状况的评论,以《中国史研究动态》2019年第5期为例,刊载有史索的《活跃、推进与反思:2016—2018年的中国古代史研究》、马晓林的《2017—2018年元史研究评述》、秦海滢的《2017—2018年明史研究述评》、靳宝的《简帛文献与中国早期史学史研究》、吴佩林、林家伟的《近六十年来明清时期孔府土地问题研究述评》等。

《历史研究》2019年第4期的"新中国历史学70年"专栏下即有戴逸的《新中国70年来的中国古代史研究》、马敏的《努力构建中国特色现代化史理论体系——新中国史学发展70年的一个侧面》、马克垚的《70年砥砺前行的中国世界史学科》、王巍的《新中国考古学70年发展与成就》、于沛的《批判与建构:新中国史学理论研究的回顾与思考》等。

述评对研究者来说非常重要,它起到了一个缩微胶片的作用,能让同行研究者在较短时间内迅速了解这方面的研究状况和存在问题,以便确定自己今后的主攻方向和目标。更可避免重复劳动,所以每一位研究者都不能不看述评。

述评的撰写要求:总体言之,罗列要全而博,点评要精而确。具体而言:作者要对所评对象有一个全面的了解,不能有任何遗漏;要能够指出所评对象的优点、特点、不足之处以及对今后发展的建议。因此,对作者的要求很高,非专家不行。

述评写作训练要选那些范围比较小、时间跨度短的专题研究述评,例如《十年来徽商研究述评》《十年来陈独秀研究述评》《二十年来皖南事变研究述评》等。

述评、评介、综述都属于整理性研究论文,这自有它的价值。还有一种是创造性评论,这种评论不仅是述介所评对象,而且还就某些问题能够提出自己的真知灼见,从而深化对这个问题的研究,这就更进一步了。如:葛兆光的《重绘近代思想、社会与学术地图——评罗志田著〈权势转移:近代中国的思想、社会与学术〉》、包伟民的《试评六卷本〈中国移民史〉——兼谈学术批评的规范问题》[①]即属这一类。

另有一类即综合型论文,它是一种将综述型和论辩型两种形式有机结合

---

① 《历史研究》2001年第1期、第3期。

起来写成的一种论文。如《关于中国民族关系史上的几个问题》一文既介绍了研究民族关系史的现状,又提出了几个值得研究的问题。因此,它是一篇综合型的论文。

(五) 传记

我国历史上具有写作人物传记的悠久传统,生逢西汉鼎盛时期的杰出史学家司马迁是当之无愧的写作人物传记的开山祖。他撰写的《史记》中的"本纪""列传",篇篇皆为人物传记,并且把每个人描写得栩栩如生,引人入胜。从此以后,历代官方或私人修纂的纪传体史书,无不仿效《史记》的体裁,把"本纪""列传"作为主要内容。进入近代以后,由于中国社会的转型,传记写作无论在形式上还是内容上都发生了根本的改变。19 世纪末 20 世纪初出现了有别于传统列传的现代传记。中华人民共和国成立后,特别是 1978 年以后,人物传记的写作状况又有新的发展,呈现出空前繁荣的局面,一年能出版几百种人物传记。至于人物传记的论文则更多。

"文革"以前(1949—1966),我国大陆地区共出版 500 多种人物传记,就学术价值而言,专家们一致认为,吴晗的《朱元璋传》[1]和朱东润《张居正大传》[2]学术价值最高,也成了我们现在人物传记写作的必读书。

此后,我国历史学界的人物传记写作非常繁荣,几乎所有重要历史人物尤其各代帝王、政治家,都有传记出版,有的人物还有几种传记,如唐太宗传就有 3 种,孙中山传记有 30 多种,岳飞传记有 50 多种,周恩来传记有 60 多种,这一方面反映了他们对国家和民族所做出的伟大贡献,另一方面也反映了作者和读者对他们的崇敬之情。

传记的题材也多种多样,有叙述传主一生事迹的全传,如孟昭信的《康熙大帝全传》[3]、马东玉的《张之洞大传》[4];有对传主夹叙夹议的评传,如李蔚的《苏曼殊评传》[5]、李洪钧的《陈独秀评传》[6];有把同一类型人物编写为一书的合传和连环传,如周怀宇主编的《廉吏传》[7]、朱文华的《鲁迅、胡适、郭沫若连环

---

[1] 三联书店 1965 年版。
[2] 湖北人民出版社 1957 年版。
[3] 吉林文史出版社 1987 年版。
[4] 辽宁人民出版社 1989 年版。
[5] 社会科学文献出版社 1990 年版。
[6] 辽宁大学出版社 1990 年版。
[7] 河南人民出版社 1988 年版。

比较评传》①；还有叙述传主与某一事业或某一历史事件或某一地区相联系的片段传记，如王宗仁、史广冉的《傅作义将军与北平和谈》②、郑笑枫的《丁玲在北大荒》③等，至于带有小说形式的人物传记就更多了，此不赘述。也有自传体传记、回忆体传记、采访体传记等分类形式。

撰写一部优秀的人物传记，往往是由多种因素形成的，为了写好人物传记，许多作者在理论准备、资料搜集、文字修饰等方面都做了巨大努力，用自己的心血和汗水浇灌出一部又一部佳作。一部优秀的传记，应该有以下几个特征：

1. 观点新颖

观点如同灵魂，任何一部人物传记都必须有鲜明、新颖的观点，没有观点，特别是没有新颖观点的人物传记，无异于一具没有灵魂的躯壳，不会引起读者的兴趣和共鸣。

2. 史实准确

优秀的人物传记一般都建立在大量史料基础之上，而在大量的史料中，不可避免地泥沙混杂，真伪相掺，撰写人物传记必须对这些史料进行鉴别，去伪存真，去粗取精。例如在岳飞一生的战绩中，有无朱仙镇一役是多少年来史学界颇受困扰的一个问题，邓广铭先生在《岳飞传》④中对此作了详尽考证，而不是草率行文。他说："宋孝宗淳熙十五年（1188 年）王自中所撰《鄂州忠烈行祠记》，对岳飞的事功备极推崇，其所叙岳飞的战绩就没有朱仙镇一役。"然而岳珂编写的《鄂王行实编年》却在岳飞的奏提战报所述诸战役之外，又无中生有地添出朱仙镇这次大捷，完全是岳珂为了提高他的先祖的威望而虚构出来的，因此，邓广铭在写《岳飞传》时就没有采用岳珂著中的这条材料。

3. 评论公允

任何一个历史人物都是复杂的，就其功过来说，有功大于过，有过大于功，也有功过参半。作为一个对历史负责的传记作家，对人物应作公允的评论，否定一切或者肯定一切都有失公允。

林则徐是鸦片战争时期杰出的民族英雄，当时他作为钦差大臣在广东严

---

① 上海文艺出版社 1991 年版。
② 华艺出版社 1991 年版。
③ 湖北人民出版社 1989 年版。
④ 人民出版社 1983 年版。

查鸦片走私,焚烧缴获的鸦片,与英国侵略军进行顽强抵抗,其功勋彪炳千秋。另外,他在江苏巡抚任上和流放新疆期间,还注重兴修水利,开垦农田,在发展农业生产方面建树颇多。杨国桢在《林则徐传》①中充分阐述了林则徐的这些政绩外,也毫不掩饰地指出他青年时代为福建巡抚张师诚的随从,间接参与了镇压蔡牵起义的活动;在晚年署理陕甘总督任上,又直接策划镇压了甘肃、青海一带藏族农奴和贫苦牧民反对清朝统治的起义,这就使人们全面认识到林则徐的功和过。

又如李鸿章是一个复杂的人物,在近代中国对外交涉中以丧权辱国而著称于世。清政府与英国签订《烟台条约》,与法国签订《中法越南条约》,与俄国签订《中俄条约》,与日本签订《马关条约》等,都是他一手操办的卖国外交。然而,他在戊戌维新中却同情康有为,对维新派弃旧图新的措施表示赞赏,在慈禧发动政变时还设法关照"新党"。所有这些,苑书义在《李鸿章传》②中都有详尽公允的评述。

4. 文笔生动

一部人物传记要吸引读者,必须在艺术性上下功夫,力求文笔优美、生动、引人入胜,许多传记在这方面很欠缺,干巴巴的像个瘦削的老人,人们不愿看。但也有些传记写得非常优美,叫人爱不释手,如田居俭的《李后主新传》③,单看其目录,即有强烈的阅读冲动和欲望,不愧是脍炙人口的佳作。

引　言　恰似一江春水向东流
第一章　三千里地山河——远离战乱漩涡的一块净土
第二章　花月正春风——才华横溢的青少年时代
第三章　留连光景惜朱颜——瑕瑜互见的伉俪情爱
第四章　天教心愿与身违——懦怯庸弱的末代君主
第五章　鸦啼影乱天将暮——穷途末路的帝王生活
第六章　满鬓清霜残雪思难任——国破家亡后的最后三年
尾　声　依旧竹声新月似当年

更可贵的是这部传记不仅文笔生动、优美,而且完全可以作为一部信史来读,作者给读者呈现的是完整、客观的李煜:"千百年来,只要提到李煜,人们心

---

① 人民出版社1981年版。
② 人民出版社1991年版。
③ 吉林文史出版社1991年版。

目中便会出现一位才华横溢的开山词宗。然而,见诸正史的李煜,却是一个平庸懦弱的末代君主,这种喜剧与悲剧的矛盾组合,曾使人迷惑、惋惜。清人袁枚在《随园诗话补遗》中援引郭麐的《南唐杂咏》,其中一联便云:'作个才人真绝代,可怜薄命作君王'。郭氏之所以扼腕,其因乃在于对李煜的全貌缺乏了解。迄今为止,类似的情况依然存在。"①为了改变这种状况,向读者提供一部完整的、系统的、准确的李煜传记,作者利用正史、类书、方志、笔记、年谱、诗话、词话等丰富资料,审慎稽核,精心探研,以哺育李煜成长的南唐兴亡为经,以李煜的家世、生平、诗词、轶闻为纬,交织再现这个集诗家与君主、天才与庸才、成功与失败于一身的人物全貌,做到事有依据,语有来历,成为一部信史。写人物传记,这部书要读五遍以上。

当然,写人物传记,不能一开始就写这大部头的,应该多练习写单篇文章式的人物传记,由于篇幅短,容易把握。这种传记,既可概括写其一生,也可突出写其一生中最精彩的片段。写这种人物传记,可参阅《文史知识》每1期的"人物春秋"专栏,这一专栏里的传记非常适合大学生写;如2019年第6期即刊载有张齐明的《"食日万钱"与"少无可书之事"——魏晋禅代中的何曾》和陈尚君的《乱世能臣高骈的文学才华与人生迷途》两篇文章。该期刊的有些传记也确实是本科生或研究生写作的。

(六) 随笔

这种文体是五四运动以来颇为流行的一种文体,其特点是:不拘形式,借事抒情,夹叙夹议,意味隽永,每个学术领域的研究者都可以采用随笔这种文体。这里主要说的是史学随笔。史学随笔是史学工作者以自己的睿智观照历史发展过程中的人和事,点评社会的兴衰得失,扶正被歪曲的历史人物。随笔的篇幅都不长。

五、按学位分类

学位论文是高等院校毕业生表明自己从事科学研究取得创造性的结果或有了新的见解,并以此为内容撰写而成、用以申请授予相应学位而提出作为考核和评审的学术论文。分为学士学位论文、硕士学位论文、博士学位论文三种类型。

---

① 田居俭:《李后主新传·跋》,吉林文史出版社1991年版。

(一) 学士学位论文

学士学位论文是合格的本科毕业生撰写的论文。论文应能表明作者确已较好地掌握了本门学科的基础理论、专业知识和基本技能，对所研究的题目有一定的心得体会，基本学会综合运用所学知识进行科学研究的方法，具有从事科学研究工作的初步能力。论文题目的范围不宜过宽，一般选择本学科某一重要问题的一个侧面或一个难点，选择题目还应避免过小、过旧和过长。

(二) 硕士学位论文

硕士学位论文是攻读硕士学位研究生所撰写的论文，应能表明作者确已在本门学科上掌握了坚实的基础理论和系统的专门知识，并对所研究课题有新的见解，具有独立进行科学研究的能力，其学术水平比学士论文要高。论文必须具有一定的深度，有作者自己新的独立见解和较高的科学价值，对本专业学术水平的提高有积极作用。国家学位条例第五条规定，高等院校和科学研究机构的研究生，或具有研究生毕业同等学力的人员，只有掌握本学科坚实的基础理论和比较系统的专门知识，具有从事科研工作和专门技术工作的独立能力者，才可通过论文答辩，取得硕士学位。这就是说，硕士学位论文强调作者在学术问题上应有自己的较新见解和独创性，其篇幅一般要长一些，撰写前应阅读大量的有关重要文献。

(三) 博士学位论文

博士学位论文是攻读博士学位研究生所撰写的论文。博士学位论文要求作者必须在某一学科领域中具有坚实而深广的基础理论和系统深入的专门知识，具有独立且相当熟练的从事科学研究工作的能力，必须有独创性的成果。论文要求作者在博导的指导下，自己选择潜在的研究方向，开辟新的研究领域，能够对别人进行同类性质问题的研究和其他问题的探讨有明显的启发性、引导性，对本学科能够提供创造性的见解，对学科的发展起先导、开拓的作用，有较高的学术水平和学术价值，是非常重要的科研成果。

学年论文、本科毕业论文、硕士学位论文和博士学位论文这四种论文是一种由浅入深的关系，它们在学术水平上有区别，因而有不同的规格或标准。总体要求是：

(1) 立论客观，具有独创性——文章的基本观点必须来自具体材料的分析和研究中，所提出的问题在本专业学科领域内有一定的理论意义或实际意义,并通过独立研究,提出了自己一定的认知和看法。

(2) 论据翔实,富有确证性——论文能够做到旁征博引,多方佐证,有主证和旁证。论文中所用的材料应做到言必有据,准确可靠,精确无误。

(3) 论证严密,富有逻辑性——作者提出问题、分析问题和解决问题,要符合客观事物的发展规律,全篇论文形成一个有机的整体,使判断与推理言之有序,天衣无缝。

(4) 体式明确,标注规范——论文必须以论点的形成构成全文的结构格局,以多方论证的内容组成文章丰满的整体,以较深的理论分析辉映全篇。此外,论文的整体结构和标注要求规范得体。

(5) 语言准确,表达简明——论文最基本的要求是读者能看懂。因此,要求文章想得清,说得明,想得深,说得透,做到深入浅出,言简意赅。

另外,还有其他的分类模式,如按写作目的和社会功用(写作功用)可分为传播性论文(一般学术论文)和水平检测性论文(含学年论文、毕业论文、学位论文);按研究领域、对象(即按科学分类)可分为自然科学论文、社会科学论文、哲学(思维科学)论文。

通过上述几种相近论文的比较,可以明确毕业论文的规格或标准,这对写好毕业论文有着具体的指导作用。写作毕业论文,不可能把大学阶段所学的全部专业基础知识都用上,但在题目需要限度内所运用的一些专业基础知识,必须运用得准确。在论文写作过程中,要多动脑筋,认真思索,紧紧围绕论题,运用专业知识,使论文做到持之有故,言之成理,以体现出综合运用所学知识分析和解决问题的能力。大学生的毕业论文,虽然不能完全做到发现前人所未发现的真理,但也要力求在前人已有成果的基础上提出一点新的见解,决不能人云亦云,仅仅重复前人已经讲过的东西,更切忌东抄西拼,改头换面,把别人的成果拿来冒充为自己的东西。

思考与实践

1. 一篇优秀的历史人物传记具有哪些特征?并尝试参阅《文史知识》的"人物春秋"专栏,写一篇历史人物传记,可长可短,字数不限。

2. 试就历史学科的某一学术问题完成一篇小型的综述文章,字数不少于2 000字。

第二章 史学论文的格式

史学论文尽管千变万化,但万变不离其宗,还是要遵循基本的格式。一般来说,较长的史学论文(学位论文)应包括题名、摘要、关键词、引言、结语、参考文献等基本格式。

一、题名

题名又称题目或标题,它是一篇史学论文的文眼,是连接论文与读者的桥梁。论文题目是一篇论文给出的涉及论文范围与水平的第一个重要信息,也是必须考虑到有助于选定关键词和编制题录、索引等二次文献可以提供检索的特定实用信息,或要符合编制题录、索引和检索的有关原则,并有助于选定主题词。论文题目十分重要,好的论文题目,能使读者对作者研究的问题及中心议题一目了然,引起读者持续关注和阅读的欲望,故而标题好坏将直接影响论文的质量和推广度,必须用心斟酌选定。

论文题目应能概括整个论文最重要的内容,一般不超过 20 个字,如学生论文《宋代乡村客户权益保护研究》《汉人世侯张弘范研究》《宋代商品经济与社会流动研究》《宋代妇女财产权研究——以婚姻关系为视角》等。

(一)基本要求

史学论文标题的专业性要求很强,要以全部或不同的侧面体现作者的写作意图、文章的主旨和论义的亮点。书写标题时要做到:准确得体、简短精炼、外延和内涵恰如其分、醒目。

1. 准确得体

要求论文题目能准确表达论文内容,恰当反映所研究的范围和深度。或言题目要紧扣论文内容,论文内容与论文题目要互相匹配,内在联系紧密,题要扣文,文要扣题,这是撰写论文的基本准则。尤其避免题目过大或者过小、含糊不清等问题;题目过大,而正文中讨论的只是标题所涵盖的一部分;过小,而论文内容拓展得太宽。题目含义要明确,不可模糊不清指向不明。题目从外延到内涵上都要紧扣文中的内容,不能够题目很大而内容却窄小,也不能够内容很宽,而题目却很小,不能文不对题!

平时写作中常见的毛病是过于笼统,题不扣文,甚至含混不清,导致歧义。如:《孙中山研究》,这是一个大题目,涵盖内容丰富、多元,选择这样的题目,显然过于笼统,而论文内容可能仅涉及孙中山的经济思想或者民本思想等,就存在文体不符的问题。但若改为《孙中山经济思想研究》或者《孙中山民本思想研究》这样针对具体研究对象的命题,效果则要好得多。又如一篇历史论文的题目是《戎马生涯卅年》,就很不明确。初看起来,会以为是某位老一辈无产阶级革命家写作的回忆录,实则不然,这篇论文写的是东汉时通西域的班超。如果给题目加一个副题目"论班超通西域",就会很明确而不致让人误解了。

从题目的文字表述上也应实事求是,切忌内容普普通通而题目文字的口气却非常大,动辄就是"论"或"研究",其实,是论就写"论",如果只是议议,就不妨用"浅谈"或"浅议"等词。

2. 简短精炼

题目的字数力求简洁明了,所以用词需要精选。至于多少字算是合乎要求,并无统一的硬性规定,《全国高等学校社会科学学报》对论文标题拟定有明确的规定,要求一般不超出 20 个字。可以使用人所共知的缩写词汇,如中共十八届五中全会等。不过,不能一味追求字数少而影响题目对内容的恰当反映,在遇到两者确有矛盾时,宁可多用几个字也要力求表达明确。

题目过长,容易使人产生烦琐和累赘之感觉,得不到鲜明的印象,从而影响对论文的总体评价,如《读〈东京梦华录·宣德楼前省府宫宇〉首句——兼对北宋东京宣德楼前省府机构位置探讨》《甲型 H1N1 流感在美国传播期和墨西哥爆发的气象条件与中国初夏气候的相似性分析》等;但也不能过短,过于抽象、空洞,不能采用非常用或生造的词汇,以免使读者如坠烟海,百思不得其解,看完全文才知其哗众取宠之意。

若简短题名不足以显示论文内容或反映出属于系列研究的性质,则可利用正、副标题的方法解决,以副标题来补充说明特定史料、研究方法及文章内容等信息,使标题既充实、准确又不流于笼统和一般化。

3. 新颖庄重

论文题目虽然居于首先映入读者眼帘的醒目位置,但仍然存在题目是否醒目的问题,因为题目所用字句及其所表现的内容是否醒目,其产生的效果是相距甚远的。新颖的论文标题能让读者产生好感,激发阅读兴趣和欲望。标题的新颖要求语言具有时代特点,吸引眼球,如《美颜中的自我建构与社会互动》《四两拨千斤——算盘上的金融危机》《网络时代的文书档案管理》《毛泽东的国情观与现实意义》《互联网时代艺人转型策略之初探性研究:以徐若瑄为例》等,赏心悦目,引人入胜。但也不能追求新颖而随意乱造词汇,一味博人眼球,如《论师娘:彩虹屁背后的修辞与逻辑》等,虽不一定违背学术规范,但有失庄重,不太可取。

有人曾对36种公开发行的医学期刊1987年发表论文的部分标题作过统计分析,从中筛选100条有错误的标题。他山之石可以攻玉,这里不妨列举以供借鉴。在100条有错误的标题中,属于省略不当错误的占20%,如《冠状动脉疾病运动后异常血压反应的决定因素》,将冠状动脉疾病患者省略为冠状动脉疾病;《一年来世界各国肝病的进展》,将肝病治疗省略为肝病;属于介词使用不当错误的占12%,如《内镜荧光检测对诊断消化道癌的评价》,本意是作者运用这种方法去诊断消化道癌并做出评价,而实际上内镜荧光检测成了主语,当然不妥当。在使用介词时产生的错误主要有:第一,省略主语——第一人称代词不达意后,没有使用介词结构,使辅助成分误为主语;第二,需要使用介词时又没有使用;第三,不需要使用介词结构时而使用。属于并列关系使用不当错误的占9%,如《老年患者的膀胱镜检查与并发症》;属于用词不当、句子混乱错误的各占9%。其他类型的错误,如标题冗长、文题不符、重复、歧义等亦时有发生。

(二) 标题类型

标题除具有一般语言运用的共性外,也有其独特的个性。史学论文标题主要有以下几种类型:

1. 陈述式

即用最简洁的语言高度概括论文所要表达的内容,是最常见、最常用的一种标题拟定方法,绝大多数论文标题都是运用陈述式来拟定的,如南开大学余新忠教授的《明清以来的疫病应对与历史省思》[1]。

2. 限定范围式

这类标题往往是基于无法用一篇论文来说清楚所要研究的庞大对象,所

---

[1] 《史学理论研究》2020年第2期。

以在拟定标题时,将全文的内容进行限定,从而使研究的对象更加具体、明朗。如杨钊的《民国时期留美西洋史学者与美国的西洋史学术传统——以博士论文为中心的考察》①。拟定这类标题,一方面是文章的主要论点难以用一句简短的话加以归纳;另一方面,交待文章内容的范围,可以引起同仁的注意,以求引起共鸣。

3. 带副标题式

为了强调文章论述的侧重点,在论文标题后加一副标题以示限定,常见的有"以……为例""以……为中心""以……为视角"等形式,如周小兰的《气候——危机模式再探——以法国无夏的1816年为例》②、贾志刚的《唐代宦官研究二题——以〈唐姜子荣墓志〉为中心》③、刘招静的《〈曼德维尔游记〉里的中国——"普遍史"视角的考察》等④。

4. 对应式

这类论文标题是用冒号将前后两部分相互对应的内容隔开,如行龙、李全平的《反思与前瞻:中国近代社会史研究的再出发》⑤、郑鹏的《分层安排:北宋元丰改制前文官班位初探》⑥。

5. 问题式

该类标题隐去所要讨论的问题,运用设问的方式提出,显得更为醒目、新颖。在正文的论述中,有两种情形:或者对标题所提之问题做出明确回答;或者并不直接回答所提问题,但是作者的观点明确无误,只不过语气和表达比较委婉而已。如何中华的《美德与责任心是二分的吗?——与安靖如先生商榷》⑦。另如《家庭联产承包制就是单干吗?》《商品经济等同于资本主义经济吗?》等。

6. 其他

主要指特殊符号标题和反其原意标题。前者如《1+1=?》,论用人、团结合作的重要性;《人生的"+-*/"》,谈对待人生的态度,论人生的价值;《7+

---

① 《史学理论研究》2020年第2期。
② 《世界历史》2019年第1期。
③ 《中国史研究》2019年第2期。
④ 《世界历史》2019年第1期。
⑤ 《史学理论研究》2020年第2期。
⑥ 《中国史研究》2018年第1期。
⑦ 《文史哲》2019年第6期。

1>8》意在强调中学生体育锻炼的重要性,这类题目比《要重视体育课》或《要加强体育锻炼》的呆板题目活泼得多,但特殊符号在在文中要有具体涵义。后者如《开卷未必有益》强调读好书才有益,读坏书则有害;《大器未必晚成》,鼓励青年抓住机遇,及早成才。

(三) 常用语释例

在拟定论文标题的时候,往往基于对一些常用语理解的偏差,于是出现用词欠妥甚至题不符文的尴尬问题。兹仅就本科生毕业论文标题写作中常用并且存在误解的几个常用语做些解析,以供参考。

1. 初探

初探指对某一问题进行初步的探索,如于涵璋的《当代西欧博物馆策展人差异性初探》[①]。论文标题中使用初探,有两方面的含义:一方面指出所探讨的问题是新问题,以前不曾触及;另一方面也表明作者提出的见解是初步的。但在学生的平时拟题中,大多侧重后者而忽略前者,认为初探就初浅探讨,而忽略论题的创新。

2. 也谈

也谈,一般是针对同一学术问题发表与某人对立的观点。如梁凤云的《也谈行政复议"司法化"》[②]。而学生平时对"也谈"的理解多有偏颇,侧重你谈我也谈,但忽视自己的观点是否与他人对立这一内涵。

3. 评介

评介,不仅介绍某个学术观点或某本论著,更重要的是对其进行评价,如宋镇豪的《〈古文字与中国早期文化论集〉评介》[③]。多数人写作评介类文章的时候,都比较注重介绍和推介,而欠缺于对论著或学术观点的评价,从而丧失评介的本意,也使得评介性文章的价值大打折扣。

二、摘要

摘要,是"以提供原文内容梗概为目的,不加评论和补充解释,简明、确切

[①] 《史学月刊》2019 年第 5 期。
[②] 《国家检察官学院学报》2013 年第 6 期。
[③] 《中国史研究动态》2019 年第 1 期。

地记述文献重要内容的短文"①。亦即是对论文内容不加注释和评论的简短陈述,以补充标题的不足,让读者尽快了解论文的主要内容,并为科技情报人员和计算机检索提供方便。

(一) 摘要的重要性

标题是文章的眼睛,是用精炼的语言高度概括文章的内容。但是有些重要信息标题无法涵盖,这就需要借助于摘要,它是国际知识传播、学术合作的重要桥梁。在当今信息激增的时代,如果摘要写得不好,该论文进入文摘杂志、检索数据库、被人阅读和引用的机会就会少得多,甚是丧失。再者,读者在翻阅论文时,首先阅读摘要,据此来决定是否阅读整篇论文。故而,摘要对一篇论文来说非常重要,作者一定要用心写好摘要。有些为了国际交流,还有外文摘要。

(二) 摘要写作应注意的问题

1. 不可以将摘要写成提要

摘要与提要是近义词,特别容易混淆。摘要是论文内容不加注释和评论的简短陈述;提要是"提出文献要点、评述文献学术成就及存在的问题,向一定范围的读者推荐等"②。其不同内涵决定了二者的写作目的和写作内容的范围都存在明显差异,因此,不能将摘要误写成提要,丧失摘要的本意。

2. 摘要写作宜使用第三人称

摘要"要用第三人称的写法。应采用'对……进行了研究''报告了……现状''进行了……调查'等记述方法标明一次文献的性质和文献主题,不必使用'本文''作者'等作为主语"③。但实际中,很多学生在写作摘要的时候,习惯于运用"本文对……进行了研究""作者认为""笔者认为""本人认为"等。有学者对此做过统计,这类错误约占来稿论文的36%,占已刊发文章的17%。④ 事实上,这些主观性很强的用语都是没有任何价值的信息,读者阅读了你的文章自然明白作者是谁,无需强调。相反,却会削弱摘要的客观性。也有作者会投机取巧使用"我们"这个第一人称复数代词取代第一人称代词,但殊不知,这样又

---

① 《文摘编写规则》,GB 6447—86。
② 刘春林:《关于撰写文献摘要的若干问题》,《徐州师范大学学报》(自然科学版) 2000 年第 2 期。
③ 《文摘编写规则》,GB 6447—86。
④ 陈斐、姚树峰、徐敏:《学术论文摘要写作常见问题剖析》,《编辑之友》2015 年第 9 期。

犯了指代不清的逻辑错误,很简单,作者个人观点是不可能代替众人观点的。

3. 摘要中不宜出现解释和评论

摘要"要客观、如实地反映一次文献,切不可加进文摘编写者的主观见解、解释或评论"[①]。它用来揭示文章的最主要观点或结论,是全文语言浓缩出来的,其信息大致与原文等同。摘要无须列举例证及其研究过程等,亦无须做自我评价。但在论文写作实践中,有些作者却把摘要写成了对背景知识和研究过程的交代。有编辑发现来稿摘要中存在大量介绍知识背景,误把引言内容当作摘要来写,体现不出全文创新点等问题。

文章是否有价值及其价值的大小是由读者读后给出的,而不是作者主观的评价就能定论的。许多作者试图强调自己论文的学术价值,在摘要中对文章的价值加入了主观评论,诸如"本研究填补了某学科的空白"等,这种作者的主观评论只能给人一种自吹自擂之感,反而影响对本文章的客观评价。

4. 摘要不是论文标题的简单组合

有些作者不懂得"摘要"怎么写,于是便将论文的主标题、分标题、小标题等串接起来,这是论文摘要撰写的常见毛病之一。摘要在于向读者提供有用的信息,而这种各级标题的简单组合不能给读者提供有价值的信息。

上述摘要写作中不规范现象的原因,主要源于作者对摘要的重要性认识不足。这些作者认为,只要写出高质量的论文就行了,何必在摘要的写作上浪费时间。于是,对摘要的写作不够用心、不付出,从而导致摘要问题频出,诸如信息不完整、不准确、逻辑混乱等,摘要的问题必然影响论文的整体质量,得不偿失。

除上述四个方面外,摘要写作还存在内容不浓缩、不概括,文字篇幅过长等常见问题。同时注意,摘要中不能使用公式号及参考文献号等。

(三) 摘要的构成要素

摘要对于一篇论文很是重要,而要写出合乎要求的论文摘要,就必须了解摘要的写作规范。根据国家标准,摘要由目的、方法、结果、结论四个要素构成。

"目的"是研究、研制和调查等的前提、目的及任务,涉及的是主题范围。"方法"是研究所用的原理、理论、条件、对象、材料、工艺、结构、手段、装备、程

[①] 《文摘编写规则》,GB 6447—86。

序等。"结果"是指实验、研究的结果,数据,被确定的关系,观察结果,得到的效果、性能等。"结论"是对结果的分析、研究、比较、评价、应用以及提出的问题,今后的课题,假设、启发,建议,预测等。其他的因素属于研究、研制、调查的主要目的,但就其见识和情报价值而言也是重要的信息。①

在写作实践中,特别易混用的是结果和结论。商务印书馆1998年出版的《现代汉语词典》把结果和结论分别定义为:"在一定阶段,事物发展的最后状态"和"从前提推论出来的判断"。足见,结果具有相对较强的客观性,而结论则带有相对较强的主观性。

(四) 摘要的写作类型

摘要的写作类型主要有报道性摘要、指示性摘要、报道指示性摘要三种。基于报道性摘要的特点和优势,本科毕业生学位论文的摘要大多都属于报道性摘要。

1. 报道性摘要

报道性摘要,又称资料性摘要或信息性摘要,其特点是全面、简要地概括论文的目的、方法、主要数据和结论,用有限的篇幅向读者提供尽可能多的定性或定量的信息,充分反映该研究的创新之处。通常,这种摘要可以部分地取代阅读全文。这类摘要信息量大,参考价值高,比较适用于专题类研究论文。

【例一】

论文题目:《元恂北逃原因再考》

论文摘要:对于元恂北逃的原因,魏收在《魏书》中简单地归结为"深忌河洛暑热",并未做更多的解释。学界关于元恂北逃原因的研究仍停留于"深忌河洛暑热"的认知上,并未取得太大的突破。通过对于传世史料的研读,不难发现元恂北逃的原因并非由于"深忌河洛暑热",而是因为元恂卷入到了恒代之乱。元恂的北逃与东宫集团的形成发展有着莫大的联系,而东宫集团的形成发展又与恒代之乱有着密不可分的关系,孝文帝的宠臣李彪也在审讯元恂中发现了此事,这也导致了孝文帝最终对元恂痛下杀手。

文章论述了东宫政变、恒代之乱等才是元恂北逃的深层次原因,而传统所认为的"深忌河洛暑热"仅是元恂北逃的表象性原因。

---

① 《文摘编写规则》,GB 6447—86。

【例二】

论文题目:《宋初皇位继承——以"金匮之盟"为例》

论文摘要:深入辨析"金匮之盟"的真伪,对于研究宋初皇位继承有着重要的意义。史籍中关于"金匮之盟"的记载主要有两种说法:一种为昭宪太后生前,曾嘱宋太祖立约先传位于皇弟,复传位于皇子,并将文件封藏于金匮当中;另一种则为昭宪太后不豫,命太祖传位太宗。这两种截然不同的记载,以及诸多史料对于"金匮之盟"描述的偏差,导致了对"金匮之盟"真实性的怀疑。随着研究的深入,现已转为"三传约"和"独传约"何为真何为假的争论。根据对五代宋初历史背景、有关"金匮之盟"的史料以及参与者的分析,最终得出"三传约"的"金匮之盟"存在属实,而"独传约"的"金匮之盟"是其后太宗伪造文件的结论。

文章重点论述了"金匮之盟"的真假问题,并得出"三传约"为真而"独传约"为假的结论。

报道性摘要的结论与结果应该具体、明确,不可笼统,不可大而化之,否则就不能达到"豁然开朗"的效果。而写作实践中,这类错误较为普遍,有编辑统计,竟占来稿的72%。

2. 指示性摘要

指示性摘要亦称说明性摘要、描述性摘要或论点摘要,它只是用简短的文字概括地介绍论文的论题,使读者对该研究的主要内容有一个大致的了解,但不解释文章的具体内容,要想了解具体内容,需要按照"指示"去翻看文章的具体内容。亦即通过简要的文字,使读者对该研究的主要内容有一个轮廓性的了解,指示读者了解原始文献论述什么内容,以帮助读者确定是否需要阅读原始文献,起到检索作用。这种摘要多用于综述、会议报告等。

指示性摘要一般采用"研究了……""讨论了……""分析了……""论述了……""指出了……"等概括说明性的语言,并不列出具体的方法、结论。

【例三】

论文题目:《中国古代运河发展的几个阶段》[①]

论文摘要:中国古代运河和运河网络经历了一个发生、发展、繁荣与终结的过程,根据运河发展的自身特点和规律,古代运河发展过程可划分为五个阶段,各个阶段既相互衔接又自成系统,既有对前代运河遗产的继承,又在多方

---

① 王明德:《中国古代运河发展的几个阶段》,《历史教学问题》2008年第1期。

面有所创新。

文章研究的是古代运河发展的几个阶段,探索运河自身的特点和规律。指出各个阶段既相互衔接又自成系统,既有对前代运河遗产的继承,又在多方面有所创新。但究竟是哪五个阶段,各个阶段又是如何衔接、如何自成系统的,创新之处又何在?这些问题在摘要中都没有做出说明,读者只有读完全文才会找到所有答案。

3. 报道指示性摘要

在实际的写作中,既少见纯粹的报道性摘要,同样,纯粹的指示性摘要亦不多,往往是两者结合的报道指示性摘要。这种摘要以报道性摘要的形式表述论文中价值最高的那部分内容,其余部分以指示性摘要的形式表达。资料性、评论性的论文一般撰写这种摘要。

【例四】

论文题目:《周恩来与对日本战犯的处理政策》①

论文摘要:在周恩来的主持下,新中国对日本战犯实行"宽大处理"的政策。这一政策是意义重大、深谋远虑的,但在中共中央作出这一政策决定之初,党内外出现了许多异议,尤其在量刑上有强烈的不同意见。周恩来对此给予了准确的指示,或者说进行了启蒙,统一了认识,使这一政策得以顺利执行,也体现了周恩来非常高超的政治智慧。

摘要中指示性地说明了在周恩来主持下,新中国对日本战犯实行"宽大处理"的政策,但没有具体展开论述这一政策。接下来对这一政策的执行情况做出了评价。

摘要是文章主要内容的摘录,其用途是读者不阅读全文即能获得必要的信息。摘要应尽可能保留原论文的基本信息,突出论文的创造性成果和新见解。应尽量深入浅出,通俗易懂,语言力求精炼、准确。篇幅一般不超过论文字数的5%。例如,对于6 000字的一篇论文,其摘要一般不超出300字。

总之,摘要具有整体性、独立性,要能够体现整篇文章的主要观点、应用方法等核心要素,故而内容不可以过于简单、空洞。据相关编辑统计,34%理工技术类文章的摘要内容简略,结构要素残缺,字数偏少;43%社科类文章的指示性摘要和13%的报道指示性摘要,内容写作过于简单,信息量不足,不能发挥摘要的应有功能和作用。

---

① [日]大泽武司:《周恩来与对日本战犯的处理政策》,《中共党史研究》2008年第4期。

三、关键词

关键词位于摘要之后、引言之前,位置醒目,虽则篇幅不多,但是论文的独立部分。按照国家标准规定,关键词是为了文献标引工作,从报告、论文中选取出来用以表示全文主题内容信息款目的单词或术语。① 它是论文主题的高度凝炼,也是主题鲜明而直观的表达,可谓是摘要的摘要。能够借助不多的文字揭示论文的主要内容,使读者在尚未阅读摘要和正文之时即能对论文的主题了然于胸,从而作出是否需要花费时间阅读正文的判断。

关键词既是揭示文章主题内容的"关键"的词,又是符合检索要求的"关键"的词。这种关键词,对读者、作者、编者来说,是共通的语言桥梁;对检索部门来说,是收录和编制索引,进入计算机数据库的一种特定的语言符号。

关键词是查询文章的关键。因为用题名查询文章,只限于知道此文的人;用作者姓名查阅文章,也只限于对知名度高的作者。为了满足文献资料检索的需要,提出了关键词,即用揭示文章主题内容的"关键"的词作"向导",引导检索者准确无误地查询到所需要的信息。目前,关键词已成为检索时使用频率最高的信息。故而,关键词是论文字数最少的一部分,但它却是不容忽视的重要一环。

或者是写作者对关键词不够重视,或者是对关键词的相关规范了解有限,或者是基于其他原因,总之在实际写作中,诸如关键词提炼比较随意,不能准确地反映文章的主要内容,起不到关键词应有作用的问题时有发生。

(一) 关键词的来源

为了满足文献标引或检索工作的要求,关键词的选取具有一定的规范性,它包括主题词和自由词两个部分。

主题词,亦即叙词,是专门为文献的标引或检索而从自然语言的主要词汇中挑选出来并加以规范了的词或词组。它最大的优势是能够排除自然语言中一词多义、多词一义以及词义含糊的现象,能够合理、完整、准确地表达论文的主题内容。也就是说,主题词是指以概念的特性关系来区分事物,用自然语言来表达,并且具有组配功能,用以准确显示词与词之间的语义概念关系的动态性的词或词组。故而在确定主题词时,要对论文进行主题分析,依照标引和组

---

① 《科学技术报告、学位论文和学术论文的编写格式》,GB/T7713—1987。

配规则转换成主题词表①中的规范词语。

主题词是用来描述文献资料主题和给出检索文献资料的一种新型的情报检索语言词汇,便于信息系统汇集,以供读者检索。故而它经过规范处理的特性尤其明显,如原子能,其规范的主题词可能是核能。正是由于它的出现和发展,才使得情报检索计算机化(计算机检索)成为可能。

自由词,顾名思义,它是未经规范化的尚未收入主题词表中的词或词组。它是不受主题词表的限制,即直接从文章题目、摘要、层次标题或者文章内容中挑选出来,能够简练、明确地反映文章的研究主题,是词表中的上位词、下位词、替代词等非正式主题词和词表中找不到的词。

简言之,关键词写作中尽量使用叙词即主题词,在无法使用叙词的部分则要依据文章内容灵活提取反映主题的自由词。每篇论文一般选取 3—8 个词汇作为关键词,另起一行。

【例一】

论文题目:《元恂北逃原因再考》

关键词:元恂;北逃原因;河洛暑热;东宫集团;恒代之乱;李彪

文章重点探讨的是元恂北逃的原因,而河洛暑热、东宫集团、恒代之乱分别是元恂北逃的浅层和深层原因,李彪与元恂北逃事件关系密切,属于高频词汇,故而选定这些词为本文的关键词。

【例二】

论文题目:宋初皇位继承——以"金匮之盟"为例

关键词:宋初;皇位继承;"金匮之盟";"三传约";"独传约"

文章围绕与宋初皇位继承有关的"金匮之盟"的真实性展开分析,涉及真实存在的"三传约"和属于伪造的"独传约",于是这些相关词汇被确定为该文的关键词。

关键词的一般选择方法是:由作者在完成论文写作后,纵观全文,选出能表示论文主要内容的信息或词汇,这些信息或词汇,可以从论文标题、摘要和论文内容中去寻找和选取。

---

① 为了建立全国统一的联机情报检索网络,1975 年,中国情报所、北京图书馆、国防科工委情报所、电子科技情报所等 1048 个单位 7915 人参加了《汉语主题词表》的研究编辑工作,1980 年由科学技术文献出版社正式出版。此表分为社会科学、自然科学和附表 3 卷,共 10 个分册,收录主题词 108568 个。该成果于 1985 年获国家科技进步二等奖,是我国第一部大型的综合性的叙词表。在提炼关键词时尽可能参考该成果。

关键词的运用，主要是为了适应计算机检索以及国际计算机联机检索的需要。一个刊物增加关键词这一项，就为该刊物提高引用率、增加知名度开辟了一个新的途径。

论文除中文摘要和关键词外，还有英文摘要及英文关键词，内容与中文摘要和关键词相同。

【例三】

论文题目：《Re examination of the reasons for the escape of the Yuan xun》

英文摘要：As for the reason for the escape of the Yuan xun, Wei Shou simply summed up in the Wei Shu as "deep avoidance of Heluo summer heat" and did not make any further explanation. Through the study of the historical materials, it is not difficult to find that the reason for the escape of the yuan is not due to the "deep avoid the heat of the river," but because it was involved in the chaos of the heng dai The northern escape of the Yuan xun has a great connection with the formation and development of the Dong Gong group, and the formation and development of the Dong Gong group has a close relationship with the chaos of the heng dai Li Biao, the beloved Minister of filial piety emperor, also found the matter in the interrogation of the Yuan xun, which also led to the death of the yunxun.

英文关键词：yuanxun; he Heluo hot summer; Dong Gong group; hengdaichaos Li Biao

【例四】

论文题目：Imperial inheritance in the early Sung Dynasty——Take The "Pledge of the gold bookcase" as an example

英文摘要：Through the in-depth analysis of the authenticity of the "Pledge of the gold bookcase", it is of great significance for the study of the succession of the royal family in the early Song Dynasty. In the case of the the "Pledge of the gold bookcase", there are two kinds of records in the history books. One was the predecessor of the Zhao Xian Empress, and Sung Taizu was first placed in the emperor, and the resurrection was in the emperor, and the document was sealed in the golden plaque. The other is the dying of the Empress Dowager. The life of the ancestors passed the Taizong.

These two very different records, as well as many historical materials, have deviated from the description of the "Pledge of the gold bookcase", which led to doubts and assertions about the authenticity of the "Pledge of the gold bookcase". With the deepening of the research, it has now become a debate about what is the "three-way agreement" and "independence of the covenant." According to the historical background of the Five Dynasties Sung Dynasty, the historical materials of the "Pledge of the gold bookcase" and the analysis of the participants of the "Pledge of the gold bookcase", it can be concluded that the "Pledge of the gold bookcase" of the "Three Passes" is true, and "the singularity" of the "Pledge of the gold bookcase" is the conclusion of the documents that were later forged by Taizong.

英文关键词：Early Sung Dynasty；The throne inheritance；The "Pledge of the gold bookcase"；"Three Passes"；"Preach about alone"

（二）提炼关键词应注意的问题

在实际的论文写作中，关键词的提炼存在各种各样的问题，不能够准确地反映文章的主要内容。大体而言，有以下常见错误：

1. 词性的误用

关键词主要选择名词、动名词和名词化的词组。冠词、介词、连词、助动词、动词、形容词不能用作关键词。动词只有在名词化或确实对表达文献主题具有检索意义时，形容词只有在构成名词性词组时，才能被选作关键词。所以，在关键词的提炼中，一定要辨别词性，准确使用。

2. 数量不合规范

根据《学术论文编写规则》(GB/T 7713.2—2022)的规定，关键词的选用为3—8个，过多或者过少都是有失规范的。有的作者认为关键词越多越能表达写作主题，故而一篇8 000字的论文提供的关键词有十几个之多。其实，关键词太多，提示文献主题就越深、越详细，但所反映的问题的范围也就更为宽泛，从而不能准确地反映主题内容。相反，也有作者认为关键词越精越好，于是只选一两个关键词。事实上，如果关键词数量太少，就会难以准确、全面地提示主题内容。可见，关键词过多或者过少，都会影响论文主题的表现。

3. 遗漏关键词

很多论文创作者习惯于在标题中选择关键词，亦即将标题拆分成几个词汇,并以此作为论文的关键词。其实,有些论文题目并不能反映论文的关键信息,因此如果仅从题目中选择关键词,就必然会漏掉文章最为主要的成分,这样最终提炼的关键词自然就是不完整的。

4. 关键词写作太随意

关键词是主题词的外延或延伸。在信息水平还比较低的情况下,通常要通过主题词来查阅有关文献。随着信息技术的不断发展,以计算机为主要检索工具查阅文献时已无须再局限于主题词,可以通过输入数个关键词并采用一定的检索策略,就可迅速准确、全面地获取所需文献。

但即使是信息化水平较高,如果论文中关键词的写作太随意或使用不当,仍然会极大地影响论文检索的效率。例如:"西北太平洋副热带高压"这个关键词就可以拆分为"西北太平洋"和"副热带高压"这两个关键词,检索时通过合理的逻辑组合,同样可以查阅到与该关键词查阅结果完全相同的文献。

但反过来,如果以"西北太平洋副热带高压"作为关键词查阅与此相关的文献,若有些文献全文并未出现该词,仅出现像"西北太平洋"和"副热带高压"这样的词汇,这些文献就会漏检,使查阅者失去一些有价值的文献。

5. 滥用泛意词

关键词是用来反映文章研究核心主题的词汇,要切实使关键词的逻辑组合能准确起到提示论文主题内容的作用,就应使所选的关键词确实能准确提示该文主题内容,但很多作者往往为了凑数,将论述、探讨、述评、简介、性质、特色、巨大、价值、问题、方法、启示、意义、原因、研究、分析、影响、措施、对策、现象、差异、原则、一般规律、历史趋势、现实意义、指导思想、服务、质量等作为关键词。由于这些关键词几乎在大多数学术论文中都可使用,从而使其在提示某一论文主题内容的专指性方面的作用就会大大降低,失去该关键词应起的基本作用。

6. 关键词的其他误写

其一,将关键句写成关键词。如《论建国初期的土地政策》的关键词为"建国初期的土地政策;农民;土地;耕者有其田"。其第一个关键词"建国初期的土地政策"实即关键句,可以拆分为"建国初期"和"土地政策"。所以,本文的关键词可以改为"建国初期;土地政策;耕者有其田"。

其二,对固定历史称谓的处理。史学论文写作中,经常用到一些固定的历史称谓,这些是不能再进行拆分的。如"十月革命",就不能再拆分为"十月"和"革命"。类似的还有"七月政变""雾月革命""七七事变""八一起义""双十二事变"等。

其三,注意词义的改变或语意的更新。在论文写作中应注意因时代的变化和人们语言习惯的变化而引起的词义改变或语意更新。如"入世"在古代就经常用作儒家思想讲人伦和世务的"入世哲学",这与佛教脱离社会的"出世"相对应。而现在又被用作"加入世界贸易组织"的简称而出现在大量的文章中。

其四,宽泛的时间概念不可以用作关键词。关键词可以选择表示时间的名词,如"秦汉""明代"等具体表述某个时间段的词,可以将文章定义为对这个特定的时间段内某一历史问题的研究。但切忌使用宽泛的时间概念,如:古代、现代、远古时期、新中国成立后、新时期、历史时期、改革时期、19世纪以来、1912年后等。上述词语界定的时间太宽,用在文章正文的写作中本无可厚非,但用作关键词,则无实际意义。

(三) 关键词的选取步骤

指从论文的题名、摘要、正文等内容中,选取反映全文主题概念的词语3—8个,最多不要超过11个。

1. 确定文章主题作为主要关键词

按照国家标准规定,主题是文献所具体论述与研究的对象或问题。[①] 故而在选取关键词的时候,首先应确定论文所研究的主要对象。如前述学生论文《元恂北逃原因再考》,重点探讨元恂北逃的原因,故而"北逃原因"就是该文的主题,自然也就构成本文最为重要的关键词。

特别注意在主体信息中表达作者的新观点、新方法、新成果,尤其是对一些不常为史学工作者所重视的研究对象,尽可能要将其选为关键词。

2. 与主题相关的信息作为次要关键词

在确定文章主题这个关键词以后,再寻找与主题密切关联的内容作为关键词。如前文与"北逃原因"密切相关的有河洛暑热、东宫集团、恒代之乱,于是这三者就构成该文的次要关键词。

3. 关键词的合理排序

如果对关键词排序不合理,就会导致逻辑混乱,进而影响对论文主题的准确理解。基于历史学科的学科特性,标引排序一般为时间、研究对象(如"科举")、研究结论和其他相关词汇。如本科生毕业论文《浅析"叶赫老女"的政治

---

① 《文献叙词标引规则》,GB/T386Q—1995。

婚姻》，其关键词为叶赫老女、政治婚姻、女真、明末清初。显然，不论关键词是否选准、选全，仅就其排序，即不符合历史学科毕业论文关键词的基本要求。

（四）各类论文关键词的提取方法

论文的研究对象不同，关键词的提取自然有别。本科生毕业论文主要选题为历史人物和历史事件两大类，故仅就这两类论文的关键词选取方法略作说明。

1. 历史人物类

这类文章，所研究的历史人物无疑应该提取为关键词，与历史人物紧密联系的内容如历史人物的重要历史贡献以及与该历史人物密切相关的历史事件等都可以选取为关键词。如提到林则徐就会想到"虎门销烟"，提到范仲淹就会想到"庆历新政"，提到乾隆就会想到《四库全书》。

2. 历史事件类

此类文章，所研究的历史事件自然应该提取为关键词，与所研究对象密切关联的历史人物或历史事件也可以选作关键词。如研究历史上的"三公九卿制"，就会必然会联想到秦朝及秦始皇；研究"一条鞭法"，就必然会联想到明朝的改革家张居正；研究"七国之乱"，就必然会联想到汉景帝。

四、目录

目录是论文中主要段落的简表，是论文各章节的详细目录。其中"章"部分使用宋粗体四号字；"节"部分采用宋体5号字。

【例一】

论文题目：《元恂北逃原因再考》

论文目录：

  引言

  一、"深忌河洛暑热"的考辨

    1. 两都自然条件对比

    2. 关于元恂于洛过暑的具体时间的考释

  二、东宫集团与太子北逃

    1. 浮出水面的东宫集团

    2. 东宫集团的形成与恒代之乱

三、李彪对元恂北逃的审讯——一个侧面证明
　　1. 李彪其人及对案件的涉入
　　2. 审讯中孝文帝对李彪的指使
结语
参考文献

【例二】
论文题目：宋初皇位继承——以"金匮之盟"为例
论文目录：
引　言
一、"金匮之盟"出现的背景
　　（一）五代皇权内部争端频繁
　　（二）太后之立长君观念
二、真实的三传约
　　（一）"三传约"的有关记载
　　（二）宋太祖的传位意向与行为
　　（三）杜太后的远见和影响力
三、伪造的独传约
　　（一）太祖传位遗诏与"金匮之盟"公布之取舍
　　（二）宋太宗与伪"金匮之盟"
结语
参考文献

五、引言

史学论文的结构形式是多种多样的。但是，它也有其基本型，即序论（引言）、本论、结论的三段式。

（一）何谓引言

引言又称序论、导言、绪论、序言、前言，是论文的开端，一般用一段或几段文字表达，属于整篇论文的引论部分。这一部分要写得简洁，措辞要精炼，短小精悍，紧扣主题，要吸引读者读下去。千万不可冗长、分散、琐碎，要避免像作文那样，用很长的篇幅书写自己的心情与感受，不厌其烦地讲解选定这个课

题的思考过程。

引言的篇幅份量及所占比例视整篇论文篇幅大小及论文内容的需要来确定,并无硬性的统一规定,可长可短,因题而异,长的可达700—800字或1 000字左右,短的可能不到100字。

(二) 存在问题

引言的地位很特殊,也很重要,在引言中如何用最少的文字尽可能全面地向读者说明文章研究缘由、重点所在和创新之处,是写作的关键,也是作者功力的体现。但因为有些作者或者对于引言的重要性认识不足,或者不明白如何写作引言,故而引言写作中存在不少问题,不容小觑。

1. 引言阙如

论文没有引言部分,不仅论文的结构不完整,尤为重要的是,读者无法搞清论文写作的相关背景,也就无法突出论文的创新点。类似没有引言的问题,即便在一些发表层次很高的论文中也是存在的,如偶尔翻阅人大复印资料《宋辽金元史》,其中即有一篇题名《何为遗民——宋元以降夷夏视阈下的易代士人研究》的文章,该文在摘要、关键词、作者简介、原文出处、基金项目诸信息之后便是一级标题,没有引言。

当然还有一种情况,有些论文没有引言部分,但是在之后的内容中却有相关学术史的回顾,如《孙悟空形象与西夏民族渊源初探》(见人大复印资料《宋辽金元史》)一文,它的第一个标题便是"学术回顾"。

提醒我们,引言缺失在论文中的呈现形式多种多样,或者是形式上的缺失,或者是实质上的缺失。前者并不影响读者对论文相关背景及其创新点的认识,但后者就不一样了。不管怎样,论文的引言缺失都是不应该的。

2. 引言过简

有的文章虽有引言,但是引言写作不合规范,过于简短,甚至缺失研究史回顾和对基本概念内涵的界定。缺失研究史回顾,就看不出作者吸收和利用的已有研究成果及其对学术前沿的把握,论文没有建立在已有研究基础之上的高起点,自然也就没有了深度和广度,论文的创新点也无从体现;缺失对基本概念内涵的界定,文章的展开就没有边界和指向,必然给后续的写作造成巨大麻烦。

3. 引言过长

引言过长必然冗杂,乃至将论文正文和结语部分的内容也包含在引言中,结果冲淡了文章的核心问题,此乃写作大忌。

4. 自我夸大

作为论文的作者,从选题到最终定稿,付出了难以数计的时间和精力,都希望自己的研究成果引人关注,获得好评,故而往往情不自禁地采用夸张、过分的自我评价,如"达到了国内外先进水平""前人没有研究过""从未见过报道""填补了一项学术空白"等。其实,前已述及,论文的价值有无与高低是由读者定位的,不是自我夸耀出来的,所以在引言中应避免使用上述炫耀性用语。

(三) 引言的内容

一般而言,引言包含研究背景、研究方法、研究角度、研究价值和适度的谦语等内容,具体可以细化为下列几个主要层次:

第一层由研究背景、意义、发展状况等内容组成,其中还包括某一研究领域的文献综述;

第二层提出目前尚未解决的问题或急需解决的问题,从而引出自己的研究动机与意义;

第三层说明自己研究的具体目的与内容;

第四层是引言的结尾,可以介绍一下论文的组成部分。

这四个层次还可以细化为以下几个具体方面:

(1) 开宗明义,提出本文的中心论点,这是序论的核心部分。问题的提出要明确、具体,一开始就让读者了解这篇文章的基本观点及写作的范围等。

(2) 解决论题中各概念的定义。

(3) 说明研究背景,点出所研究问题的必要性和重要性。

(4) 说明研究缘由,点出研究本论题的目的。

(5) 摆出所要批驳的"靶子"。

(6) 说明作者论证这一问题将要使用的方法。

(7) 概括论文的主要内容,或勾勒其大体轮廓。

(8) 如果是一篇较长的论文,在序论中还有必要对本论部分加以扼要、概括地介绍,或提示论述问题的结论,便于读者阅读、理解本论。

(9) 论证本课题研究的价值和意义,亦即对相关领域的文献进行回顾和综述,关于这个课题,学者们做了哪些研究,包括前人的研究成果,已经解决的问题,并适当加以评价或比较,已有研究的长处和不足;指出前人尚未解决的问题,留下的技术空白,指出作者本人将有哪些补充、纠正或发展,表明自己研究的角度和重点。也可以提出新问题、解决这些新问题的新方法、新思路,从而引出自己研究课题的动机与意义。这一条尤为重要,大凡比较重要的课题,引文必须交待本课题的研究史,从交待中就可发现你对这一问题研究史掌握的情况以及认识的高度,从你选取的角度和论述的重点,一般就可判断出这篇文章的价值。因此,如果对这个问题的研究史不熟悉,这段文字就最难写;如果熟悉了,又有较高的认识,这段文字也就不难写。

如何合理安排以上这些内容,将它们有条有理地向读者描述清楚,并非容易之事。经验表明,引言是全文最难写的一部分,因为作者对有关学科领域的熟稔程度,作者的知识是否渊博,研究的意义何在、价值如何等问题,都在引言的字里行间得以充分体现。

以下将分别摘录几篇名家论文和本科生论文的引言来帮助大家加深对论文引言的理解和认识。

已发表论文:

【例一】

论文题目:《论唐太宗》

论文引言:李世民是我国历史上少见的杰出政治家,开明的封建皇帝。他不但受到古人的同声赞颂,而且在今天史学家的笔下也是一个非常受重视和给予肯定评价的历史人物。关于他一生的政治成就和政治思想,内容极为丰富,远非短短一篇论文所能全部涉及。在这篇文章里,仅就唐太宗的特点、产生这个政治家的条件和他的局限性谈谈个人的一些看法。

这段引言仅150字左右,三句话,三个意思。第一句话说明李世民是个重要人物,既然是个重要人物,就有研究的价值;第二句话,表明本文不是研究其政治成就和政治思想,因为关于这方面的研究以往很多;第三句话说明本文研究的重点是唐太宗的特点、产生条件及局限性,关于这些方面恰恰是以往几乎没有涉及的。所以读者一看到这引言,就产生了阅读此文的极大兴趣。

【例二】

论文题目:《论"杯酒释兵权"》

论文引言:"杯酒释兵权"是宋初政治史上的一件大事,也是人们熟知的一则历史典故。二十世纪三十年代,著名史学家聂崇岐先生的长文《论宋太祖收兵权》,正确区分了"杯酒释兵权"与"收藩镇之权"的不同,并着重阐述了"收藩镇之权"的问题。四十年代,丁则良先生撰《杯酒释兵权考》,认为"所谓杯酒释兵权"一事,全来自传闻,不可置信。八十年代以后,徐规、方建新、顾吉辰等知名学者,亦各有讨论"杯酒"一事的专文,但由于他们对此事的真实性仍多有怀疑,甚至断为伪造,这又不能不限制其对相关问题的探讨。本文拟在前人研究的基础上,对"杯酒释兵权"进行较为全面的研究,并着重从"杯酒"一事的政局背景,它的真实性、成效及其意义等方面,提出一些个人看法。

这段引言对"杯酒释兵权"的研究史交待得十分清楚,从 20 世纪 30 年代到 90 年代,作者都注意到了,而且以往的结论基本是怀疑或否认,而作者在本文中显然是持相反观点,并交待了本文研究的重点:"杯酒"一事的政局背景、真实性和成效及其意义。读者一看,就知道本文会提出一些新观点,这个引言写得非常清楚。

本科生论文:

【例三】

论文题目:宋初皇位继承——以"金匮之盟"为例

论文引言:昭宪太后生前,曾嘱咐宋太祖立约先传位于皇弟,复传位于皇子,此即所谓"昭宪顾命"。因这一顾命文件曾封藏于金匮当中,故通称"金匮之盟",该"金匮之盟"后被称为"三传约"的"金匮之盟"。由于找不到盟约的原文,同时关于"金匮之盟"史料的记载也各有偏差,导致了对这一历史事件的不同认知。与"三传约"的"金匮之盟"相对的另有太祖传位于太宗之"独传约"的"金匮之盟"。多朝开国之初,围绕着皇位问题,尤其是头两代皇位交接,都曾发生过较大的政治危机。一般说来,新王朝的建立离不开皇室成员的共同努力,但传统的嫡长子继承制却往往使开国之后的权力分配与家族成员的贡献难以一致,由此埋下危机爆发的隐患。"金匮之盟"是祸根的表现还是对祸根的修正,这在很大程度上影响了后人对"金匮之盟"的看法。

两宋时期一直到清代,很少有人怀疑"金匮之盟"的真实性。二十世纪四十年代,张荫麟、邓广铭等诸多宋史名家几近同时撰文,指称"金匮之盟"一事有颇多破绽,不足征信,是伪造的。由此,"金匮之盟"伪造说大行于世,以后,又引发了金匮之盟真伪问题的激烈讨论。六十至八十年代,国内外学者在研究方法上进行了重大创新,发表了大量的研究成果。九十年代的研究以"证真说"的兴起为特征。其中比较突出的成果如《"金匮之盟"真伪考——对一桩学术定案的重新甄别》[①],该文对"金匮之盟"真伪问题进行了仔细地甄别,推进了"三传约""金匮之盟"为真方面研究的进程。另如具有较大影响的综述《近年

---

① 王育济:《"金匮之盟"真伪考——对一桩学术定案的重新甄别》,《山东大学学报》,1993(1).

来"烛影斧声"与"金匮之盟"研究述评》①。到了二十一世纪初,对于"金匮之盟"的"证伪说"和"证真说"的研究仍在继续。其中《"金匮之盟"研究史》②从"学术史"的角度指出不同时期、不同研究者的学术贡献和得失。再如《"金匮之盟"的是是非非——对一桩宋史学术旧案的再认识》③中对王育济学者的诸多观点进行了点评和分析,也为后来的研究提供了建议和参考。

本文试图对"三传约"的"金匮之盟"为真这一论断提出建设性的看法。同时对"金匮之盟"的有关史料进行搜集、整理和筛选,构建出符合历史要求的更为清晰的内在联系,以期对今后"金匮之盟"的研究提供更多的思路与借鉴。

这段引言首先交待了本文的研究主题即"金匮之盟"的真伪,在详细、清楚回顾相关研究史的基础上,提出自己的独到见解:"三传约"为真,"独传约"为假的结论。

【例四】

论文题目:元恂北逃原因再考

论文引言:对于北魏史的研究一直集中于北魏建国到孝文帝变法这段时间,尤其是孝文帝变法历来是史家津津乐道的话题,大多数史家对其给予了较高评价。而近年来的学术研究愈发关注到孝文帝以后的世宗、肃宗两朝北魏国运急转直下的情况,并且做了些探讨,有学者认为孝文帝一朝的改革恰恰是导致北魏灭亡的一个重要原因,但大多数学者的论述仍停留于陈寅恪先生提出的"胡化与汉化"的模式中,并未有新的观点。所以对于北魏后期史的研究急需学术上的创新。

孝文帝变法时期的皇太子元恂北逃代北一事是国人比较熟悉的一个历史事件,而学者在提到此事时,往往只赞扬孝文帝变法的决心,而忽视了此事背后的历史暗流。尤其是在解释元恂为何北逃之时,学者往往沿用了魏收的"深忌河洛暑热"的说法,并未进一步探讨。

元恂北逃一事不单单是孝文帝变法中一个小插曲,更是北魏历史上一次重大历史事件。对于元恂北逃的原因可以做进一步的探讨,从而打开研究孝文帝变法时期统治集团内部矛盾的一个切口,而孝文帝变法时期统治集团内部发生的种种矛盾更是我们研究北魏后期历史的一个新的观察角度。当然重新审视"深忌河洛暑热"这个原因以后,对于研究《魏书》的历史书写也有一

---

① 刘安志:《近年来"烛影斧声"与"金匮之盟"研究述评》,《史学月刊》,1995(1).
② 贾燕飞:《"金匮之盟"研究史》,济南:山东大学硕士学位论文,2009.
③ 李强:《"金匮之盟"的是是非非——对一桩宋史学术旧案的再认识》,《晋阳学刊》,2008(5).

定的帮助。

这段引言对传统的元恂北逃原因"深忌河洛暑热"持不同观点,在对该论题研究历史做了简略陈述后指出,统治集团内部的矛盾和斗争才是元恂北逃的真实原因所在。

六、正文

引言部分提出的问题,由正文部分进行分析和解决。正文占据论文的最大篇幅,是一篇论文的本论,是论文的主体、重点和核心部分,也是全文的精华,论文所体现的创造性成果或新的研究结果,都将在这一部分得到充分的展现,所有的论证过程也都在这一部分完成,是决定论文质量高低、价值大小的关键所在。因此,要求这一部分要主题明确,内容充实,论据充分、可靠,论证有力,是应集中笔墨写深写透写充分的部分。正文包括论点、论据、论证过程。

有些缺少论文写作经验与素养的人,容易将本论部分写成实验报告,将实验过程逐一罗列,总希望把自己辛苦做过的工作,全都写入论文,于是导致那些必须让人了解的重要内容淹没在一大片令人生厌的冗长文字中,其效果适得其反。

有些毕业论文,序论部分中提出的问题很新颖、有见地,但是本论部分写得很单薄,论证不够充分,勉强引出的结论也难以站住脚。这样的毕业论文是缺乏科学价值的,所以一定要全力把本论部分写好。

因为正文部分篇幅比较长,涉及内容比较多,这里将重点解析资料的收集、论文的构思及规范写作等三个方面的问题。又因为本部分篇幅太长,故而将资料的收集和论文的构思单独成章,本部分仅述及规范写作,主要涉及标题序号、数字及标点符号的规范、准确使用等方面。

(一) 层次标题序号的使用

论文的层次标题是其结构合理和层次清楚的保证。故而在标题写作时,必须正确使用标题序号,否则就会出现逻辑混乱。

史学论文的层次标题,建议遵循《党政机关公文格式》(GB/T 9704—2012)有关公文正文部分写作的规定:结构层次序数,第一层为"一、",第二层为"(一)",第三层为"1.",第四层为"(1)"。这种确定层次标题的方法为大多数期刊所采用。

需要注意的是：① 各级标题退二格，第一级标题可居中。② 第一级标题序号后用的是顿号，第三级序号后面用实心黑点。第二、四级标题序号用圆括号，括号外不用标点也不空格。③ 第二、四级标题序号不能用半括号表示。文章段内需要用层次表述，可采用"①②③④"序号，其序号后不用标点；段内如用"第一""第二""第三"或"首先""其次""再次"表述，在其后加逗号。建议不采用外文字母作层次序号，如 A 等。

但在本科生的论文写作实践中，这方面的错误屡禁不止。如"（二）、国家制度的保障与压制""1、严格限制宦官人数"等。

（二）标点符号的使用

在毕业论文写作过程中，很多学生对标点符号的重要性认识不足，往往忽略标点符号尤其是逗号的正确运用，如文章整段一"逗"到底，让读者分不清楚是句子还是完整的段落；在写作二层并列的意思时，应该使用分号，但也随意使用逗号。我们在毕业论文写作中，可参照 2011 年 12 月 30 日由国家质量监督检验检疫总局发布、中国标准出版社出版，2012 年 6 月 1 日开始实施的《标点符号用法》(GB/T 15834—2011)。学习、斟酌、使用标点符号，力争做到正确使用无有差错。

（三）数字的使用

在论文写作中，难免会遇到数字的使用，主要有汉语数字和阿拉伯数字两种。不论哪一种，使用都有严格的规定和统一的用法，具体可参照 1987 年 1 月国家语言文字工作委员会、国家出版局、国家标准局等七家单位发布的《关于出版物上数字用法的试行规定》。该规定总的原则是：凡是可以使用阿拉伯数字而又很得体的地方，均应使用阿拉伯数字。遇有特殊的情形，可以灵活变通，但应力求保持相对统一。

就历史学科而言，在论文的写作中使用汉字数字的地方相对于其他学科较多，具体有：

第一，夏历和中国清代以前历史纪年用汉字。如八月十五、洪武元年(1368 年)、康熙二年(1663 年)、戊子年四月十七日、太平兴国八年(983 年)。

第二，一些用时间表示的固定词组用汉字表示，如"七七事变""八一南昌起义""九一八事件""双十二事变""十月革命"等。

第三，一些用数字作为词素构成定型的词、词组、习惯用语、缩略用语或具有修辞色彩的语句，如一心一意、三心二意、三纲五常、横七竖八、四仰八叉、二一添作五、七上八下、十全十美、九牛二虎之力、一江春水向东流、行百里者半九十、三令五申等。

第四，表示星期几时一律用汉字，如星期三。

第五，不是出现在一组科学计量和具体统计意义数字中的一位数可以用汉字，如三叶草、五本书、六个人、三套方案。相邻的两个数字并列连用表示概数时，要用汉字书写，两个数字之间也不用顿号隔开，如七八里、六七家、五百余人。

第六，党的代表大会用汉字，如十一届三中全会、中共一大、十六届四中全会等。

基于上述原则，诸如"他发现两颗小行星""三力作用于一点"，就不宜写成"他发现2颗小行星""3力作用于1点"。

其他情况下则一般用阿拉伯数字表示：

第一，公元纪年、"中华民国"纪年和日本年号纪年等，如1937年7月7日、民国26年（1937年）、昭和8年（1933年）、公元前6世纪、20世纪90年代、下午2点、毛泽东（1893年—1976年）等。

第二，表示数量时用数字，如死亡人数达7 000人、山高800多米。

第三，记数与计量时也用阿拉伯数字，包括整数、分数、小数、百分比等。大约的数字可以用中文数字，也可以用阿拉伯数字，如"约一百五十人"，也可写成"约150人"。另外，部队编号、文件编号等，一般使用阿拉伯数字，如56242部队、国办发〔2007〕12号文等。

（四）学术语言的使用

美国人早在20世纪40年代即将"会说话、金钱、原子弹"视作在世界上生存和发展的三大法宝，60年代以后，又将"会说话、金钱、电脑"视作最有力的三大法宝。"会说话"一直独冠三大法宝之首，足见语言表达的重要性。语言是论文作者表述文章内容的载体，其表达效果直接影响论文的表现力和感染力，甚至关系着文章的质量。作者的写作能力、文章的质量只能通过语言来体现和完成。高质量的论文，不仅要求观点鲜明、史料充分，且语言表达也须符合论文语体规范的要求。

1. 语言表达的要求

（1）准确

准确就是要求所用的词语能客观地反映事物的本来面貌，准确而又变化地描述过程，恰如其分地表达作者的思想感情，尤其要精心选用近义词，用同样的概念表达不同的感情色彩,既能体现学术的严谨性,又能显示自己的文采。如"诞辰"和"华诞"两个词,都可以表示多少岁的生日,但诞辰既可用于活着的人,也可用于死去的人,如"毛泽东同志一百周年诞辰",而"华诞"则只能用于活着的人。所以在为活着的人举办祝寿活动时,只能使用"华诞"一词。

　　由于对死字有所忌讳,汉语对人死亡描述的词汇极其丰富,据研究,不同的说法共有两百多种。恩格斯《在马克思墓前的讲话》中悼念马克思时说:"3月14日下午两点三刻,当代最伟大的思想家停止思想了。让他一个人留在房里还不到两分钟,等我们再进去的时候,便发现他在安乐椅上安静地睡着了——但已经是永远地睡着了。"马克思是共产主义学说的创始人,又是恩格斯的朋友,所以恩格斯选用了含蓄委婉又符合死者特点的词语:"停止思想""睡着了"。作家、文学评论家唐弢悼念高尔基时这样写道:"1936年6月18日,世界大文豪,新社会的创造和拥护者,出身于劳动阶级的作家马克辛·高尔基,在莫斯科逝世了。"唐弢选用富有庄重色彩的褒义词"逝世",表达了对死者的尊敬、热爱和深切的悼念。

　　"死"的近义词很多,或雅或俗;或富有口语色彩,或富有书面语色彩;或含有褒义,带有惋惜之情,或含有贬义,带有憎恶、厌恶之情;或直接表达,或委婉表达;不同的社会群体,用语也不相同。如:

　　天子死:崩,也叫驾崩、山陵崩、归西、驾鹤归西、驭龙归西、殡天等。

　　诸侯或后妃死:薨;大夫死:卒;士死:不禄;死;庶人之亡。

　　民间说法:过世、过去了、过了、去了、走了、返乡、回去、离开、长眠、先走一步、老去、作老人、作古、千古、上西天、老了、归西。

　　雅称:辞世、与世长辞、已故、作古、仙逝、安眠、安息、往生(佛家语,指到另一个世界生活)、驾鹤西归、圆寂(寺庙僧人归西的说法)。

　　未成年人死:夭、夭折、夭亡、殇、夭殇、夭逝、早夭。

　　敬爱的人死了(褒义词):逝世、去世、长逝、溘然长逝。

　　憎恨的人死(贬义词):见阎王、归西天、断气、数尽、完蛋、下地狱。

　　和尚、尼姑死:圆寂、涅槃、坐化。

　　道士死:羽化、登仙、兵解。

　　美人死:香消玉殒、夭妒红颜、红颜薄命。

　　才子死:夭妒英才。

　　自杀:弃世、自尽、杀身、厌世。

　　自然之死:寿终、登仙、百年、老了、谢世、长逝、长往、长辞、归室、归泉、走了、去了、故去、就木、寿终正寝、寿终内寝。

非正常死亡:遇难、丧身、蒙难、罹难、暴亡、身亡、殉亡、暴毙、毙命、绝命、骤亡、丧生、非命、亡命、断命、病逝。

在非生活地或非成长地死亡:客死。

光荣的死:牺牲、就义、成仁、殉道、殉国、捐躯、光荣、殉职等。

比较婉转的说法:风去楼空、天妒英才、南极星沉、驾返瑶池、音容宛在、师表长存、大义凛然、杀身成仁等。

不难看出,准确的语言表达实在太重要了。因此在论文的写作中,一定要注意辨析,在搞清词义之后再下笔,不可轻举妄动。

(2) 精炼

史学论文要求用最简洁、精炼的语言,准确地传达所要表述的信息,"千呼万唤始出来,犹抱琵琶半遮面"的做法是万万要不得的,争取做到"文约而事丰,言简而意赅"。

(3) 庄重朴实

史学论文的语言要做到庄重朴实,体现在:用语书面化,使用规范词语,不能使用口语化的语句或随意遣词造句;减少不必要的套话,去华饰而存质朴,求实、求真;要尽可能地尊重历史学专业用语习惯和专业审美心理,尽可能避免使用其他行业的习惯用语和专业术语。

2. 语言使用的几个误区

其一,文白不分,很多学生在叙述时半文半白,使读者不能明白究竟是作者自己的话,还是引用的史料,读起来非常困难。原因在于作者未将史料吃透,难以用自己理解的语言简明扼要地表述出来。

作为史学论文,不可能不引用史料和前人的研究成果,但有些学生引用别人的成果超过了自己的论述,大段大段地摘录、引用别人的结论,这就不是自己在写论文,而是在罗列前人的成果,这样做,查重也过不了关。

其二,口语化,这是本科生论文写作普遍存在的问题。如"很容易能知道皇帝的喜好""但太宗即使是再恩宠王继恩""使得真宗皇帝对他进行嘉奖""起到的应该有一个引导和指向的作用""如何与他人交流合作能力""评中、高级职称时学历必须是本科以上学历""这些问题可以帮助学生拓宽学生的思路""史料是可以据以为研究或讨论历史时的依据的东西"等。口头语是日常生活中的沟通方式,只要双方彼此明白对方的意思就行,但史学论文有自己的特殊语言表达方式,在论文中过多使用口语化就会让读者感到有失严谨和庄重。

七、结语

引言提出问题,正文分析、解决问题,结语则体现作者更深层的认识,且是从全篇论文的全部材料出发,经过推理、判断、归纳等逻辑分析过程而得到的新的学术观念、学术见解。它是论文的结束部分,是论文最终的、总体的结论。换言之,结语是整篇论文的结局,而不是某一局部问题或某一分支问题的结论,也不是正文中各段小结的简单重复。论文的结语部分,或是总论点的归纳,或是中心论点的再次强调,或是对该论题导向深层研究的阐释,以加深读者印象。

(一)结语与结论的区别

史学论文的结尾部分,有的作者用"结语",有的则用"结论",到底应该怎么用?两者有哪些差异和区别?

据《现代汉语词典》(商务印书馆 2005 年版)的解释:"结语",即"结束语,是文章或正式讲话末了带有总结性的一段话"。而"结论"是:"从推理的前提推论出来的论断或对人和事物所下的最后论断。"

结语是总结性的语句,放在文末用来收结全文,主要考虑的是文章结构与内容的完整性,与引言提出的问题以及正文分析的问题相呼应。在具体的写作中,因为结语是对全文的总结性、概括性的表述或进一步的说明,因而主观性较强。而结论是在调查研究、论证的基础上通过严密的逻辑推理而得出的"论断",是对最终结果的说明或认识,其独特的作用不能由结语来代替。在实际写作中,因为结论主要是客观地表述文章的研究成果,传达的信息具体而明确,有着严格的定性或定量的特点,故而语气表达的客观性较强。所以,如果需要对全文内容做一个概括性的总结或说明时,可使用"结语",这样就可以表达作者的主观见解和看法,写作的空间较大。如果要在文章的末尾表达经过正文的分析、研究得出的有重要价值的论断时,则应使用"结论"。

因为结语和结论并非相同的概念,这就要求在实际的写作中,应根据文章所要表达的具体内容确定使用"结语"还是"结论"。

就历史学而言,因为不像自然科学一样由实验、分析、论证进而得出一个明确的结论,不传达定量的信息,只是对全文概括性、总结性地做进一步说明,因而使用"结论"的文章较少,也就是说,结语在历史类文章中的使用较为广泛。但在研究报告、理论推导类的文章结尾,结论使用较多。

(二) 结语的内容

结语应该准确、完整、明确、精炼,切忌草草收兵、虎头蛇尾,或画蛇添足、拖泥带水。毕业论文的结语一般应包括下述内容:

1. 论证得到的结果

结语部分要对本论分析、论证的问题加以综合概括,引出基本论点,这是课题解决的答案。这部分要写得简要具体,使读者能明确了解作者独到见解之所在。也就是说,通过文章的论述,已经解决了什么问题,对某个历史问题形成了怎样的看法,其实也就是对文章创新点的强调,是作者就某一历史问题的最终认识。它可以为读者阅读时提供方便,使之领会文中的主要观点和看法。结语所写的是最终的、总体的观点,应紧紧围绕主题有层次地展开,而与主题无关的部分,不宜全部列出。结语既不是文中各论点的简单重复,更不是罗列原始文献中的观点。在写作时表述要清楚明确,不可模棱两可,含糊其辞。不能使用"大概""可能""大约""应该""或许"之类含糊不清的词。

最值得注意的是,结语必须是引言中提出的,本论中论证的,自然得出的结果。毕业论文最忌论证得并不充分,而妄下结论。要首尾贯一,成为一个严谨的、完善的逻辑构成。

【例一】

论文标题:《元恂北逃原因再考》

论文结语:通过以上的种种论证,"深忌河洛暑热"只是元恂北逃的一个托词,北逃真正原因在于元恂欲参与东宫集团策划的叛乱。东宫集团的核心人物应为元丕父子与穆陆二人。早在太和十八年元丕父子就与太子元恂商议谋反一事,其后元丕父子又与穆陆等人结成了叛逆集团,太和十九年,太子元恂赴平城参与冯熙葬礼,又与叛逆集团形成共识,故而约定在太和二十年起事谋反。太子元恂的北逃是为了与在代北的穆泰等人一起发动叛乱,在太和二十年太子北逃失败后,穆泰等人仍处于观望状态,而在太子被废后,穆泰等人已经察觉到了危险,故而立即发动了叛乱。太子的"左右"应有一部分是叛逆集团的人,孝文帝对此已经有所察觉,故在太和十九年九月太子刚从平城回到洛阳的时候,派出亲信大臣高道悦担任太子中庶子以便于监督太子。孝文帝又在北逃事件发生以后,派出亲信大臣李彪亲自审问此案,李彪应该是发现了元恂与穆泰等人的关系,并且上报给了孝文帝,孝文帝这才痛下杀手。而所谓的"有手书自理不知状",也应只是元恂申诉自己被穆泰等人蒙骗的话语,故李彪并未上报,才有了后来龙文观供出李彪诬陷元恂一事。

对于"元恂北逃原因",学界长期停留在"深忌河洛暑热"的层面。但这个因素仅是元恂北逃的表象原因,正如作者所说,是一个托词。事实上,元恂北逃是诸多因素共同促成的,尤其是统治集团内部的矛盾,所以得出"北逃真正原因在于元恂欲参与东宫集团策划的叛乱"的结论。

2. 对课题研究的展望

学术研究的普遍规律是:任何研究都有对前人观点的继承,都是在前人研究的基础上进行的,但又不纯粹是继承,也有修订、补充和发展,文章的创新正是借由修订、补充和发展而体现出来。而每个人的精力是有限的,尤其是作为学生对某项课题的研究所能取得的成果也只能达到一定程度,而不可能是顶点。学术研究应当是客观公正的,在指出前人不足的同时,也应当说明自己研究的不足之处,这不但不会降低文章的价值,相反,作者在学术面前的坦诚与求真务实的态度会受到学界同仁的敬重,尤为重要的是,可以更有效地推动本课题的深入研究。

除了说明本研究的遗留问题和不足之处,还可以指明进一步探讨的问题,以及可能解决的途径,为自己或者他人的后续研究指明方向。

在结语的写作中,最常见的是对所论述对象简短的总结或是说明文章的研究价值,对未来的展望和不足之处的论述相对较少。

【例二】

论文标题:宋初皇位继承——以"金匮之盟"为例

论文结语:"金匮之盟"问题由于缺失盟约的原文,同时关于"金匮之盟"的记载各有偏差,导致了对这一历史事件的不同认知。史学界对此也有着相当长时间的争论,至今仍无定论。然而对其研究并不能只是咬文嚼字,要有一个完整的逻辑去串联起与其有关的诸多事件。分析"金匮之盟",对于研究宋初皇位继承有着十分重要的意义。本文从当时的五代宋初背景、杜太后的传立观念出发,对杜太后确立"金匮之盟"的原因进行了分析。并从史料直接记载、太祖传位意向与行为、杜太后的影响力这三个方面论证了"三传约"的"金匮之盟"的存在为实。随后再通过对太祖传位遗诏与"金匮之盟"公布之取舍、太宗改年号、太宗对廷美和德昭的升迁等内容的分析,得出"独传约"的"金匮之盟"系伪造文件的结论,并再次论证"三传约"的"金匮之盟"为真。从而力求构建出从昭宪太后立"金匮之盟"直至宋太宗颁出伪"金匮之盟"后这一连串历史事件相互间的合理逻辑。诚然,关于这一结论和其中一些细节仍需进一步考究,仍希望能予推进"金匮之盟"的研究进程,为其后"三传约"的"金匮之盟"为真的论证提供参考。

"金匮之盟"是与宋初皇位继承密切相关的历史事件。史书对"金匮之盟"的记载颇多差异,主要有"独传约"和"三传约"两种基本观点。作者通过各种分析,得出"独传约""金匮之盟"为伪而"三传约""金匮之盟"为真的结论。但作者认为,结论与一些细节尚有考究空间,仍有不足,需要进一步探索,也为之后的研究指明了方向。

(三) 结语写作中应注意的问题

结语是对全文中心内容的概括和总结性的说明,具有相对的独立性。结语部分的写作要求是:措辞严谨,逻辑严密,文字具体,用语斩钉截铁,且只能作一种解释,不能模棱两可、含糊其词。文字上也不应夸大,对尚不能完全肯定的内容注意留有余地。但在实际的写作中,结语部分总是存在很多问题,故而应特别注意如下两点:

1. 结语中不可加入自我评论

论文的真正价值是通过具体"结论"来体现的,所以不宜使用自我评价性的词语,如"本研究具有国际先进水平""本研究结果属国内首创""本研究结果填补了国内空白"等。我们一再强调,文章有无价值和价值的大小是由读者读完文章后给出定位的,而非作者自我炫耀的结果。

2. 结语不能重复摘要

结语和摘要在写作内容与方法上存在着很大的不同。结语是对全文观点的总体概括和总结,说明已经解决了什么问题、本文有哪些不足之处,如有可能还要为以后的研究指明方向。摘要是展示文章研究的创新点、目的、方法、结果等,有报道型、指示型、报道指示型三种类型。但两者之间也有相通的地方,即对文章创新点和结论都有所涉及。但应当注意的是,摘要只是概括性的提炼,而在结语部分可以稍作展开,内容比摘要更全面。所以,要仔细辨别两者在写法、用法上的区别,灵活、准确运用。其实,只有对比同一篇文章的摘要与结语,就可以发现两者在写作方法、表述内容上的明显区别。

摘要和结语都是论文的一部分,都是为论文所要表述的主题服务的,从这个角度来讲,两者又是统一于主题之下的。

需要说明的是,有些论文还有余论或称附论。余论所论述的内容虽然不是本文的主题,但与主题有密切的关系,或由主题派生出来的内容加以表达,能加深对主题的理解。谈及此话题,多以刘浦江《辽朝国号考释》[①]之余论为例:本文主要阐述辽朝的国号问题。作者认为,辽朝一代的国号变迁,远比人们过去所知道的情况要复杂得多。辽朝建国之初建号大契丹;太宗时一度实行双重国号。在燕之汉地称大辽,在草原地区仍称大契丹;圣宗和辽宗时又两次改变国号。而在契丹文和女真文中,始终称辽朝为哈喇契丹和契丹。辽朝国号的复杂性是辽朝二元政治体制的一种表现。

全文分七个部分:一、辽朝国号之谜。二、太祖建号"大契丹"。三、双重国号制:"大辽"与"大契丹"并称。四、圣宗改号"大契丹"。五、辽宗复号"大辽"。六、契丹文和女真文中的辽朝国号。七、附论"大蕃"名号问题。

第七部分即附论。为什么要附论"大蕃"名号问题呢?正文中已论证了辽朝国号先后有"大契丹""大辽"之称,契丹文、女真文中又有哈喇契丹和契丹之称,从未有过"大蕃"之称,作者可以不讨论这个问题,但1976年在北京房山县清理一座辽塔塔基中,出土了一块辽代纪年文字砖,上有墨书"大蕃天显岁次戊戌五月拾三日己未"共15字。其中"大蕃"二字,有人认为很可能是辽朝曾经使用的国号之一,而作者又不同意这种观点。因为正文完全是按年代来考证辽朝国号的,关于"大蕃"的论述不便在正文中表述。而这个问题如果避而不谈,又显得不完全,必然会引起学界的疑问,故作为"附论"的形式放在最后论述,最为适宜。作者认为"大蕃"应是"当地汉人对辽朝的尊称,意若'大朝',而非正式的国号"。

当然,并非所有论文都有"附论"或"余论",有的论文虽有,但不一定以标题标明。如南炳文《从"三言"看明代奴仆》第五部分和明代奴仆有关的几个问题,实际上就是"余论"或附论,作者之所以没有标明"余论"(附论)字样,是为了更明确告诉读者本部分的主要内容。

八、致谢

按照 GB 7713—87 规定,致谢语句可以放在正文后,体现对下列方面致谢:国家科学基金、资助研究工作的奖学金基金、合同单位、资助和支持的企业、组织或个人;协助完成研究工作和提供便利条件的组织或个人;在研究工作中提出建议和提供帮助的人;给予转载和引用权的资料、图片、文献、研究思

---

① 刘浦江:《辽朝国号考释》,《历史研究》2001 年第 6 期。

想和设想的所有者;其他应感谢的组织和个人。致谢一定要发自肺腑,千万不可流于形式。

九、注释和参考文献

任何研究工作都是在已有相关研究的基础上进行的,故而不可避免地存在标注查阅他人文献的问题。

(一) 注释

注释是学术论文的重要组成部分,也是学术规范之一。但是在很长一段时间里,人们往往很不重视注释,或者虽有注释,但极不规范,在学术界产生了很坏的影响,这应引起我们的高度重视。

1. 注释及其重要性

注释也称注解或注文,作为一种文化现象,古已有之,我国古代就有注、解、传、笺、疏、章句等多种形式,一是解释经书的字词,一是阐发经书的微言大义。而学术论文的注释与此不同,它也分为两大类:一是对论著内容、词汇的含义进行解释说明和评论;二是交待所引经典和史料的出处。

注释的规范及其重要性是由注释的功能决定的。规范的注释有三种功能:一是为学界同行对相关问题作进一步研究提供线索;二是为文献学研究提供可供分析的样本;三是在一定程度上反映文章作者的学术功力和人品。

(1) 注释是作者学术功力的反映。因为从你注释的情况,就可看出作者研究这个问题时所查阅过、使用过的资料、论著,学界同行一看便知你是否看到过新材料,是否比前人发掘过更多的资料,否则,文章的价值就会打折扣。当然这只是就一般情况而言,也有特殊情况,即作者虽未发掘更多的资料,但他对已有的资料给予新的解释,提出了新的观点,这也是一篇好文章。但这种情况相对较少。

(2) 注释是作者人品的反映。因为有的作者在论文中的一些重要资料,或个别观点,明明是引自其他人的论著,或受到某位学者的启发和帮助,但却有意回避,不加注释,不加说明,这就是故意掠人之美,从而丧失了应有的学术道德。所以注释也反映了作者的人品,有的学术道德高尚的作者,在他所写论文的注释中也能闪现道德的光辉。

2. 注释的类型

注释有各种各样的类型：根据作注者的不同，可分为原注、编者注、译者注；根据排版位置的不同，可分为：脚注、夹注、边注、尾注。现在边注已经很少见了。过去，边注常用于译著中，标明译文所对应的原著页码，便于读者进一步核对，这的确是很必要的。按照注释的性质不同，还可以分为：

（1）题目注释

如朱英《重评五四运动期间上海总商会"佳电"风波》[1]题目注释为："本文是教育部普通高等学校人文社会科学重点研究基地基金资助的研究成果。"又如：谢放《"绅商"词义考析》[2]题目注释为："本文初稿承蒙章开沅先生和马敏先生教正。华中师范大学历史研究所为笔者查阅资料提供了极大的帮助，特此表示衷心感谢。"宋冬霞《从宋代海盐私贩诱因》[3]一文的题目注释为："中国商业史学会盐业史专业委员会立项课题（ZSYW1405）。"

题目注释往往是针对论著的题名而言的，也可对该题目的研究和写作活动作必要的交待。题目注释往往以脚注方式出现，其基本形式是在题目后面加一个"星号"作注，或者和正文释义性注释一起编号作注。

题目注释的功能：

① 待发表情况：一般说来，一稿多投的重复发表，改头换面的重复发表都是不规范的行为。不过，有一种重复发表不属此例。大家知道，一本书的形成和写作，往往有较长的周期，把书稿的某些章节先行发表，或者在一系列已发表的单篇论文基础上形成了书稿，这都是正常现象。这里，较为规范的做法是，在条件允许的情况下，交待它们之间重复发表的关系，说明是否修改等。

② 交待课题：交待课题可暗示其研究或论著的价值。纳入课题管理的项目一般都是经过专家审定的，价值不高的研究很难立项。课题和资助又往往是结合在一起的，受到资助的研究成果公开发表时有义务把它标示出来，除非属于保密范围。这在一定程度上也是"资助成效"的反映，这是科研的基本规范。

③ 表达谢意：论义的致谢一般是作为题名注释来处理，也有把致谢纳入论文主体的方式。接受了资助应该致谢，标明课题就是一种常见的致谢方式。更多的情况是向帮助过自己的研究和写作的同行致谢。我们偶尔会遇到这样

---

[1] 《历史研究》2001年第4期。
[2] 《历史研究》2001年第2期。
[3] 《扬州大学学报》（人文社会科学版）2015年第3期。

的情况:一位学者会说,某人那篇文章写得不错,不过其中的几个观点或几条重要材料是前些时我告诉他的,文章出来了,连一句感谢的话都没有,这就是对作者的一种批评。实际上我们不少老专家老学者非常注意这一点,他们从同行朋友那里得到一条新材料,或一点新启示,或者其他什么帮助,一定会在题注或附记中表示谢意,这是值得我们学习的。

需要强调的是,向名人致谢在一定程度上可以起到抬高自己的作用。得到名人实质性的帮助是应该致谢的,但要实事求是,要避免借名人抬高自己的庸俗做法。规范的致谢不能使他人受"累",如果一项研究涉及论点性问题,那么致谢应该特别慎重,应表明自己是"独立研究者",说明自己对研究结果负责,而不应使他人为自己的过失或谬误承担责任。另外,给名家当学生或在名家手下做短期访问学者,致谢也不能随意,利用题注以及其他形式向学术界表明这种师承关系是无可厚非的,这是后者的一份荣誉。但我们有时还应掂量一下,自己的这篇文章或这项研究的水平是否有资格以题注形式向老师致谢。

(2) 作者注释

就是作者介绍,属于论文署名问题。其形式比较灵活,可长可短,但一定要将最重要的基本信息如性别、出生年月、民族、年龄、工作单位、学位、职称、简历、研究方向等介绍给读者。如上述笔者的《从宋代海盐私贩诱因》一文,其作者注释为:宋冬霞(1962—),女,陕西蓝田人,盐城师范学院教授,硕士生导师,中国商业史学会盐业史专业委员会会员,主要从事中国古代社会史、经济史研究。

作者注释的功能:

① 注明著作权人:这是作者注释的首要功能。署名就是一种特殊的作者注释,它向社会表明:署名者是该论著的作者,应享受该论著的权利并承担相应的责任。规范的作者注释应是署名人与著作权人相一致。也就是为了表明文责自负。

② 提高作者知名度:长期以来,我国学术论著的作者注释过于简单,有的甚至仅仅只有作者署名,这种做法欠妥,有一定信息量的作者注释能在一定程度上提高作者知名度,也为读者了解作者提供了方便。以课题组名义署名的,还可注明课题负责人、课题组主要成员以及执笔人或撰稿人,该论文的联络人等。

③ 提高作者单位知名度:学术论著的作者注释一般要以适当方式交待作者工作单位,包括单位全称,所在省市名及邮政编码,以便于联系和按地区、机构统计文章的分布。在学术论著中注明作者单位是提高学者所在单位学术知

名度和学术影响力的一个重要因素。作者在研究成果上注明自己的工作单位,是他的义务,除非出于特别原因。可是,至今还有些学者及其所在单位对此没有引起高度重视。

署名大致分为两种情形,即:单个作者论文和多作者论文。后者按署名顺序列为第一作者、第二作者……重要的是坚持实事求是的态度,对研究工作与论文撰写实际贡献最大的列为第一作者,贡献次之的,列为第二作者,余类推。注明作者所在单位同样是为了便于读者与作者的联系。

(3) 引文注释

即对引文出处的注释。引文就是在论文写作中,为论证自己的观点而引用的其他书籍、文章或文件,把别人的观点、理论或论述作为自己文章的材料。根据引用方式的不同,引文可分为直引和意引两种方式。

直引:指直接引用文献资料中完整的一段话,所引文字必须与原文完全符合。如果引用文字较短,可以给所引文字加括号以示与原文的区别。如果引用的是一大段话,既可以加引号直接引用,也可以不加引号而独立成段后再左缩进两个字符,最好用不同字体体现出来。

意引:指在引用的过程中,作者对所引的文献内容进行加工转换,用自己的语言表述出来,转述的文字不需加引号标记,但必须在引文末标明所引文献出处。特别需要注意的是,意引必须吃透原文,忠实于作者的观点,不可断章取义,更不能为了论证自己的观点而歪曲篡改别人的原意。

引文注释的功能:

① 尊重他人,为自己的研究定位。引用别人成果是对他人劳动的一种尊重。在学术论著中引用他人成果要作注是学术界公认的规范。但是,有的学者无视他人成果,无视学术研究的连续性,一个话题拈起来就说,似乎与别人的研究毫无关系,缺乏对别人的尊重。诚实地作注可以把别人与自己的东西区别开来,这不但是尊重别人劳动的表现,还可以很得体地表明自己的创新所在,使自己的研究在学术文献中有一个定位点。

② 交待专题研究的学术史。文献引证注释可以起到交待学术史的作用。一个严谨、诚实的学者在从事一项研究时,往往会对这个专题有学术史的考察并在论著中作出必要的交待,说明前人的研究和当代研究的新进展,这些研究还有什么不足,自己的研究与他们有什么关系,有何新意等。交待学术史的论著还可以为其他学者继续研究提供方便。

目前,一些学者,特别是一些研究生和青年学者在学术史的交待上较为随意,不作踏实的考察工作,非常随意地根据自己手头的资料就要下结论:某某观点是谁在何时首先提出的,其结果是把学术上的创新和见解张冠李戴。搞乱了学术界,其危害很大,不仅混淆了视听,而且暴露了自己的无知。

③ 为文献引证分析提供基础。文献引证分析既是文献学研究也是科学社会学研究的重要内容,通过文献征引分析可以了解一个作者、一篇文献、一种期刊和一个单位的影响力,或一个作者的活跃程度。一般说来,引证率越高,说明其影响力越大,价值越高。而文献引证分析的基础即是学术论著的引文索引。

④ 为科学共同体和无形学院提供联系的网。文献引证反映了学者之间的学术关系。学者引证同一学科专业和研究领域的文献,为学术共同体成员之间的社会关系织起一张无形的联系网,引证为其他学者辨别这个共同体的核心成员提供了线索。

一个科学共同体的核心成员组成了"无形学院",把他们联系起来的就是文献引证,无形学院的这些人形成了事实存在的非正式的亚团体,他们的社会交往与学术交流较密切,相互之间的认同度较高。

3. 主要存在问题及应注意问题

学者之间的引证是学术交流在科学体制上的承认,有些学者特别是有些中青年学者,有时恶意回避他人的文献,明明引证过某一学者的论著,故意不作注,这是学风不正的表现。

在引文注释上,除有意不作注外,还存在少作注、随意作注、不规范作注和恶意回避不作注以及无关引证、过度引证、以讹传讹转引等问题。

尤其值得一提的是引文注释的方式。从很多已发表的史学论文来看,虽有引文注释,但极不规范,如编年类史籍,仅注明书名如《资治通鉴·汉纪》《续资治通鉴·宋纪》,而不标明卷次及其年月日,等于没注。又如《徽州府志》卷2,要知道《徽州府志》有不少版本,有明朝修的,也有清朝修的,清朝又有几个版本,不注明版本,读者就无法核实或进而利用。再如出版社,中华书局于1912年在上海创办,1954年总公司迁至北京,同时在上海留有中华书局办事处。在全国各地设立了50多个分支局,1 000多家分销处,还在新加坡、中国香港和中国台湾地区设立分局。故而如果仅注中华书局而不注明出版地,就搞不清楚到底是那个中华书局。

《历史研究》编辑部在研究和借鉴其他学术期刊有关规定的基础上,修订了文献征引标注方式,可予参考。[①]

[①] 《〈历史研究〉关于文献引证标注方式的规定》,《历史研究》2001年第6期。

撰写学术论文过程中，可能引用了很多篇文献，但不需要全部罗列，只需要将所引用的最重要和最关键的文献资料列出即可。

（二）参考文献

在学术论文后一般应列出参考文献，其目的有三：为了能反映出真实的科学依据，即言之有据；为了体现严肃的科学态度，分清是自己的观点或成果还是别人的观点或成果，即对前人科学成果的真正尊重；为了指明引用资料出处，便于检索，即方便他人查找、使用。

参考文献应按论文参考或引证的先后顺序排列，不能以文献的重要程度或作者的知名度为排列顺序的标准。

中华人民共和国国家标准科学技术报告、学位论文和学术论文的编写格式（摘要）对所列参考文献的要求有两个层面：一是所列参考文献应是正式出版物，以便读者考证。二是所列举的参考文献要标明序号、著作或文章的标题、作者、出版物信息。

1. 什么是参考文献？

参考文献是从西方学术界和自然科学界引入的一个概念，目的是为了使我国的学术与国际接轨，符合国际标准的著录方式，有利于国际学术的交流，故而有人戏称其为"舶来品"，与中文习惯尤其是中国文史传统不太符合，故而对其涵义辨识经历了一个比较漫长的探索过程，大体有四个阶段。

第一阶段：于1987年5月5日批准，并于1988年1月1日起实施《文后参考文献著录规则》，对参考文献的界定是："为撰写或编辑论著而引用的有关图书资料。"[①]这里重点强调的是参考文献的"引用"作用，比较笼统。

第二阶段：为了利于大型数据库的建立以及对文献数据进行交换、处理、检索、评价和利用，清华大学《中国学术期刊（光盘版）》杂志社于1998年制定《中国学术期刊（光盘版）检索与评价数据规范》，习惯上又称《CAJ－CD规范》。1999年，国家新闻出版署发文要求对所有进入光盘版的期刊参照执行，后来大多数期刊就使用了这一规定。在该规范中，对于参考文献的界定是："参考文献是对期刊论文进行统计和分析的重要信息。"这里对参考文献仅仅是从功能上进行了界定，并没有对什么是参考文献本身进行界定，尤其没有对注释与参考文献的区别进行界定，概念界定仍然比较模糊。

---

① 《文后参考文献著录规则》，GB/T 7714—1987。

正是源于概念界定的模糊性,各期刊在参考文献的著录上出现了很多的混乱,这种混乱既体现在作者层面,也体现在期刊层面。就作者层面而言,最常见的是根据字面的意思理解"参考文献",是文章或著作等写作过程中参考过的文献,于是就有许多作者在写文章时把引文用注释的方式标出,再在文后附上"参考文献"。这些文献在文中并没有被直接引用过,作者列出的本意就是虽然没有引用,但在写文章的过程中参考过此类文献。就期刊层面而言,各期刊对于参考文献的著录各不相同,甚至是同一期刊内不同文章的著录也是各不相同,最常见的是与注释的混淆。有的在文章的末尾虽然使用"参考文献",但在著录时却没有按参考文献的著录方式,而用引文注释的方式注释。也有的是在文章后用"注释",但用的却是参考文献的著录方式。还有的是注释与参考文献的混用,各种不规范之处不胜枚举。

第三阶段:2005年,在对GGB/T 7714—1987《文后参考文献著录规则》进行修订后,经国家质量监督检验检疫总局和国家标准化管理委员会批准成为一项推荐性国家标准[1],用来指导作者和编辑进行规范化著录参考文献。修订版的著录规则"在著录项目的设置,著录格式的确定,参考文献的著录以及参考文献表的组织等方面尽可能与国际标准保持一致,以达到共享文献信息资源的目的"[2]。

第四阶段:在上述对GGB/T 7714—1987《文后参考文献著录规则》进行修订的同时,《中国学术期刊(光盘版)》编辑委员会总结了《CAJ-CD规范》施行以来的经验,参照国际、国家标准的新发展,按照"对旧的规范的条文进行了修改,形成《中国学术期刊(光盘版)检索与评价数据规范》的修订版本"。这是目前国内公开发行的大多数期刊所采用的文献著录格式。

在修订版的《CAJ-CD规范》中,参考文献最终被明确地界定为"作者撰写论著时所引用的公开发表的文献书目"[3]。参考文献准确地被定义为"引用",其功能与注释中的"引文注"大致相同,代替了注释中的引文注,即著录文章中"引用"过的文献。

纵观这个辨识过程,可以说越来越成熟,越来越完善。但是,参考文献的著录方式对于史学论文的写作而言仍然存在明显的缺陷。史学论文写作中要引用很多古籍,古籍最常见的是分卷形式,而从国外引入的参考文献这一著录

---

[1] GB/T 7714—2005。
[2] 《文后参考文献著录规则》,GB/T 7714—2005。
[3] 《中国学术期刊(光盘版)检索与评价数据规范》,CAJ-CD B/T 1-2006。

形式则无法表示分卷,这对选择中国古代史方面的论题作为毕业论文选题的学生来说,是无比头疼的问题,不仅学生头疼,指导老师也深感头疼。尤其是民国以前的书籍为刻本、钞本、稿本,只能用卷来表示。有些古籍在民国以后又有了影印本和排印本,加上了页码,但各个出版社在影印同一本书籍时,排版的页码不同,引用时注明页码倒不如说明卷次更方便读者的查阅与复核。还有引用诸如出土的简牍、敦煌文书等材料时,仅仅依靠参考文献著录是远远不能准确表述的。

表2-1 参考文献类型及标识

参考文献类型	专著	论文集	报纸文章	期刊文章	学位论文	报告	标准	专利	析出文献	其他	数据库	计算机程序	电子公告
文献类型标识	M	C	N	J	D	R	S	P	A	Z	DB	CP	EB

2. 参考文献著录原则、要求

(1)参考文献应该是公开发表的文献。即在国内公开发行的刊物或正式出版的图书上的文献,内部使用的资料或内部出版物上刊登的资料不能以参考文献的形式列出,如盐城师范学院毕业论文格式标准即有"已公开发表的最新文献"之规定条文。公开发表的文献,包括专著、论文集、报纸文章、期刊文章、学位论文、报告、标准、专刊等印刷版的文献,也包括数据库、计算机程序、电子公告及电子文献(以磁带、磁盘、光盘、联机网络和网络版文献为载体)。[①]特别需要说明的是学位论文,虽然没有公开发表或正式出版,但已是经过专家层层评审如预审读、外审等,并通过预答辩、答辩诸环节,且为公开和存档的文献,故而学位论文可以作为参考文献使用。事实表明,本科生毕业论文的参考文献中,学位论文的引用率是比较高的。

(2)参考文献应选择最新、最具代表性的文献。同样的,盐城师范学院毕业论文格式标准亦有关于"最新文献"之要求。原因在于,就一篇论文而言,其所引用的文献数量是有限的,不可能把所有与论题相关的文献全部罗列,因此选择最具代表性文献著录就显得尤为重要。为此,一般引用时选择最新出版的文献,最新的文献可以反映出与题目相关的最新的研究成果,有助于把握学

---

① 参见《中国学术期刊(光盘版)检索与评价数据规范》,CAJ-CD B/n-2006。

术研究的动态和最前沿的成果。

此外,还应选择最具代表性的学者言论。就某一问题,可能有很多学者持着相同的观点,引用时,应选择学术素养水平高且在业内共知的专家言论。如果对被引文章的作者不熟悉,可以根据期刊的权威性来选择。权威期刊一般是经过高水平编辑、专家审稿后才刊发,经过多层把关,所刊发的文章质量要比一般期刊相对高一些,所以,在无法抉择引用那篇文献时,从权威期刊上选择参考文献无疑是解决这一难题的有效途径。

(3)应该直接引用原始文献。盐城师范学院毕业论文格式标准也有"以原文、原著为主"的相关规范。参考文献是证明作者论点的依据。个别作者在引用文献时并不是直接引用原始文献,而是从其他文章或图书中转引资料,这是论文写作的大忌,原因主要有:如果被引文章的作者因自身的疏忽而错误引用的话,就会以讹传讹;转抄者可能因理解上的片面性而对所引用材料曲解,就会闹出更大的笑话。所以对他人著作中所引文献,自己的文章要引用,必须找到原文,严肃认真地加以核对。特别要仔细核对论著的卷次、页码这些容易出错的地方。唯其如此,既能对文献的背景及目的有准确认识,也能够为编辑、评审者、读者评价论文水平提供可靠依据。

3. 文后参考文献编排格式

参考文献是学术专著、学术论文的重要组成部分,是对期刊进行统计和分析的重要信息源之一,故而各类文献的著录一定要符合规范。[①] 以下就常用的几类文献的著录方法做些示范。

(1)专著、学位论文

[序号] 作者.文献题名[文献类型标识].出版地:出版者,出版年:起止页码(当整体引用时不注).

[示例]:

[5] 司马光.涑水记闻[M].北京:中华书局,1989.

[16] 翟元梅.唐代妇女民事法律地位研究[D].南京:南京师范大学,2007.

(2)期刊文章

[序号] 主要责任者.文献题名[文献类型标识].刊名(外文可缩写),年,卷(期):起止页码.

[示例]:

[10] 朱子彦.论明代的内阁与党争[J].社会科学战线,1996,(2):5-10

---

① 主要依据《中国学术期刊(光盘版)检索与评价数据规范》(修订版)(CAJ-CD B/T 1-2006。

(3) 论文集

［序号］作者.文献题名［文献类型标识］.编者.论文集题名［文献类型标识］.出版地：出版者,出版年,起止页码.

［示例］：

[1] 瞿秋白.现代文明的问题与社会主义［A］.罗荣渠.从西化到现代化［C］.北京：北京大学出版社,1990,121－133(可以不注页码).

[8] 宋冬霞.宋代女性纵向流动路径考析［A］.姜锡东.宋史研究论丛［C］.北京：科学出版社,2019.

(4) 报纸文章

［序号］作者.文献题名［文献类型标识］.报纸名,出版日期(版次).

［示例］

[10] 胡鞍钢.中国能够实现粮食自给目标［N］.联合早报,1994,10.

(5) 国际、国家标准

［序号］主要责任者(任选).标准编号,标准名称［S］.出版地(任选)：出版者(任选),出版年(任选).

［示例］

[11] GB/T 16159—1996,汉语拼音正词法基本规则［S］.

(6) 专利

［序号］专利申请者或所有者.专利题名：专利国别,专利编号［P］.公告日期或公布日期.

［示例］

[12] 姜锡洲.一种温热外敷药制备方案［P］.中国专利：881056073,1989,07,26.

(7) 电子文献

［序号］作者.电子文献题名［电子文献及载体类型标名］.电子文献的出处或可获得地址,发表或更新日期、引用日期(任选).

［示例］

[13] 王明亮.关于中国学术期刊标准化数据库系统工程的进展［EB OL］. http://www.cajcd.edu.cn/pub/wml/tex/980810－2.html,1998,08,16 / 1998,10,04.

(8) 各种未定义类型的文献

［序号］主要责任者.文献题名.出版地：出版者,出版年.

[示例]

[15] 张永禄.唐代长安词典[Z].西安:陕西人民出版社,1980.

4.参考文献与注释的区别

参考文献是作者写作论著时所参考的文献书目,或有明确收藏地点的善本、档案;注释是对论著正文中某一特定内容的进一步解释和补充说明,以及未公开发表的私人通信、书稿和仅有中介文献信息的"转引自"等类文献的引用著录。因两者内涵不同,故而标注方式有很大差异。

第一,所处位置不同。参考文献一般集中列于文末;而注释一般排印于该页地脚。

第二,序号标注方式不同。参考文献与注释都是顺序编码,即以引用文献在文中出现的顺序从小到大编码。但参考文献用方括号标注,注释用阿拉伯数字加圆圈标注。

第三,文献出现频次不同。注释标注中,同一文献名可反复出现,并按出现顺序予以标注。但在参考文献著录方式中,同一文献只能出现一次,只能有一个序号,其页码、篇名等变量在正文中上标标注。

具体而言,在传统注释中,引用一次则注释一次,直至文章结束。而参考文献以文章引用文献出现的顺序编码,如果同一篇文献被引用了多次,只在第一次引用时给其注明引用的文献,同一文献再次引用时,不管出现在什么位置,都只注明参考文献的序号。比如注释14,引用的内容与第6个注释相同,在参考文献著录格式中,因为已经出现过该文献,故而在正文中还是将其著录为[6],也就是说,同一文献多次出现时,在文中均以第一次出现的序号标注,并不像注释随着之前引文的序号递增。所以,同一段文字,引用了27次文献,就有27个注释,但用参考文献著录,因为只引用了22篇文献,所以也就著录22篇参考文献。

第四,引用图书时,注释与参考文献都注明页码,但方式不同,注释在每条后,都明确注明某个出版社哪一页的。但参考文献所列的因为是文献名,所以不注明页码,而在正文中文献引用序号后加括号用"＊＊＊"的方式注明。如注释:"李文治:《晚明民变》,上海书店,1989年,第104—105页。"而参考文献为:"李文治. 晚明民变[M]. 上海:上海书店,1989."在正文中,又标明"[1] 104-105"。甚至在带有卷次和篇名的古文献出现多次的情况下,因为同一文献在参考文献中只能出现有一次,故而文献的卷次、篇名、页码诸要素都需要在文中上标注明。

第五，参考文献后面标注文献标识码，而注释没有标注，这也是两者最大的不同。初学者一定要认真核对原文献类型，然后查对原文献所对应的文献标识码，确保能够正确标识。

第六，符号使用不同。参考文献著录格式中的作者和文献标识码，在文献结尾，用实心小圆点标记，而不是传统注释的作者后跟冒号。需要注意的是，实心小圆点不是中文状态下的标点符号，而是标记符号，输入时将输入法切换至英文状态下，输入英文状态下的句号，或者在中文输入法中，将标点符号切换为英文状态，再输入句号。

第七，参考文献注明出版地，而注释没有标注。参考文献著录格式中，出版社前加出版地，这相对于以往注释不标明的做法是进步的。虽然大多数出版社都只有一个出版地，但也有出版社存在不同的出版地，如果不注明出版地，就不利于更加精确地检索文献。如商务印书馆，北京、上海、中国香港都有其出版地，不注明具体出版地，对读者而言，就难以准确找到引用资料的出处。

思考与实践

1. 摘要、关键词、引言、结语写作中应注意哪些问题？
2. 给出一论文标题，请补充摘要、关键词、引言和结语。
3. 给出一篇习作，分析摘要、关键词、引言和结语的得与失。
4. 将一组传统注释改为参考文献，并分析传统注释与参考文献的主要区别。并借用本班学生期末考查作业的不规范做法，作为实例进行讲解。
5. 评析参考文献对文史习作的不适应性。

第三章 史学论文的选题

何谓选题？顾名思义，就是选择具体的科研目标，确定大致的科研范围，它是论文写作的第一步，是重要也是最难的一步。谈及选题，应将与之关联的三个概念即课题、论题、题目搞清楚。这三者同属于某一学科中的学术问题，但又有所区别。第一，论题不同于课题。课题通常是指某一学科重大的科研项目，指研究的主要问题，偏重客观存在，它的研究范围比论题要大得多。比如，社会主义精神文明建设就是一个大课题，其中包括许多论题，如精神文明的地位和作用、精神文明的内容和特点、精神文明和物质文明的关系等。第二，论题又不同于题目。题目是指论文的标题，有时指代课题，有时点明主题，也可两者兼而有之，它的研究范围一般比论题要小。如笔者选定的论题是宋代妇女研究，就可以选择很多具体题目来写论文，已发表的诸如《宋代士大夫的贞节观》《宋代"女使"简论》《宋代士大夫的狎妓风》《浅议宋代妇女在社会生产中的作用》《理学对宋代社会及妇女的影响》《宋代厚嫁述论》《司马光的妇女观》等即是论题下的一个个具体题目。

一、选题的重要性

正确而又合适的选题，对撰写毕业论文具有重要意义。对于选题的重要性，许多大家做过阐释。爱因斯坦曾经说过，在科学面前，"提出一个问题往往比解决问题更重要，因为解决问题也许仅是一个教学上或实验上的技能而已。而提出新的问题，新的可能性，从新的角度去看旧的问题，都需要有创造性的想象力，而且标志着科学的真正进步"。美国哈佛大学威尔逊教授在其《科学研究方法论》中亦云："所谓优秀的科学家，主要在于选题时的明智，而不在于解题时的能力。"

英国著名哲学家弗兰西斯·培根有三句话说明选题对研究工作的重要性："如果目标本身没有摆对，就不可能把路跑对"；"跛足而不迷路能赶上虽然健步如飞但误入歧途的人"；"如果一个人走错了路的话，那么越是活动，越跑得快,就会越加迷失得厉害"。中国著名古代文史学家、教育家、公认的国学大师程千帆指明:"课题选择的本身,恐怕也很能检验出自己的学识、思维、判断能力。"①的确,选题本身就是一种科研,一种学问,一种艺术。

概括而言,选题的重要性体现在如下几个层面:

(一)选题能够决定毕业论文的价值和效用

"题好文一半"是很多作者写作经验的总结,在编辑初审稿件时,首先就是看选题,即是否为可论文题,有没有作者的观点和经验,这是评判一篇论文可否采用的最基本的标准。因此,作者务必要在选题上下狠功夫。

论文选题是要选择一个合适的可论之题,选择一个写作的切入路径,提出有价值的论点。但选题又不仅仅是简单地给文章规定个范围,选择毕业论文题目的过程,就是初步进行科学研究的过程:先要大量地接触、收集、整理和研究资料,从对资料的分析、选择中确定自己的研究方向,直到定下题目。在这一研究过程中,客观事物或资料中所反映的对象与作者的思维运动不断发生冲撞,产生共鸣。正是在这种对立统一的矛盾运动中,使作者产生了认识上的思想火花和飞跃。这种飞跃必然包含着合理的成分,或者是自己的独到见解,或者是对已有结论的深化,或者是对不同观点的反驳,等等。这种思想火花和飞跃对于毕业论文写作而言,是重要的思想基础。如《浅析领导者突出工作重点的方法与艺术》一文,作者周建平长期以来从事党政领导工作,先后担任过乡镇党委书记、区委书记、县委组织部副部长、县劳动人事局局长、县财税局局长等领导职务。在工作实践中,他深深体会到,领导干部担任的职务不同,工作岗位也要经常变动,乡镇工作管辖范围不大,但"麻雀虽小,五脏俱全",上面一根针,下面千条线,样样都要管。担任县机关部门的领导,虽然职能相对比较单一,但线长点多范围广。作为主要领导,如何有效地领导好本地区、本部门的工作,这里就有一个科学的领导方法和领导艺术问题。在中央党校函授学院大专毕业论文选题时,他在多方收集材料,深思熟虑的基础上,运用唯物辩证法,结合自己的工作实际,选择了抓工作重点的领导方法和领导艺术这一题目,取得了成功。他山之石可以攻玉,周建平的成功经验值得我们借鉴。

事实表明,选择一个合适的题目实属不易,需要经过作者多方思索、互相比较、反复推敲、精心策划、充分论证的一番努力。故而通过选题,能够提前对文章作出基本的估计,可以大体看出作者的研究方向、学术水平及其论文的研

---

① 程千帆:《学术论文写作贵在创新》,《中国文学研究》1996年第2期,第8页。

究价值。正如我国著名哲学家张世英所说:"能提出像样的问题,不是一件容易的事,却是一件很重要的事。说它不容易,是因为提问题本身就需要研究;一个不研究某一行道的人,不可能提出某一行道的问题。也正因为要经过一个研究过程才能提出一个像样的问题,所以我们也可以说,问题提得像样了,这篇论文的内容和价值也就很有几分了。这就是选题的重要性之所在。"①分析善选题者,多具有批判式思维方式,从司空见惯中发现论题。我们常常羡慕成功者有灵感,但更应该明白作者选题过程中付出的艰辛,亦如19世纪的俄罗斯作曲家、音乐教育家,被誉为伟大的"俄罗斯音乐大师"和"旋律大师"的柴可夫斯基所言:"灵感全然不是漂亮地挥着手,而是如犍牛般地竭尽全力工作时的心理状态。"

(二)选题可以规划文章的方向、角度和规模,弥补知识储备的不足

我们在研究客观资料的过程中,随着资料的积累,思维的渐进深入,会有各种各样的想法纷至沓来,这期间所产生的思想火花和各种看法,对我们都是十分宝贵的。但它们尚处于分散的状态,还难以确定它们对论文主题是否有用和用处之大小。因此,对它们必须有一个选择、鉴别、归拢、集中的过程。从对个别事物的个别认识上升到对一般事物的共性认识,从对象的具体分析中寻找彼此间的差异和联系,从输入大脑的众多信息中提炼,形成属于自己的观点,并使其确定下来。正是通过从个别到一般、分析与综合、归纳与演绎相结合的逻辑思维过程,使写作方向在作者的头脑中产生并逐渐明晰起来,毕业论文的着眼点、论证的角度以及大体的规模也初步有了一个轮廓。

选题还有利于弥补知识储备不足的缺陷,有针对性地、高效率地获取知识,早出成果,快出成果。撰写毕业论文,是先打基础后搞科研,大学生在打基础阶段,学习知识需要广博一些,在搞研究阶段,钻研资料应当集中一些。而选题则是广博和集中的有机结合。在选题过程中,研究方向逐渐明确,研究目标越来越集中,最后要紧紧抓住论题开展研究工作。爱因斯坦说过:"我不久就学会了识别出那种能够导致深邃知识的东西,而把其他许多东西撇开不管,把许多充塞脑袋,并使它偏离主要目标的东西撇开不管。"②要做到这一点,必

---

① 王力、朱光潜、周一良、铁崖、张岱年等著:《怎样写学术论文:十二位名教授学术写作纵横谈》,北京大学出版社1981年版。

② 赵中立、许良英译:《纪念爱因斯坦译文集》,上海科技出版社1979年版。

须具备较多的知识积累。对于初写论文的人来说,在知识不够齐备的情况下,对准研究目标,直接进入研究过程,就可以根据研究的需要来补充、收集有关的资料,有针对性地弥补知识储备的不足。这样,选题的过程,也成了学习新知识,拓宽知识面,加深对问题理解的过程。

(三)合适的选题可以保证写作的顺利进行,提高研究能力

选题是个庞大的系统工程,对本科毕业生而言,选题既不能过大、过难,亦不能过小、过易,只有选择一个难易大小合适的题目,才可以保证写作的顺利进行。

研究能力不会自发产生,必须在使用知识和科学研究的实践中,自觉地加以培养和锻炼才能获得和提高。选题是研究工作实践的第一步,选题需要积极思考,需要具备一定的研究能力,在开始选题到确定题目的过程中,从事学术研究的各种能力都可以得到初步的锻炼提高。选题前,需要对某一学科的专业知识下一番钻研的功夫,需要学会收集、整理、查阅资料等项研究工作的方法。选题中,要对已学的专业知识反复认真地思考,并从一个角度、一个侧面深化对问题的认识,从而使自己的归纳和演绎、分析和综合、判断和推理、联想和发挥等方面的思维能力和研究能力得到锻炼和提高。

毕业论文的选题是在教师的指导下进行的,有的学生自己不作独立思考,完全依赖教师给出题目;有的学生缺乏研究分析,不加思索,信手拈来,拿个题目就写。这些做法都是不正确的,因为它一方面不利于作者主观能动性的再调动,限制主观能动性的再发挥,不利于增长知识,提高能力。同时,撰写毕业论文不经过选题这一具有重要意义的研究过程,文章的观点、论据、论证方法"胸中无数",材料的准备更显不足,这样勉强提笔来写,就会感到困难重重,有时甚至一筹莫展,可能推倒重来。

显见,选题的重要性就好比走路,开端的第一步具有决定意义,第一步迈向何方,需要慎重考虑,否则,就可能走许多弯路,费许多周折,甚至南辕北辙,难以到达目的地。自然科学领域,一些人之所以取得卓越的成果,与他们的选题恰当是有重要关系的。同样,在社会科学领域,一些文章之所以获奖,甚至获大奖,与其善于选题有密切关系。南京大学出版社在向国家新闻出版署申报"十三五"重点选题时,有22项被批准列为国家"十三五"重点书目,就是因为选题好,如《中国乡土小说百年研究》《中国宗教文化发展史》《新中国工业发展口述史》等。

历史上有很多人由于选题不当而导致研究失败的例子,大物理学家牛顿

在力学、数学、光学、热力学和天文学等方面都有过杰出的贡献,唯在他选择了神学为课题之后,则在 30 年内无所建树。爱因斯坦耗费后半生 30 年心血,对"统一场论"进行研究,也因时代条件不具备,所以他的这一课题,直到临终也未能得出有物理意义的结果。大学生在做毕业论文时由于选题不当乃至频繁换题而做不好论文的例子太多了。

选题既然如此重要,那么我们如何选题呢? 选题应该遵循哪些原则?

二、选题原则

选定一个既有一定学术价值,又符合自己志趣,适合个人研究能力,且较有成功把握的题目,首先要明确选题的几大原则,即兼顾可行性、价值性、创新性和专业性,本部分重点解析可行性原则。概括而言,可行性原则即一切从实际出发,自己不熟悉、指导导师也较陌生的题目不要选;避开理论争议分歧比较大的问题;应考虑选题是否切合自己的特长和兴趣,是否可以收集到足够的材料和信息等。特别强调,一定要考虑主客观条件和时限,选择那些适合自己情况,可以预期成功的课题。具体而言,就是处理好几个方面的关系。

(一) 大题与小题:选小弃大,小题大做,切忌大题小作

一般来说,论文题目有大有小,大的选题,如关于中国奴隶社会与封建社会分期的讨论文章,其内容往往涉及"有关奴隶社会和封建社会一系列重要的史学理论问题,诸如,奴隶社会形成的条件、中国奴隶社会的特点、奴隶制和封建制的基本区别、奴隶制向封建制过渡中生产关系一定要适合生产力性质的规律如何起作用、封建制取代奴隶制的标志、中国从奴隶社会过渡到封建社会的具体途径,等等"。另外,像有关中国封建社会的内部分期、中国封建社会土地所有制的形式、中国封建社会的农民战争以及中国封建社会长期延续的原因等问题的讨论文章,亦莫不如是。小的选题,如论及历史上的某一个事件、战争、人物、制度,乃至于专门考辨历史上的某一个时间、地点,某一条史料的真伪以及甲骨金文上的某一个字等的文章。更具体一点讲,如"论朱元璋"是大题,"论朱元璋用人之道"就是小题;如"论毛泽东思想的伟大贡献"是大题,"论毛泽东的教育思想"则是小题;如"论中国封建社会的宦官专权"与"论明代的宦官专权"及"论魏忠贤专权"则分属大题、中题与小题的关系。大选题或小选题,都是构筑史学大厦所必不可缺的论题,都是需要有人研究的。

面对大题与小题,我们选择的原则应是:宁选小题,不选大题,或言宜小不

宜大,宜窄不宜宽。题目太大难以驾驭,难以深入,容易导致泛泛而论。因为大题目需要掌握大量的材料,既要有局部的还要有全局性的材料,既要有某一方面的还要有综合性的材料。而写作毕业论文的时间有限,要在短时间内完成大量的资料收集工作是比较困难的。所以,题目过大,材料难找,也不易驾驭,况且时间也不允许。故而如果选了大题,材料、时间都不够,结果势必搞成大题小作,内容空洞,泛而不深,毫无学术价值。另外,大学的几年学习,对学生来讲还只是掌握了一些基本理论,而要独立地研究和分析一些大问题,理论准备无疑不足。再加上缺乏写作经验,对大量的材料的处理显得力不从心,容易造成材料堆积或过于散乱,论文写作的结果必然是一般化、没深度,无价值。如有两位大学生选择了《关于马克思主义的几个问题》《共产国际与中国革命》作为学年论文题目,显然太大,结果只能泛泛而论,遑论学术价值!

选择小题就不同了。小题范围较小,材料相对容易搜集,凭自己的水平、能力容易驾驭,有可能完成。选定小题目,有两种方式,一是直接选个小题目,二是在大题目中选定小的论证角度。比如,有这样三个题目:《论妇女权益的保障》《论妇女经济权益的保障》《论妇女财产继承权的保障》,第一个题目显然偏大,因为妇女权益包含的内容十分广泛,有政治权益、文化教育权益、劳动权益、财产权益、人身权益、婚姻家庭权益,等等。一篇文章如果要涉及这么多的内容,是不容易写好的。第二个题目比起第一个来要小一些,但经济权益包含的内容仍较复杂,作为毕业论文写起来还嫌太大。第三个题目抓住了妇女经济权益中的财产继承权这一侧面,角度小,针对性强,容易深入研究。

我们忌讳大题小作,而提倡小题大做。所谓"小题大做",即从一个小题目引出一篇大道理来。小题目作大文章,可以把问题论述得深入透彻,深入了就有可能是好论文,但并非所有小题都能做出大文章来,如《洪秀全的胡子》《诸葛亮的扇子》《秦始皇的帽子》《朱元璋的妃子》等是做不出大文章的。再如学界曾经争议的范仲淹的生身母亲谢氏到底是其父范墉的侧室还是续娶的问题(如李丛昕《有关范仲淹身世的几个问题——兼答李裕民先生》与李裕民《再谈范仲淹牛母谢氏的身份问题——答李丛昕先生》,前者认为范仲淹的生母谢氏本为其父范墉的侧室,而后者则不同意这一观点,两论文同时见载于《中国宋史研究会——唐宋经济史高层研讨会论文集》)等。

毕业论文的题目要具体些小些,但也要注意不能把范围限得太小太具体,以致失去典型意义或使理论水平发挥不出来。如《××厂行政科岗位责任制刍议》,这样的题材写个意见书就足够了,如硬要写论文,意义也不大。只有小而重要的题目才能做出大文章。有价值的小题目应是看起来很小,实际上反映了重要问题,如能运用所学知识,并扩大、加深对有关材料的理解,抓住要害,往深处去钻研和挖掘,从各方面把它说深说透,提出一些新见解,有独到之处,论文就有份量,有价值。所以论文的轻重不一定和论题的大小成正比,就如同论文价值与字数多少不成正比一样。

举个"小题大做"的成功范例。赵翼《廿二史札记》卷二

> "汉初布衣将相之局"写道:"汉初诸臣,惟张良出身最贵,韩相之子也。其次则张苍,秦御史;叔孙通,秦待诏博士。次则萧何,沛主吏掾;曹参,狱掾;任敖,狱吏;周苛,泗水卒史;傅宽,魏骑将;申屠嘉,材官。其余陈平、王陵、陆贾、郦商、郦食其、夏侯婴等,皆白徒。樊哙则屠狗者,周勃则织薄曲吹箫给丧事者,灌婴则贩缯者,娄敬则挽车者,一时人才皆出其中,致身将相,前此所未有也。盖秦汉间为天地一大变局。

"布衣将相",这并非了不得的大事,是一个小题,千百年来并未引起史家的多少注意。但赵翼指出这一现象"盖秦汉间为天地一大变局",说明这件事虽小,但其意义很重要。于是唐赞功先生抓住这一现象"小题大做",深入进行分析研究,写成了洋洋洒洒一二万字的文章①。全文分六个部分:① 阐述西汉开国诸臣致身将相者,绝大多数"起自布衣",甚至连皇帝也是"布衣",故应称作"布衣"皇帝将相之局。② 分析"布衣"为什么能取天下,指出"布衣将相"之局的出现,无疑是以陈胜为首的农民起义换来的。③ 进一步分析为什么是一大变局,天下是怎样由"世侯世卿之局"到汉初"布衣将相"之局的,指出推动这一历史进步的直接动力,则是秦末农民起义。④ "布衣"君臣是如何拨乱反正,巩固新王朝的。⑤ "布衣将相"之局对统治集团内部关系的影响:君臣等级关系还不森严;君臣注意选拔人才;君臣比较注意节俭。⑥ "布衣将相"之局不可能长久维持下去,随着社会地位的变化,"布衣"色彩逐渐消失,其腐朽倾向不可避免地日益增长起来。通过列举种种现象以后他指出,汉初"布衣将相"的腐化与衰败是植根于私有制的一种必然现象,对于封建统治阶级来说是不可避免的。

这是一篇妙文,作者抓住"布衣将相"这个"小题",大做特做,做出了这样一篇发人深省、给人启迪的大文章。所以,我们要善于抓住这类"小题",做深入研究。

---

① 《汉初"布衣将相"浅论》,《中国史研究》1984年第1期。

顾颉刚在指导学生写作时也特别强调:"要知道大题目费大功夫,不易做得充实;小题目可以做得充实有力,无懈可击。某些事,可以大题小作,在学问上则要小题大做。"

当然题目大点好还是小点好,每个人情况不同,难以一概而论。有的理论素养好,写作水平较高,可以选择大点的题目来写。但一般而言,题目还是小一点、具体一点为好。小题目容易把握,只要写得丰满、深入,同样很有价值。此外,题目大小的区分也是相对的,并无绝对的、一成不变的界限。大题可以小作,小题也可以大作,要依据作者的实际加以确定。

史学视野的开阔、史料的搜集,宏观的思考、心得,都需要一个逐步积累的过程,需要一定的时间方可完成。故而对刚刚涉足史学研究的青年学者来说,一般以先写些小的文章为好。这样的小文章写多了,随着研究资料和研究成果的逐步积累,自己的研究能力与写作水平也会随之不断提高,然后便可选择一些大的历史论文题目来写,直到在史学领域硕果累累,占据一席之地,成一家之言,这实际上是大多青年史学工作者从事史学研究所走过的比较切合实际的路径。

总而言之,论文的选题一定要大小适度。

(二)老题与新题:选新不弃老,老题新作,新题深作

选题中有时会遇到新题与老题的问题,应该如何处理?所谓老题,是指已有诸多学人涉及且已有诸多相关研究成果,新题是指尚无学人涉及的论题。我们应该尽量选择新题,因为新题目别人没有做过,不会撞车,也不会受前人的束缚,缺点是借鉴少,故有一定难度。但只要认真去做,所有的观点都是新观点,容易出成果。而且,由于是新题,第一次研究,即使肤浅一点,也会得到谅解,正如郑樵在《通志·总序》中所云"大抵开基之人不免草创,全属继志之士为之弥缝"①,所以应尽量选新题。

我们提倡选新题,但并非一概排斥老题,老题目并不是不能选,关键是必须要有一些新东西,或者有新观点,或者有新材料,或者有新方法,或者有新角度,故谓老题新作。比如关于陈独秀的评价问题,过去很多人都有过研究,发表过很多论点,你如果要选择这个题目,你就必须有把握提供新的东西。如果你对陈独秀的评价,有新的观点,而且又持之有故,言之有理,你就可以选择这个题目。如果没有,就不能选,否则只能是"炒冷饭",毫无学术价值。

---

① 郑樵:《通志·总序》。

再比如,关于明代资本主义萌芽,这也是个老题目,如果你发现了新材料,证明此时确已出现了资本主义萌芽,那么即使你没有提出新观点,但却提供了一些新材料,进一步充实、验证了过去的老观点,也有学术价值,就可做这个题目。

其实,毕业论文成功与否、质量高低、价值大小,很大程度上取决于文章是否有新意而不完全取决于新题或者老题。所谓新意,即论文中表现自己的新看法、新见解、新观点。有了较新颖的观点即在某一方面或某一点上能给人以启迪,文章就有了灵魂,有了存在的价值。对文章的新意,可以从以下几个方面着眼:

第一,从观点、题目到材料直至论证方法全是新的。这类论文写好了,价值较高,社会影响也大,但写作难度大。选择这一类题目,作者须对某些问题有相当深入的研究,且有扎实的理论功底和写作经验。对于毕业论文来讲,限于条件,选择这类题目要十分慎重。

第二,以新的材料论证旧的课题,从而提出新的或部分新的观点、新的看法。如职工思想政治工作这个题材,是曾经研究的"热点"问题之一,已有大量的研究成果,可以说是老题材了。但有学人敏锐地抓住了企业实行股份制后,职工思想出现的波动和变化,收集了大量新的第一手材料,写出了《股份制企业职工思想政治工作的特点及方法》一文,读后使人有耳目一新之感。

第三,以新的角度或新的研究方法重做已有的课题,从而得出全部或部分新观点。如同样是职工思想政治工作这个题材,有的毕业生针对近几年来纺织行业大量使用农民合同工,职工队伍结构发生变化的情况,从自然半自然经济向商品经济的转化,从小生产者向产业工人的转化,从农村向城市的转化等不同的角度,分析论证了农民合同工的思想特征以及对整个职工队伍思想的影响,探索思想政治工作的方法和措施,这样的文章同样具有新意。另如有一研究生选择"中兴之主"宋孝宗作为研究选题,但宋孝宗"卓然为南渡诸帝之称首",是南宋比较少有的有为皇帝,已有研究成果不少。于是作者别出心裁,引用心理学研究方法,探讨宋孝宗心理变化对其施政方略由对外锐意进取转向对内平稳经营的影响,就属于比较成功的尝试。

第四,对已有的观点、材料、研究方法提出质疑,虽然没有提出自己新的看法,但能够启发人们重新思考问题。

以上四个方面并不是对"新意"的全部概括,但只要能做到其中一点,就可以认为文章的选题有了新意。

要发现有新意的题目,首先要善于观察。社会生活就像一个变化无穷的

"万花筒",各个领域、各个方面的事物及其矛盾都在不断地运动、变化、发展着,旧的矛盾解决了,新的矛盾又产生。在当前社会主义现代化建设事业中,我们面临新旧体制转换、市场经济的发展、党风和社会风气等许多新情况新问题,不仅原有的理论要再认识、再发展,而且需要创立许多新的理论。所以,我们要善于观察,勤于思索,从大处着眼,小处入手,在事物的运动、发展中寻找适合自己撰写的具有新意的毕业论文。其次,要善于积累和分析资料。歌德曾经说过,理论是灰色的,生活之树常青。过去已经形成的理论,包括教科书上的一些观点,随着实践的发展,研究的深入,还可以进行再认识。这就要求我们平时注意收集资料,积累资料,分析资料。对有关方面的问题要弄清楚别人写过哪些,有些什么论点,有何争论及分歧的焦点是什么,目前国内外对这个问题研究的进展情况以及发展趋势如何,等等。在深入研究已有成果的基础上,将收集到的材料作一番加工整理的工作,把别人认识的成果作为自己的起点,在前人和他人认识的基础上写出有自己独到见解的论文。

老题新作的范例:胡如雷的《论唐太宗》。唐太宗是个著名皇帝,从宋代就开始了对唐太宗的研究,宋人笔记中即不乏对唐太宗的评述。华中师范大学李东辉的硕士学位论文《宋人笔记中的唐研究》就是以宋人笔记为中心史料进行的唐研究。论文第二部分"宋人对唐帝王的品评"的四个子目便有三个与唐太宗有关:(一)对唐各代帝王总体评价;(二)唐太宗品评;(四)唐太宗、唐玄宗对比评价。[①] 新中国成立后,关于唐太宗的研究论文非常多,涉及唐太宗的轻徭薄赋、虚心纳谏、民族政策、法制思想等,显然是个老题目。胡如雷选择了这个题目,但他避开早就论述过的内容,完全从新的角度,抓住唐太宗的特点、产生李世民这一历史人物的条件、唐太宗的局限性三个关键问题来探讨,而且提出了不少新观点,这些观点都是发前人之所未发,所以是一篇老题新作、不落俗套的好文章。

需要注意的是,千万不可以为了"求新"而选择自己并没有弄懂或没有条件研究的论题。比如自己接触到一鳞半爪的国外材料,收集到几个新名词、新概念,为了"求新",为了一鸣惊人,就把别人的东西照搬过来,囫囵吞枣,东拼西凑,这样的论文当然是写不好的,选题时要引以为戒。

(三) 难题与易题:难易适中

在选题时必然会遇到难题和易题,把握难易"适中"的原则很重要。选题

---

① 李东辉:《宋人笔记中的唐研究》,华中师范大学硕士学位论文,2016年。

既要有"知难而进"的勇气和信心,又要做到"量力而行"。

难题如甲骨文、敦煌学,学生对这个问题完全不了解,这样的题目自然就不能选。许多人在毕业论文选题时,跃跃欲试,试图通过论文的写作,将自己几年来的学习所得充分地反映出来,因此着眼于一些学术价值较高、角度较新、内容较奇的题目,这种敢想敢做的精神是值得肯定的,但不切实际,不仅不能取得预期效果,更重要的,白白浪费时间,甚至挫伤自己的写作自信心。

易题就是不需要花工夫就能够完成的课题。有些学生虽则具备一定的写作能力和条件,但选题过于容易,不仅论文没有学术价值,自己的写作能力也不会因此得到锻炼和提高,毫无意义。所以,不能图省事选择这样过于容易的题目。

选题就像体育界确定篮球架的高度一样,如果篮球架定在1米左右,一方抢到球后很轻易地就把球投进去了,这有什么意思呢?相反,如果把篮球架定在4米左右,无论大家怎么努力,也投不进去,这也毫无意义。篮球架子定在现在这样的高度3.05米正好,只要大家努力,跳一跳,就有可能投进去,这才有意义。选题的难易适中也就是这个意思,选择的题目应是自己可能写好,而又需要经过一番努力才能写好的。随手可摘的果子,得到了也不珍贵。可望而不可及的果子,再使劲也徒劳。只有跳几下才能摘取的果子,才是自己奋斗的目标。

(四)偏论与偏史:视情而定

就史学论文选题而言,有的偏重于理论,有的偏重于史料。偏论者如:《关于历史发展的动力问题》《论地理环境在历史发展中的作用》《关于历史人物的评价问题》。选择以理论为主的题目,要考虑到有理可论,而前人对此题理论分析较少,本人又有一定的理论分析能力。选择以史料为主的题目,要考虑到该题的有关史料不少,而前人挖掘不够,自己可以从史料的挖掘上多下功夫。如有一位硕士生的毕业论文《五四时期留美学生对科学的传播》[①],就是偏重史料的文章。1915年,陈独秀创办《青年杂志》,高举民主与科学两面旗帜,批判旧文化旧道德,掀起新文化运动。陈独秀称民主为德先生即 Democracy,科学为赛先生即 Science,他们是引导中国走向光明的车轮。过去讲五四运动,讲民主的多,讲科学的少,讲到"科学"这面旗帜,又很空洞、笼统。莫道是有关科学的材料太少吗?其实这方面材料并不少,是因为过去宣传不够,对史料未能

---

① 发表于《近代史研究》,1989年第2期。

认真挖掘。这位学生花了几个月的时间,翻阅《留美学生年报》《留美学生季报》、"科学社"主办的《科学》杂志以及竺可桢、丁文江、任鸿隽、翁文灏、杨铨等科学家传记,写成这篇以叙事为主,叙中有议的论文,为中国现代科学史、文化史的研究提供了新鲜内容,受到肯定。

(五)热题与冷题:不赶浪头,量力而行

史学界常常集中一段时间讨论某个方面的问题,很多人围绕这方面写文章,从而形成热门话题,例如:20世纪80年代初郭沫若去世后,姚雪垠写了一篇《评〈甲申三百年祭〉》的文章,对郭沫若的《甲申三百年祭》提出批评,引起了史学界的轩然大波。学者纷纷撰文对此发表意见。有的评《甲申三百年祭》,有的评姚雪垠的《李自成》,热闹非凡,从而形成热门课题。相反,有一些课题长期无人问津,成为"冷门"课题。热门课题,研究的人多,不容易有新的突破。冷门课题,资料少,难度大,但有的冷门课题可以为学科建设提供新内容。在热题与冷题之间,应该如何选题?建议:不要随大流,赶时髦,为赶浪头而去选择热门题目,也不要企图出奇制胜而去选择冷门题目,结果钻进去出不来,一定要量力而行。

(六)需要和兴趣:服从需要,兼顾兴趣,培养兴趣

在选题中难免会遇到这样的情况:就学科建设而言,这个题目确实有意义,确实需要,但是自己对这个问题的研究又没有兴趣,怎么办?应该是服从需要,兼顾兴趣,培养兴趣。

所谓"兼顾兴趣",就是适当照顾兴趣,首先选择那些在学科建设上需要,既有学术价值,而自己又有兴趣的课题。兴趣是最好的老师,只有对某个学术问题有极强的兴趣,才会有研究的热情和欲望,才会产生研究的动力,才会心甘情愿地为之付出更多的精力,并有可能克服困难去完成它,而且自选有兴趣的课题完成起来省力得多,容易出成果。

所谓"培养兴趣",是说兴趣是可以培养的。有的时候,对这个问题之所以无兴趣,是因为并不了解,而一旦钻研进去,兴趣就可以培养起来。我们既然选择了这个专业,就要尽力去培养自己的专业兴趣。例如:解放初期,我国还没有经济史专业,而经济史又是历史学科的重要分支,必须要有人研究。1953年中国社会科学院成立小组从事中国近代经济史资料的编辑工作,当时小组八个成员,有的是学经济学的,有的是学政治学的,有的是学历史学的,没有一个受过经济史专业的训练。起初大家也都没有多大兴趣,但是,经过若干年的

工作,大家对这一行产生了浓厚的兴趣,并且个个都取得了丰硕的成果。

(七)宽泛与集中:学术研究要注意集中方向

史学研究课题从范围上说,小到一个村庄,一个人,大到一个县,一个市,一个省,一个国家甚至世界,亦如章学诚在其《文史通义》中对"史"的阐释:"有天下之史,有一国之史,有一家之史,有一人之史。传状志述,一人之史也;家乘谱牒,一家之史也;郡府县志,一国之史也;综记一朝,天下之史也。"[①]从时间上说,上下几千年;从学科领域来说,有政治、经济、文化、社会、军事、教育、地理、人物、制度等领域,课题也难以数计。一个人穷毕生的精力,也不能研究所有的课题,而对这广泛的研究领域和众多的课题,我们应该如何选题,选题范围是宽泛,还是集中?如果作为练习、锻炼,这个问题还不严重,你现在可以选一个古代史的题目来做,将来再选一个世界史或近现代史的题目来做,这都是可以的。但如果你考取了研究生,或准备长期不断地进行研究,选题就不能宽泛,而应该集中,学术研究切忌精力分散。笔者在遴选硕士生导师的时候就因为长期以来研究方向集中在中国古代妇女史,所以成功以副教授的身份被认定为硕士生导师,而相反,不少教授却因为研究方向不够集中而未能如愿。所以,东一榔头西一棒槌,研究方向不集中,终究难以有大成果。

长期的学术研究必须要先确定一个研究方向,中国史还是世界史,比如选中国史,还要确定断代或门类,比如有学者试图致力于史学史的研究,时间也很长,一般要选择一个突破口。瞿林东当初受到白寿彝的教诲,先从唐代搞起,然后向两头延伸。白寿彝的另一名博士吴怀祺就从宋代开始搞起,这样选题就在这个朝代内选。如果选择明清史,领域也很宽泛,政治、经济、思想、文化、文学、学术,也不能样样都涉猎,如果选择经济史作为主攻方向,那么选题就应在这个范围内进行。

为什么要集中精力主攻某个领域?主要有两个原因:一是每个人的精力都有限,不可能在太多的领域中有所成就;二是集中一个方向,前期的研究成果可以作为下一个研究课题的基础,也可以给下一个研究课题一些启发,比较容易出成果。久而久之,你就会成为某一领域的专家、权威,你就取得在这个问题上的话语权。

我们这里强调学术研究要集中方向,主要是针对绝大多数研究者的,不包括少数"大家",他们由于学术根底厚,学问大,可以在很多领域有所建树,如周

---

① [清]章学诚:《文史通义·外篇·州县请立志科议》。

绍良。佛学名家白化文曾对周氏在诸多学术领域多有建树做过高度评价:"周先生家学世传,通淹文史;究其大者,厥有多端:曰红学,曰佛学,曰敦煌学,曰唐史学,曰石经学,曰宝卷学,曰文物考订之学,曰小说考订之学,曰古代墓志之学,曰制墨专门之学。"但这种情况并不多见,不具有普遍性。

(八) 主观条件与客观条件:两者兼顾

完成选题取决于主观条件和客观条件,两者缺一不可,因此选题时要兼顾主客观条件。主观条件主要指自己的知识结构、研究能力、写作水平,要能和完成的课题基本适应。其中知识结构很重要,如对舞蹈一窍不通的人去研究舞蹈史、对绘画一点不懂的人去研究美术史都不行,对科技完全外行的人就不要去研究科技史或历史上的科技人物。当然,知识结构只要是基本适应就可,略有不足,还可以通过学习去弥补。

研究能力也很重要,如果你的研究能力有限,对于十分复杂的问题最好不选,否则将难以驾驭,而应选那些不十分复杂、自己能够把控得了的课题。

客观条件主要是指资料、时间等,其中最重要的是资料。比如有些题目很好,但资料很分散,需要花很长时间去收集,而时间根本就不允许,那最好不要选这个题目。如一学生选择宋代下层妇女作为研究选题,资料过于分散不说,尤其是下层女性进入史籍者寥寥,所以资料就是最大的难题,虽则为此付出不少,但最终效果欠佳。还有,抗金名将岳飞被秦桧以"莫须有"的罪名杀害,何铸愤然不平,曾经尝试刺杀秦桧,笔者对这一颇有气节的历史人物很感兴趣,打算就此写篇文章,但无奈资料太少,不具备基本条件,只好遗憾作罢。如何了解这个题目的资料多少,好不好找?在这方面要多听听指导老师的意见。既要"知己",又要"知彼"。

所谓"知己",首先,要充分估计到自己的知识储备情况和分析问题的能力。因为知识和能力的积累是一个较长的过程,不可能依赖一次毕业论文的写作实现突飞猛进。所以选题时要量力而行,客观地分析和估计自己的能力。如果理论基础比较好,又有较强的分析概括能力,那就可以对自己确定较高的标准,选择难度大一些、内容复杂一些的题目,这样有利于锻炼自己,增长才干;如果自己觉得综合分析一个大问题比较吃力,那么题目就应定得小一些,这样便于集中力量抓住重点,把某一问题说深说透。其次,要充分考虑自己的特长和兴趣。应当看到,大学生的学识水平是有差距的。有的可能在面上广博些,有的可能在某一方面有较深的钻研,有的可能在这一方面高人一等,而在另一方面则较为逊色。在选题时,要尽可能选择那些能发挥自己的专长,学有所得、学有所感的题目。同时还要考虑到自己的兴趣和爱好。兴趣越深厚,研究的欲望就越强烈,内在的动力和写作情绪就越高,成功的可能性也就越大。

所谓"知彼",一是要考虑到是否有资料或资料来源。资料是论文写作的基础,没有资料或资料不足就写不出论文,即使勉强写出来,也缺乏说服力。资料又可分为第一手资料和第二手资料。第一手资料是指作者亲自考察获得的,包括各种观察数据、调查所得等。第二手资料的主要来源是图书馆和资料室的文献资料。二是要了解所选课题的研究动态和研究成果,大致掌握写作中可能遇到的困难,以避免盲目性和无效劳动。要注意在已有的研究成果中寻找薄弱环节,即他人研究中存在的疑点、漏洞或不足。有疑点、漏洞的问题,不少是重要的学术论题,以此作为研究的突破口,在理论上修正、补充或丰富已有的结论。

只有做到知己知彼,就能够选择一个比较合适自己的毕业论文题目。如政治专业中从事党政工作的,选写"精神文明建设和思想政治工作"方面的题目就比较有优势;党史、党建学得好的,选写党的基本路线、党的建设、党的领导、反腐倡廉和党纪党风等问题,就容易写好。学经济专业的就相较复杂些,视具体从事工作而定:在经济部门或企业工作,选写"经济体制改革和经济发展"方面的题目如社会主义市场经济、企业产权制度的改革、建立现代企业制度、经济管理、企业管理等;在流通部门工作的写市场体系与社会主义市场竞争、流通体制改革、价格体系、清理三角债等;在外贸系统工作的写对外开放和对外贸易等,也比较容易奏效。在农村工作的,写小城镇建设、土地问题、乡镇企业问题、加强村级组织建设问题等,也相对容易写到点子上。

(九) 理论与实际:紧密联系

毕业论文的写作还必须坚持理论联系实际的原则。特别是社会科学的研究必须为现实服务,为社会主义现代化建设服务,为两个文明建设服务。

理论来源于实践,又反作用于实践。科学的理论对实践有指导作用,能通过人们的实践活动转化为巨大的物质力量。科学研究的任务就在于揭示事物运动的规律性,并用这种规律性的认识指导人们的实践,推动社会的进步和发展。因此,毕业论文在选题和观点上都必须注重联系社会主义现代化建设的实际,密切关注社会生活中出现的新情况、新问题。

坚持理论研究的现实性,做到理论联系实际,就必须迈开双脚,深入实际,进行社会调查研究,这也是我们正确认识社会的基本途径。只有深入到实际中去,同客观事物广泛接触,获得大量的感性材料,然后运用科学的逻辑思维方法,对这些材料进行去粗取精,去伪存真,由此及彼,由表及里的加工制作,才能从中发现有现实意义而又适合自己研究的新课题。在我国改革开放的实践中,新情况、新问题、新经验层出不穷,需要研究的问题遍布社会的方方面面,只要我们对现实问题有浓厚的兴趣和高度的敏感性,善于捕捉那些生动而具有典型性的现实材料,通过深入的思考和研究,就能从中引出有利于社会主义现代化建设的规律性认识,提高毕业论文的价值。当然撰写毕业论文可选择的课题十分广泛,并不只限于现实生活中的问题,也可以研究专业基本理论,中西方比较研究等。但无论选择什么研究课题,都必须贯彻理论联系实际的原则,做到古为今用,洋为中用,从历史的研究中吸取有益于现实社会发展的经验教训,从对外国的研究中,借鉴其成功经验和失败的教训,为我国的对外政策提供某些依据。

贯彻理论联系实际的原则和方法,必须认真读书,掌握理论武器。全国政协原主席李瑞环曾指出:"强调联系实际,绝不意味着否定读书的重要,恰恰相反,更要认真地读,反复地读,深钻苦研,做到真正读懂弄通。否则,没有掌握理论,怎么谈得上理论联系实际?"[①]认真读书包括两个方面的内容,一是学好专业课,具备专业基础知识。这是写好毕业论文的前提和必要条件。经验告诉我们,只有具备了相应水平的知识积累,才能理解一定深度的学术问题;同时,也只有具备了某一特定的知识结构,才能对某学科中的问题进行研究。正如黑格尔在其《小逻辑》第三版序言中所说,在讨论学术问题之前,必须"先有具备某种程度的知识",否则,"没有凭借作为讨论出发的根据,于是他们只能徘徊于模糊空疏以及毫无意义的情况中"。二是要认真学习马克思主义的基本原理,学会运用马克思主义的立场、观点和方法分析问题、解决问题。马克思主义正确地揭示了自然界、人类社会和思维发展的最一般规律,成为无产阶级和革命人民认识世界和改造世界的强大思想武器。马克思主义作为伟大的认识工具,虽然并不直接提供解决各种具体问题的答案,但它对我们如何正确地发现问题、分析和解决问题提供了正确的立场、观点和方法。因此,大学毕业生在撰写毕业论文时,应当努力学习和掌握马克思主义基本理论,自觉地用马克思主义的立场、观点和方法来指导毕业论文的写作。

三、史学论文选题途径

关于论文选题的途径,原则上讲,可以从科学研究中尚未解决的难点问

---

① 《求是》1989年第24期。

题、集中攻关的焦点问题和众人关心的热点问题中选择,还可以在别人研究成果的基础上选题,在新领域中选题。

(一) 多读多思多疑,发现题目

从学术信息中选题,是最基本,也是最重要的发现题目的途径。现代社会的最大特征就是信息化,人们用信息爆炸来形容信息激增的现象。作为一名研究人员,充分利用信息,善于捕捉为己所用的信息,研究思路就会大大拓宽。学术信息可以是期刊、书籍刊出的文献资料,也可以是研讨会的学术报告,甚至是消息报道。科学是继往开来的,学术交流是为了促进研究的深入。从文献中可以发现尚须研究的问题,与别人交流中,也会得到选题的提示。

对文献的再思考,对信息的再整理是很多研究者选题的途径。据说,南方一些城市兴起"剪报"公司,整理、归纳报纸上的消息,出售给厂家和商家。企业的生存、发展依靠信息。日本有一家生产小儿内衣的公司,从报上看到一则消息,日本每年要出生 250 万婴儿,便想到如果每婴每天用 2 条尿布,日需量是 500 万条,立即改产尿布,至今产销两旺。企业家的成功路径是可以借鉴的。

借助学术信息选题,具体的做法便是多读加深思。多读是指多读本专业或自己研究方向的文献,既包括第一手资料,也包括前人的论著。一般说来,在大致确定自己的研究范围后,就要大量阅读这个范围的基本史料,如对明清史有兴趣,准备将来从事明清史的研究,就应该大量阅读明清史的基本史料,如《明史》《清史稿》《明史纪事本末》,还有大量的明清史的笔记;如打算以宋史作为自己的研究方向,即应首先阅读研究宋史的四大基础书:《宋史》《续资治通鉴长编》《文献通考》《宋会要辑稿》,还有众多的文人笔记。

在读书过程中一定要多思,要思考这个问题值不值得研究,凡是自己认为值得研究的题目,都随手记录下来,这时你可以先不管这个问题学术界有没有人研究过。然后再去检索论文索引,看看这些题目有没有人研究过,也许你记录了十个题目,一查论文索引,有九个别人已有成果,但毕竟还有一个题目别人没有研究,暂且先保留下来。随着自己知识面的扩大,史识的提高,选题能力也会不断增强。即便是十个题目均有人研究,不妨阅读其研究成果,从中受到启发,发现问题进而解决问题。

"学而不思则罔",读书不思考,就会放过很多好题目。前述赵翼的《廿二史札记》"汉初布衣将相之局"这一条札记,多少研究秦汉史的学者都读过,但却没有予以重视。唐赞功读过并进行深入思考,认为这个"布衣将相之局"之所以被赵翼认为"秦汉间为天地一大变局",肯定是有原因的,值得研究,于是便成了他的一个极好的选题。

读书中要思考,所谓思考,就是多问为什么?还要展开联想,这样就能发现很多题目,梁启超在《中国历史研究法》一书中就是抓住一件事,通过思考、联想,发现了很多问题。例如唐末黄巢起义,曾大杀外国侨民,但旧史中仅有"焚室庐杀人如刈"的笼统记载,究竟杀了多少人,不得而知。9世纪时,阿拉伯人所著《中国闻见录》中有一节云:"有Gonfu者,为商舶荟萃地……纪元二百六十四年,叛贼Punzo陷Gonfu,杀回耶教徒及犹太人波斯人等十二万。……其后有五朝争立之乱,贸易中绝"等语,欧洲人初读此录,不知所谓Gonfu者为何地,所谓Punzo者又为何人。后经东西学者细加考证,乃知回教纪元二六四年,当景教纪元之八七七——八七八年,即唐僖宗乾符四年至五年。而这个时间恰是黄巢陷广州,广州者,粤人至今犹称为"广府",由此乃知Gonfu即"广府"之译音,而Punzo必黄巢也。就是因为这一段记录,梁启超认为,盖被杀之外国人多至12万,则其时外人侨寓之多可想而知。由此,梁启超根据这一记载,通过思考、联想,竟然发现有九个问题值得研究:

其一,当时中外通商何以能如此繁盛?

其二,通商口岸是否仅在广州,抑尚有他处?其发达程度如何?

其三,当时所谓"市舶司"者,其起源在何时,其组织情况如何?其权限如何?

其四,通商结果,给当时的国计民生带来哪些影响?

其五,当时的关税制度如何?

其六,今所谓领事裁判权者,当时是否存在?

其七,当时是否仅有外国人来,中国人是否也乘此向外发展?

其八,既然有这么多外人侨寓我国,他们与中国人混合关系如何?

其九,中国的"四大发明"即指南针、火药、造纸术、印刷术之传入欧洲与当时的外国人有无关系?

梁启超通过一条材料,开展联想,发现这么多值得研究的问题,可见读书多思的重要性,这是选题的根本途径。

读书时还要善于发现疑点,疑点往往就是一个很好的题目,尤其是对同一个问题的记载,不同的文献是否一致,如果不一致,就值得研究了。如对某项制度开始执行的时间,某个机构设立的时间,如果两部书籍的记载不一样,就值得进一步研究,很可能就是一个好的题目。以下举几例王世华先生善于发现疑点的成功范例供同学们学习、借鉴:

【例一】

赵翼《廿二史札记》卷三三"重惩贪吏"条讲到朱元璋惩贪,官员贪污60两银子以上就即被处以剥皮实草的酷刑。而《明史》中涉及明初一大经济案件"空印案",其主犯户部尚书郭桓贪污的价值远远超过60两银子,但也仅是将其处死,而没有被"剥皮实草"。于是不得不使人产生疑问,作者通过查阅几编《大诰》才得明白,原来这些都是朱元璋亲自审理的案件,其中很多贪污案件,贪污数额远远超过60两银子,但朱元璋也没有将他们剥皮实草。有学者便因此写了一篇《朱元璋惩贪"剥皮实草"质疑》,后来发表在《历史研究》1997年第2期。

【例二】

在读《明史》时,看到明政府为了加强监察制度,常常派遣御史巡按地方,称为巡按御史。这些人官品不高,仅七品,但到了地方后权力极大。这种御史巡按制度无疑是一个非常重要的制度,值得研究。于是作者就将其记录下来,待以后查论文索引,尚无人研究,于是就写了一篇《略论明代的御史巡按制度》,发表在《历史研究》1990年第6期。

【例三】

在研究徽商的过程中,必须阅读徽州人的文集,其中有一本重要文集即明人汪道昆的《太函集》。汪道昆在文集几处都提到徽州人"左儒右贾",即把"贾"看得比"儒"还重,这到底是怎么回事呢?作者通过翻阅徽州的大量宗谱,结果发现,徽商在致富后又不遗余力地让子弟读书仕进,走"儒"这条路,这又把"儒"看得比"贾"重,这种现象与汪道昆所说的是一个矛盾。实际情况究竟怎样,于是学者依此写了一篇《"左儒右贾"辨》,发表在《安徽师大学报》1991年第1期。

多读书也包括读今人著作,一方面是了解关于这个问题的研究状况,另一方面也要在读书过程中发现问题。对某个问题,别人论证得是否严密,书中的观点你是否同意,如不同意,就将它记录下来,作一篇论辩的文章。也可发现一些选题的线索,因为书中对某个问题或某个人物不可能有详细的论述,你可记录下来,作进一步研究。

现在的问题是,一些同学不愿下苦功读原始资料,这是最大的毛病。不看第一手资料,老是看别人引用的二手资料,就不容易发现问题。

(二)关注社会现实,引出题目

马克思主义认识论告诉我们,理论来源于实践,理论为实践服务。因此科学研究选题也要注意理论联系实际。历史研究要为现实服务,故而史学工作者决不能只埋头于故纸堆,"躲进小楼成一统,管他春夏与秋冬",要时刻关注现实,为现实社会的进步提供历史经验和历史智慧。关注现实,联想历史,社会生活、经济建设、科学文化事业的各个方面、各个领域的问题,都可以成为论文的题目。

1. 注意选题的实用价值,选择具有现实意义的题目

所谓论文的实用价值,就是指我们选择的题目,应是与社会生活密切相关,为千百万人所关心的问题,特别是社会主义现代化建设事业中亟待解决的问题,这类问题反映着一定历史时期和阶段社会生活的重点和热点。我们运用自己所学的理论知识对其进行研究,提出自己的见解,探讨解决问题的方法,无疑是很有意义的。这不仅能使自己所学的书本知识得到一次实际的运用,而且能提高自己分析问题和解决问题的能力。有现实意义的题目大致有三个来源:一即社会主义现代化建设事业中急需回答的重大理论和实践问题。如建立现代企业制度,抑制通货膨胀,精神文明建设,民主法制建设,加强廉政建设,等等。二即本地区、本部门、本行业在工作实践中遇到的理论和现实问题。如从事农业工作的同志就会遇到诸如农村土地规模经营问题,农村基层党组织建设问题,农村青少年的教育问题,农村社会治安综合治理问题,乡镇企业的技术改造问题,等等。三即作者本人在工作实践中提出来的理论和现实问题。如职工的思想政治工作问题,领导方法和领导艺术问题,职业道德教育问题,等等。

选择具有现实意义的题目,要注意三个方面的问题:一是与国计民生有关的重大问题。这类问题关系国家发展方向、速度,是社会公众关注的热点,因而有普遍的社会意义。如党的十一届三中全会前后,关于实践是检验真理的唯一标准,党的工作重心转移,农村联产承包责任制,吸收外国的经验和技术,引进外资,严厉打击刑事犯罪等问题。二是群众普遍关心的问题。这类问题虽不是全局性的,却是人们关注、或期待解决、或有疑虑需要进行理论探讨和解答的问题。如经济体制改革中的一些具体政策,像工资改革、劳动就业和社会保障制度的改革、公费医疗制度的改革、农民工子弟的教育、物价的调整、住房制度改革、城镇建设、社会治安、法制教育等。还有各行各业的经验总结、改革预测、研究决策等。另外,有些题材看似具体小事,却关系着千家万户,也可作为选题。如城市居民的菜篮子问题,独生子女的教育问题等。三是虽属具体又未引起社会重视,却代表一定倾向的问题。一种是意义尚未被认识,作者

用理论观点分析、预见到它的生命力,如农村土地的流转等;或预测到危害、恶果,及时提出问题,引起社会重视,如农村盖房、修坟挤占、破坏耕地,小城镇建设缺乏统一规划,基础设施不配套,农户引种、引养外地产品不经市场调查,一哄而上等。另一种是群众议论纷纷,意见很大的,要作出理论分析,引导正确对待,如在分配问题上效率和公平,先富和后富,反对平均主义又要防止两极分化等。

2. 要注意选题的理论价值

我们强调选题的实用价值,并不等于急功近利的实用主义,也绝非提倡选题必须有直接的效益作用。作为论文,无论是形式还是内容都和工作总结、调查报告有着区别。一般说来,它由论点、论据、论证三大要素构成,文章要以逻辑思维的方式为展开的依据,在事实的基础上展开严谨的推理过程,得出令人信服的结论。论文着重探讨和研究事物发展的客观规律,阐述自己对这些规律的了解与认识,给人以认识上的启迪。因此,选择现实性较强的题目,还要考虑其有无理论和认识上的价值,即有无普遍性的意义,能否进行理论的分析和综合,从个别上升到一般,从具体上升为抽象。

兹举几个王世华先生的成功实例予以说明:20世纪80年代初期,党的事业正处于新老交替时期,中央号召要从基层选拔人才,要尊重知识,尊重人才,那么历史上荐贤选能的情况又是如何呢?有哪些经验可以汲取呢?这就有许多文章可做,报纸上也发表了很多这类文章,于是就写了一篇札记《三杨荐贤小议》,发表在《光明日报》1980年3月19日。后来又写了《为国家爱养人才——略论张居正的人才思想及其实践》,发表在《阜阳师院学报》1982年第3期。

20世纪90年代,随着我国对外开放的扩大,外国的一些学科也逐渐传到国内,公共关系学就是一门新的学科,传入我国后,立即引起各高校的重视,也引起各企业的重视,掀起了一股"公关热"。由此又想到了徽商,并写了篇《明清时期徽商的公关艺术》,刊登在《文史知识》1994年12期。

另如,安徽师范大学房列曙教授主持的"中国历史上的人才选拔制度"由于现实意义很强,被批准为国家社科基金课题。其成果《中国历史上的人才选拔制度》(上下册)荣列国家社科基金成果文库,2005年由人民出版社出版。

当国家正式实行退休制度时,也可阐述历史上关于官员退休的一些规定,总结历史上致仕制度的经验教训。

其他如:关注当代农民打工潮而引起对中国历史上流民问题的研究;关注

现代的人口问题而引发对历史上人口问题的探索;关注现代审计制度的建立引发对历史上审计制度的探讨,等等。

但需要特别强调:

第一,这种途径并非选题的主要途径。因为现实是不断变化的,选题范围不能也不断变化,因此,只能在我们自己的研究范围内选择那些有现实意义的题目,但这并不意味着一定要选有现实意义的题目,联系现实一定要合理、恰当,不可牵强附会,否则就会别扭、尴尬。

第二,从现实引出的课题,一般以札记随笔的形式表现为佳。札记前已述及,兹略。随笔,"意之所之,随即纪录,因其后先,无复诠次,故目之曰随笔"①。不论札记还是随笔,其文章短,来得快,以争取在报纸上发表为好。如翦伯赞在新中国成立前夕写的一组文章《贪污列传序》《论中国历史上的正统主义》《末代帝王的下场》等现实意义很强,都是从现实引发的题目,也都是以随笔形式发表的,可参阅他的《学海心潮》。当然也不排除一些大的题目,甚至是论著,如《中国传统市场的发展》即关于市场的论著。

简言之,读书思考是选题最根本的途径。另外,还要时刻关注学术动态,了解学术界的研究状况,这样才知道哪些题目别人没有研究过,或已研究过,达到了什么样的水平,从而决定自己的选题。选题另有触类旁通,诱发题目,接受题目等路径,兹略。

总之,获取最佳论文选题的途径可以概括为以下几点:选择你有浓厚兴趣,而且在某方面较有专长的课题;在不了解和了解不详的领域中寻找课题;要善于独辟蹊径,选择富有新意的课题;选择能够找得到足够参考资料的课题;征询导师和专家的意见;善于利用图书馆,图书馆的自动化、网络化为读者选题提供了便利条件。

顺便提及一点,在确定选题时,根据自己的研究范围和方向,选定一组题目是非常好的尝试。比如研究明太祖朱元璋,就可以暂选"论朱元璋在元末农民起义中的'转化'""论明太祖加强专制主义中央集权的措施""论明初的经济恢复发展与明太祖""论朱元璋的民族政策"等一组题目,然后在收集资料和构思时有意识地不局限于一篇论文的写作,而是着眼于对朱元璋的逐步全面论述,然后一篇篇地写作,直至最后可能完成关于朱元璋的系列论文乃至专著。这样做的好处是,当写一篇论文时,心中先围绕着自己有关研究范围与方向的全局,在搜集资料与构思时,同样地翻看一本或几本书,却不囿于一篇论文,而

---

① [宋]洪迈:《容斋随笔·序》。

能够更广泛地注意其他几篇论文的需要,既节省时间和精力,又容易开阔思路,使得这个研究课题融会贯通。同时,几个选题定下来,也会有利于引导着自己在这一课题的研究上更加全面与深入。毋庸置疑,这种确定一组选题的做法,应该是值得历史论文撰写者借鉴和参考的好方法。

四、怎样避免选题失误

选择什么样的论题决定着论文的价值。怎样避免选题失误呢?以下三点可供参考。

(一)以"发表"作为撰写论文的具体目标

目标是人们行为的导向,以发表作为撰写论文的具体目标是指作者在选题时,就要考虑到论文发表的载体是什么,以发表载体的要求来规范选题。基于发表的具体目标,在选题时就必须了解读者对象和读者的可接受性。

了解读者对象并不困难,因为每一本刊物的主办者,都会认真研究读者对象,并通过一些形式竭力宣传本刊物的读者群。作者只要在选题前仔细阅读刊物稿约及刊物刊出的主要文章,就可以获得有关信息。用这些信息指导选题,就能有的放矢,减少盲目性,大大提高"命中"机率。

研究读者的可接受性,是强调论题要有一定的读者面。作者所发表的见解应该是针对一种较为普遍现象的。有的作者只以个案反映的情况,或在某次会议上听到的零星议论,没有做深入细致的调查,便将某个问题作为论文和研究的选题,结果所发议论并无代表性。若发表出来,会让更多的读者认为这种研究是你水平的重复研究,这样的论文没有指导性。在选题时兼顾到读者的接受性,是可以少走弯路的。

(二)以学科研究方向界定选题范畴

任何学科都有明确的研究方向,虽然现代科学的发展,使得学科的交叉现象愈加明显,但交叉不等于融合。一个学科在发展中应坚持"他为我用"的主从原则,否则,这个学科就没有存在的必要了。界定选题范畴,其实就是选择一个课题的报道角度。

(三)以严谨治学为选题的基础

郭沫若同志曾在《科学的春天》中写道:"科学是老老实实的学问,来不得半点虚假,需要付出艰巨的劳动。"治学之苦,苦在严谨。要将一个问题严丝合缝论证清楚,没有严谨的、实事求是的治学态度是难以实现的。

仔细分析陷入论文选题误区的现象,有不少是属于作者对基本概念尚不明了,以此论说,难免雾里看花,不觅真色。意大利作家康图说过:"虚假的学问比无知更糟糕。无知好比一块空地,可以耕耘和播种;虚假的学问就像一块长满杂草的荒地几乎无法把草拔尽。"此话虽尖厉,但富含哲理。写论文是为了宣事说理,要说理必须自己先明理。弄清论题、论点所涉及的基本概念,准确把握论说的尺度,是严谨治学的体现。可以说,有了严谨治学的态度,选题成功的大门才会洞开。

五、选题的其他几个问题

好题是可论之题加有价值之说,亦是读者感兴趣的,能在一篇文章中论述清楚的论题,加上正确、新颖、有理有据的观点,这是选题的目标。

(一)怎样才能选好论题?

选题活动的动因在于发现问题,因为发现问题才能找到研究目标;发现问题,才能就题而论。问题是论题的源头。有很多人困惑于无题可选,其实是缺少观察、缺少发现的缘故。鲁迅说过:"不要看了就写,观察了又观察,研究了又研究,精益求精,哪怕是最平凡的事物,也能创造出它的生命力来。"这对选择论题是很有启发的。论题应是可论之题,可论,就是论题涉及的范围要适中,论题过大,很难用一篇论文论述清楚,很难写透。由于题大、涉及面广,道理难免说得抽象,可能论述没错,但读者会感到离得很远。因为选题过大,作者难以把握切入角度。论题也不宜过小,显而易见的问题,道理非常浅显,难以展开论述,强作论文,有小题大作之嫌。可论之题还应考虑论题的导向因素,即论题不应超出学科研究的范畴,超出学科研究范围之作的内容,论述再好,也很难引起同行共鸣。

(二)如何提高选题的能力?

当我们褒奖一个成功的作者时,总是说:"他会选题。"当我们仔细分析他们成功的因素时,就会发现,他们的共同之处是有敏感的选题意识。意识,在心理学上指自觉的心理活动,即人对客观现实的自觉反映。人们在日常的生活、工作和学习中不可避免地接触、感觉许多客观存在的事物。如果意识到这种存在,就能进行思维、解释。选题意识是对论题的一种自觉的萌发,一种本能的直觉。它不可能仅是外在压力的结果,而必须通过个人内心修养而成。只有意识到论题才有文可写,如果缺乏选题意识,就无法感觉到论题的存在。现在很多单位将有无发表论文,甚至确定在什么刊物上发表作为评定技术职称的"硬件"之一。这虽然可以将一些人推到论文写作的队伍中,但也应看到,有的作者对此产生了盲目性,以为学术论文是可以一挥而就的,忽视了这种特殊文体在选题上需要有一定的时机。这个时机是当问题出现后,作者能发现问题,并经过思考以"为什么"的形式提出来。论题不是因为写文章才产生的,它是由问题上升而来的。

选题能力的提高还源于不断地学习、求知加积累。凡认认真真做学问的人都有刻苦学习的经历。有人说,21世纪,学习是最基本的生存能力。因为以加速度更新的知识告诉人们,学习与工作已经来不及分阶段进行了,学习是工作的开始,而工作的人别无选择的是终身教育。面对扑面而来的新知识和不断变化的生存环境,"充电"成为每个人的必需,而终身的学习是提高主观敏感性的不可逾越的路径。

(三) 选题有灵感吗?

灵感"是文艺、科学活动中因思想高度集中、情绪高涨而突然表现出来的创造能力"。创作者在丰富实践的基础上进行酝酿思考的紧张阶段,由于有关事物的启发,促使创造活动中所探索的重要环节得到明确解决,一般称为获得灵感。严肃勤奋的劳动态度和负责精神,丰富的实践经验和知识积累,深厚的艺术修养和艺术技巧的掌握,是获得灵感的前提。从《辞海》关于灵感的释义中,已经不难理解,灵感是有的,但灵感不会从天而降。灵感是一种自觉的萌发,一种本能的直觉。灵感是有机遇的。清朝人赵翼说:"少时学语苦难圆,只道工夫半未全。到老始知非力取,三分人事七分天。"不承认灵感、机遇,不是唯物主义者,但消极等待而不是积极创造,灵感、机遇也会擦肩而过,与你无缘。

灵感要以知识为基础。知识是信息的系统化,有丰富的信息,再经过系统化可以成为论题。有知识,才会有灵感,没有知识的孤陋寡闻者,是不会有灵感的。

灵感要有实践为基础。毛泽东同志说过:"一切真知都是从直接经验发源的。"实践是灵感的摇篮,做一个实践中的有心人,那么灵感就会伴随而至。

灵感靠创造性思维促发。创造性思维是一种开放性的思维方式,它的特点是另辟蹊径,而不是循规蹈矩;是创新,不是重复;是借鉴,不是模仿;是拿过来,而不是靠上去。

(四)论题与论点的关系

顺便交代一下,论题与论点是有区别的,它们是不同的概念,不同的内涵,但又有联系。在一篇文章里,只有论题,没有论点,不成论文;也不可能只有论点,没有论题,两者相互依存。弄清其中的关系,有助于提高选题的水平。

论题,是作者提出的问题,是论文中要涉及的内容和范围。论点,是作者对论题发表的观点、看法、主张。论题是确立论文的"疆界",是对论点的限定;论点是树什么"旗帜",是对论题的答复。谈及论题和论点的区别与联系,是要说明同一论题,可以有不同的论点,从不同角度发表观点,各抒己见。论点是论文中核心的、本质的东西,是由论文中所有的思想、材料集中而成的产物。论点是作者的研究成果,在文章中它应该是鲜明的肯定句。论点要有价值,最基本的要求就是论点要正确。论点要准确而科学地反映客观事物的本质,提示其中蕴含的科学道理。论点必须符合实际,尊重事实,论点正确才能以理服人。

论点的价值还在于论点有新意,不是重复他人的观点,不同于别人的做法,有自己的经验。论点的新意,是作者要刻意追求的目标。创新是确立论点的起点和归宿。

需要强调的是,历史论文的选题确定,最重要的是要建立在自己的研究范围之内,并且还要先有一定的研究基础,如资料的搜集、积累和有了初步的一定的看法、意见和心得。一般地说,不属于自己研究范围内而又缺乏研究基础的论文选题,不要盲目地或简单地应人之约而去选择。在这个前提下,一般人在确定自己的历史论文题目时,大致是从以下两个方面来考虑和决定的。

第一,从社会现实的需要出发,并结合着自己的研究范围和研究特点。例如,过去曾经有些学者结合抗美援朝运动,撰写揭露历史上美帝国主义侵华和中朝人民在历史上共同抗击侵略者的论文;有的学者在美国和苏联两大超级大国争霸世界和苏联搞扩张主义时,撰写揭露历史上老沙皇向欧洲和亚洲扩张势力的论文;当西藏反动农奴主发动叛乱和国外反动势力妄图侵略西藏、分裂祖国时,一些学者著文论述了西藏自古就是中国不可分割的一部分、藏族是祖国民族大家庭中一个成员;也有的学者结合我国在新疆等西北地区发展农垦事业,撰写了历史上西汉在西北地区首创屯田的论文,等等。

第二,着眼于史学自身的建设。有的是史学研究中的空白,如20世纪50

年代,史学界展开了中国资本主义萌芽问题的讨论,其时有不少论文发表,从而填补了此前关于这一历史问题的研究空白。现在更多的历史论文是从这个方面考虑的,总是先认为史学领域中有的问题还没有搞清楚,正好是自己研究的范围,于是下决心去研究它,然后将其研究的成果以论文的形式写出并发表。也有的历史论文是针对着别人论文中的观点、看法,提出自己的不同意见,进行商榷。如20世纪50年代和80年代初,关于历史上的宋江是否被宋王朝最后招降的问题,持不同意见的双方都写过一些论文,彼此针锋相对地批驳对方意见,阐发自己的观点。这种商榷论文有的还是直接对史学界多少年的传统看法进行了"翻案",其份量更重,如郭沫若替曹操翻案的论文[1],就把人们从京剧中认识的大白脸曹操由"奸雄"的形象还原成为一个杰出的政治家、军事家、文学家的本来面目。

确定自己历史论文的选题,还要事先了解有关史学界对于自己所定论文的研究信息、动态。这是为了避免重复劳动。如果别人已经有了同样题目的论文发表,自己看后又感觉写不出什么新意来,就应该干脆放弃这个论文选题,另觅新的别人没有论及或虽有论及而自己能够再有新意的论文选题。一篇历史论文总要有新意,这样才能够在别人研究的基础上,作出自己新的贡献,为史学的建设增添新的内容和建树。

原则上说,历史论文的选题一经确定,即不应该再随便地变动,而要专心致志地将其写好。最怕定了选题以后,一遇困难就想另择新题,待再遇困难,又不能够坚持,换来变去,哪一篇也写不好,半途而废,最后没有成果。但是,在定了选题以后,由于再整理资料或构思时发现了原定的选题过大或过小,在不放弃或超出原选题的情况下,还是允许对其作出一定的改动和变更的。例如,有的人原来定的选题是论某一个历史人物的,但是在整理资料和构思时却发现主要是对于这个历史人物某一个方面的事迹或思想较有把握又确有新意,而于其他方面则并无什么新的更深入的见解,且资料亦显不足。那么,不妨就把原来的全面论述一个历史人物的选题,改成为集中地研究历史人物的某一个方面的选题,这样写出来的历史论文较之原来,一定会更加的充实和深刻。反之,当再整理资料和构思时,发现远远超过了自己原先的选题,也是可以适当地将选题扩大,多写一些方面乃至论一下这个历史人物的"全貌"。

何炳棣先生极其推崇数学大师林家翘的一句话,并用以概括当年的清华

---

[1] 《替曹操翻案》,《人民日报》,1959年3月23日。

精神:"要紧的是不管搞哪一行,千万不要做第二等的题目。"①就是说,要做第一等的题目,即有新意的创造性题目。这句话也可以作为我们毕业论文选题的指南和向导。

 思考与实践

1. 举例说明选题的重要性。
2. 史学论文选题过程中,如何处理大小、难易、新旧等关系?
3. 为什么说多读、多思、多疑是选题的最重要路径?
4. 给出一篇习作,分析选题的得与失。

---

① 何炳棣:《读史阅世六十年》,广西师范大学出版社2005年版,第104页。

第四章 史学论文的资料

选题确定后,进入收集资料环节,这是史学研究的基础性工作。史学是一门求实的学问,任何观点的形成都要建立在翔实可靠资料的基础之上,所谓言之有理,持之有据。否则,资料不充分,研究无从展开,观点无法成立,论文不可能形成。所以,详尽地占有资料是毕业论文写作之前的一项极其重要的步骤,它决定你的选题能否研究下去。

当你初步决定研究某个论题后,第一步就是检索该课题的研究史,目的在于考查这个课题前人有没有研究,如果没有研究,或虽有研究,但还很不充分,就可以确定这个题目。如果关于这个课题,前人已经研究得很充分,而自己又很难有所突破,则要考虑更换选题,所以也可以说是论文选题的再确定环节。比如关于历史分期问题,关于资本主义萌芽问题,关于农民战争问题,如果你仍然是一般地做宏观研究,既没有新材料,也没有新角度、新方法、新观点,那么选择写作这个题目就难以取得成功。

一、收集资料的重要性

很多研究者都认为,在研究过程中,收集资料的时间要占到全部研究时间的 70%—80%,材料齐备了,撰写只需花全部研究时间的 20%—30% 左右。也有人初步统计科研人员在科研项目中的时间分配,得出大致相类的结论:搜集材料时间占 50.9%,实验研究时间占 32.1%,思考计划占 9.3%,撰写论文时间只占 7.7%。足见收集资料这一环节的重要程度。搜集资料对学术论文的质量,有着重要的意义。

(一) 经典论述

科学研究的全过程始终建立在事实的基础之上,这是自然科学研究和社会科学研究的共性,无一例外。经典理论对此均有阐述:"只有当自然和历史材料搜集到一定程度以后,才能进行批判的分析比较,并相应地进行纲、目和种品划分。"①"研究必须充分地占有资料,分析它的各种发展形式,探寻这些形式的内在联系。"②史学研究绝不同于小说创作。小说家只要构思好情节,不要任何资料就可以写成一篇小说。史学研究离开资料,根本无从写作文章,多写一句话也不可能。对此大家、名流亦有诸多论述:历史学家范文澜有句名言:"板凳要坐十年冷,文章不写一句空。"坐"冷板凳"就是做资料的搜集、积累和研究工作,就是甘于寂寞,潜心思考。只有甘于坐冷板凳,沉下心来收集海量、多元资料,才不会写出空洞无物的文章。自然科学家有三十几岁出大成果的,也有三十几岁的经济学家,但很难有三十几岁的史学大师,就是因为史学研究需要查阅大量的资料,短期内是无法完成的。王力先生亦曾谈及资料对研究工作的重要性:"一个小小的题目,我们就要占有很多的资料,往往几十万字,要做几千几万张卡片。""别看写出来的文章只有一万字、几千字,收集的材料却只有几十万字,这叫做充分占有材料。材料越多越好,材料不够就写不出好文章。"苏联学者伊凡·彼德罗维奇·巴甫洛夫更是形象地将资料与研究工作的关系比喻为空气与鸟儿飞翔的关系:"不论鸟羽多么完善,但如果不凭借空气,它是永远不会飞翔高空的。事实(即资料)就是科学家的空气,你们如果不凭借事实,就永远不能飞腾起来。"所以说,科研实力和水平首先在于资料占有的充分和典型,能搜集到最新鲜、最生动、最富有特色的资料者,最有成功的希望。

(二) 具体表现

1. 炊饭之粟米

俗语云:"巧妇难为无米之炊。"资料对史学研究来说,就好比炊饭之粟米,决定论文能否写成。

2. 佳肴之原料

有什么样的原材料,就能做出什么样的菜肴。原料普通,如只有青菜萝卜,再高明的厨师也只能做出一盘蔬菜。如果原料珍贵齐备,鸡鱼肉蛋,山珍海味,香菇木耳,应有尽有,高明的厨师就能做出一盘盘高大上的佳肴来。资料对于史学研究来说,能决定论文质量高低,如果你掌握了别人从未发现的资料,你就有可能做出一篇高质量的论文来。当然这也不是绝对的,老资料如果

---

① 《马克思恩格斯全集》卷 19,人民出版社 1963 年版。
② 《马克思恩格斯全集》卷 23,人民出版社 1972 年版。

用新角度去研究,提出新观点,也能写出高质量的文章,如唐赞功的《汉初布衣将相浅论》、胡如雷的《论唐太宗》、高敏的《侯景之乱对南朝后期社会历史的影响》即是如此。

著名历史学家吴晗对明史研究颇深,做过几万张关于明清史的资料卡片,就清太祖努尔哈赤,即搜集了有关他及其同时代的各种资料。为了弄清满族社会的发展过程,在卡片里记下了满族何时开始使用铁器,矿砂从哪里来,炼铁炉什么时候才有等问题。一位学者二三年内发表了十几篇论文,有人向其讨教诀窍。他深有体会地回答道:这是自己多年埋头收集资料的结果,"写论文就是资料运动,运动资料而已"。另一学者也有类似说法:"写论文写书没有什么诀窍,我是从资料堆里走出来的。"不难看出,资料对研究工作的重要程度。所以,研究者必须具有求真务实的态度。

二、搜集资料的范围

毕业生在动手写作毕业论文之前,至少应当占有如下六个方面的材料,尤其是第一手材料和学界已有相关研究成果。

(一) 原始资料

主要是指与论题直接有关的文字材料,这是论文提出论点的基本依据。没有这些资料,撰写的毕业论文就只能成为毫无实际价值的空谈。对第一手资料要注意及早收集,同时要注意其真实性、典型性、新颖性和准确性。

1. 经史子集

史学研究的资料就是史料。一谈及史料,大家首先想到的就是各种史籍,按照四部分类法,就是史部著作。这固然没错,但另外三类著作也是重要史料,决不能忽视。尤其是集部著作即各种文集,其中包含有非常丰富的史料。如李若水文集《忠愍集》的《捕盗偶成》诗提供的重要史料,解决了史学界长期悬而未解的关于宋江是否投降及其打方腊的疑案。再如研究徽商,明清文集就是重要的史料来源,因为徽商与文人交往甚厚,互相之间常有诗歌唱和,商人死后,其后代往往请一些著名文人为已故商人撰写墓志铭,如在汪道昆的《太函集》中就有大量的商人墓志铭、商人传记或祝寿文,其中都要述及商人的身世、事业、情趣,对研究徽商有极其重要的价值。所以,文集资料不能忽视。经、史、子、集四部类著作都是典籍,当然是在收集资料的范围之内。

2. 档案、账册、信函、碑刻、文契、阉书、宗谱、方志

档案尤其是明清时期的官府档案，至今保存得比较完整，为后人研究明清史提供了极为重要的第一手资料，非常重要。账册、信函由于真实地反映了当时的情况，史料价值很高，其中蕴含很多其他史书中所没有的资料。碑刻也是第一手资料。秦始皇为凸显其德高三皇、功过五帝的功劳，到处巡游，到处刻碑，是为最早的碑刻。我国封建社会尤其是明清时期，为了将一些文字材料永久保存和扩大受众，或由官府，或由集体，或由个人将其刻成石碑，这就是碑刻。碑刻的内容十分广泛，有的是修建、重建某庙、某楼、某寺、某堂、某亭、某桥、某祠、某殿的碑记，其中就反映了这一地区的历史；有的是封建官府发布的各种禁令、告示，真实地反映了当时的阶级斗争情况和社会经济状况；有的是同业或同乡商人共同议定的条规；有的是不同阶级发生诉讼后官府判决的结果；有的是先人训诫后人的约束规范文字等。这些材料对研究这一时期政治、经济、社会的历史极有价值。正因如此，不少学者就将这些碑刻资料加以收集、整理、归类出版，供历史学研究之用，如上海博物馆图书资料室所编的《上海碑刻资料选辑》[①]，苏州博物馆、江苏师院历史系、南京大学明清史研究室合编的《明清苏州工商业碑刻集》[②]就是其中著名的碑刻资料。

3. 文学作品

史学研究者对于文学作品也应给予充分的重视和利用。文艺作品作为文化现象，总是那个时代的反映，只要善于利用可以成为很有用的资料。如陈寅恪以元稹、白居易的诗歌和其他历史资料互相印证，写出了他的名著《元白诗笺证稿》，是唐史研究者的必读书目。马泰来利用李若水的《捕盗偶成》诗解决了一桩多年争论不休的悬案。宋元话本和明清小说《三言》《二拍》《金瓶梅》等，内容极其丰富，从中可以了解当时的城市生活、社会风俗和各阶层的面貌。尤其是明清小说，对一些故事描写得相当具体，可以借此了解到当时的饮食、服饰、礼仪、丧葬、人口买卖、商业经营、寺院活动、妓院、茶馆乃至物价等，而这些资料在其他史籍中是很难看到的。南炳文先生就利用小说资料写了一篇好文章《从"三言"看明代奴仆》，翦伯赞署名商辛的《桃花扇底看南明》也是将孔尚任的戏曲《桃花扇》作为参阅资料写作而成的。当然，小说的材料一定要和史籍中的材料相互印证，单纯引用小说资料来进行史学研究是不行的。

---

① 上海人民出版社 1980 年版。
② 江苏人民出版社 1981 年版。

另外,明清时期有不少笑话书,其中也包含有大量可用资料。如:

> 徽人多吝。有客苏州者,制盐豆置瓶中,而以箸下取,每顿自限不得过数粒。或谓之曰"令郎在某处大阔",其人大怒,倾瓶中豆一掬,尽纳之口,嚷曰:"我也败些家当罢。"

就表象而言,这条材料反映徽商的吝啬,但其实它反映了徽商在创业阶段的艰苦境况,是非常珍贵的记载。又如:

> "不识货":徽州人开当铺,不识货,有人拿单皮鼓来当,报曰"皮锣一面,当钱五百"。有拿笙来当,报曰"斑竹酒壶一把,当钱八百"。有拿笛来当,报曰"丝裹火筒一根,当钱二百"。后又拿骑马布来当,报曰"闻鼻烟使的小手巾一条,当银一两"。伙计说:"此物出此大价,要他何用?"答曰:"他若不赎,留之我擦嘴。"

这则笑话实则反映两个问题:一是徽人开当铺极为普遍;二是徽人开当铺,也有不识货者,故而势必会造成一定损失,所以后人对开典当铺要求非常高,尤其要识得全国各地的千百种货物。

(二) 已有相关研究成果

这是指国内外对有关该课题学术研究的最新动态。撰写毕业论文不是凭空进行的,而是建立在他人研究成果的基础之上。因此,对于他人已经解决了的问题就可以不必再花费力气进行重复研究,但可以此作为出发点,从中得到有益的启发、借鉴和指导。而对于他人未解决的,或解决不圆满的问题,则可以在他人研究的基础上再继续研究和探索。切忌不了解已有研究现状,只顾埋头写作,最终撰写的毕业论文其学术价值自然会远远低于前人已达到的水平。

(三) 边缘学科的材料和方法

当今时代是信息时代,人类的知识体系呈现出大分化、大融合的状态,传统学科的鸿沟分界逐渐被打破,出现了令人眼花缭乱的分支学科及边缘学科。努力掌握边缘学科的材料,对于所要进行的学科研究、课题研究大有好处。它可以使我们研究的视野更开阔,分析的方法更多样。比如研究经济学的有关课题,就必须用上管理学、社会学、人口学等学科的知识。大量研究工作的实践表明,不懂一些边缘学科知识,不掌握一些边缘学科的材料,知识面和思路狭窄是很难撰写出高质量的论文的。如有学生引进了心理学的研究方法研究宋孝宗，取得成功。

（四）名人论述、相关政策

名人的论述极具权威性，对准确有力地阐述论点大有益处。至于党的有关方针、政策既体现了社会主义现代化的实践经验，又能反映出现实工作中面临的多种问题。因此，研究一切现实问题都必须占有和清楚这方面的材料，否则会出现与党的方针、政策不一致的言论，使论文出现很大的政治导向性问题。

（五）背景材料

搜集和研究背景材料，这有助于开阔思路、全面研究，提高论文的质量。例如，要研究马克思的商品经济理论，不能只研究他的著作，还应该大力搜集他当时所处的社会、政治、经济等背景材料，从而取得深入的研究成果。

（六）纵向资料

收集资料的面要广一些，与本专题有关的材料也要注意收集。例如研究明代的御史巡按制度，当然主要应收集明代的资料，但关于汉代、唐代、宋代、元代、清代地方监察制度的资料也要收集一些，以便于在研究时进行比较，瞻前顾后。当然不用太细，但宏观的材料要有。

三、搜集资料的形式、要求及其资料的分类

如何搜集材料以及对搜集的材料如何进行加工分类也是毕业论文写作过程中的重要环节。

（一）搜集资料的形式

搜集资料的形式很多，常用的主要有以下几种，虽则听起来有点老套，不合时尚，但切实可用，永远不会过时，值得借鉴。

1. 做卡片

即把有关资料逐条抄录在卡片上，所谓"卡片一万张，学问长一丈"。抄录卡片是通行的最有效的形式。使用卡片搜集资料，易于分类、易于保存、易于

查找,并且可分可合,可随时另行组合。一个问题通常写在一张卡片上,内容太多时也可以分写几张卡片。

抄录卡片时要特别注意:其一,抄录后要和原文核对,不得有误。当时如果不核对,使用时发现错误,再核对就难了。或者这本书已经还给图书馆了,再借耽误时间;或者你是在外地看的,再次核对几乎就不可能。其二,材料出处一定要注清楚,不可图方便而省略。其三,不要把不同性质的材料抄在一张卡片上,这样不便于排列、分类。其四,每条材料要冠以标题,以便于构思时归类整理。其五,当时如有感想,应将珍贵的灵感随时记在卡片上。

抄录卡片的过程就是加深印象的过程,冠以标题或记下感想的过程,就是初步思考的过程,这两个过程绝不能少。有的人为了偷懒,图省事,经常采取夹纸条或者复印的办法,一般来说都不可取。纸条夹多了,根本无法排列,资料无法利用;复印呢?如果是长篇资料都有用,可以复印下来保存,但它并不能取代抄录卡片,因为复印有三个缺点:没有经过手抄,印象不深;有用没用的部分印到一起,不便于提炼观点;尤其是不便于整理、排比。

2. 做笔记

把有用的资料抄到笔记本上,也是一种收集资料的重要形式,任何一位论文撰写者都应该养成做笔记的习惯。好记性不如烂笔头,阅读书报杂志时,搞调查研究时,要随身带笔和纸,随时记下所需资料的内容,或有关的感想体会、理论观点等。在做笔记时,最好空出纸面面积的1/3,以供写对有关摘录内容的理解、评价和体会。

与抄录卡片相比较,做笔记的缺点表现为不便于整理和排列。一般而言,笔记本以抄录今人研究成果为好。在阅读别人的论著时,可将其中重要的论点摘录下来并冠以题目,打上红线或加粗,以示醒目,经常浏览,加深印象。

无论是用那种方法收集资料,都必须注明出处。如果是著作,则要注明作者、书名、卷次、篇名、版本、页码、藏处等;如果是报纸,则要注明作者、文章名、报纸名称、版次、发行年月日等;如果是杂志,则要注明作者、文章名、杂志名称、卷(期)号、页码等。

(二) 搜集资料的要求

资料的搜集过程实际上也是对资料的辨析过程,应该遵循精、真、新、全的基本要求。

1. 材料要"精"

选择资料的依据,只能是作者所要阐明的中心论点,什么资料可用,什么资料不能用,都要根据这个中心论点来决定。毕业论文的中心论点一经确定之后,由它统帅一切,资料自然也必须服从于中心论点的统帅。切忌把一些不能充分说明问题的资料搬来做牵强附会的解释,也不能将所有资料统统塞进文章里,搞得文章臃肿庞杂,中心反而不突出,仅仅是扩大了篇幅而已。比如《"城市更新"与园林绿化关系的几个问题》一文,作者搜集了大量的有关园林绿化的资料,却没有搜集城市建设与园林绿化关系的资料,这些不适用的资料塞入论文之中,导致论文中心被冲淡,影响了论文质量。

所以,搜集的资料要典型,即这种材料对于它所证实的理性认识来说具有充分的代表性。恩格斯的《论权威》选择了纺纱厂、铁路、航海三个例子作为论据。第一个论据阐述得最详细,第二个论据比较概括,第三个论据只是轻轻一笔。他没有用更多的阐述,就把问题说明了:"一方面是一定的权威,不管它是怎样造成的,另一方面是一定的服从,这两者,不管社会组织怎样,在产品的生产和流通赖以进行的物质条件下,都是我们所必需的。"材料不多,却具有无可辩驳的逻辑力量。产生这样的良好效果,一个重要原因,在于材料选得十分精悍、典型。

基于上述要求,搜集资料不能不加区别地兼收并蓄,见材料就抄,一是没有必要,二是浪费时间。抄录资料要精,所谓精,就是抄录最能说明问题的资料,对于古文献资料而言,如果几本书上都讲到了同样的问题,则应抄录成书最早的资料,在卡片后注明某某书、某某卷记载与此同;如果几本书上说的详略不同,则应抄录记载最详细的资料,卡片后面再注明参见某某书某某卷。这样做的好处在于,它表明作者收集资料的深度和广度,给读者留下深刻的印象。由此可见资料的丰富程度,为提升论文的价值做了非常充分的铺垫。

2. 材料要"全"

广泛而深入地搜集与论文相关的一切资料是写作的前提和基础,作者只有占有了大量与研究对象相关的资料并充分了解目前已有的研究成果,才能站在更高的平台上来看问题。没有完全掌握或掌握的信息不全面,就会影响视角和结论。一般来说,掌握的史料越全面,从中得出的认识也就越具有说服力。

(1) 尽可能地将材料收全,最好做到竭泽而渔。为什么要收全,有三个方面的原因:一是每条材料只能局部地反映某个问题的真相,只有尽可能收全资料,才能使我们对事物的全貌有一个比较清晰的了解。如果材料不全面,缺少某一方面的材料,论文的论述也往往不圆满、不全面,会出现偏颇、漏洞,或由于证据不足难以自圆其说,得出的结论自然就不全面。先举两个梁启超的例子:梁启超研究春秋以前的小国(他称为部落)的分布状况,那部史籍记载都不全,于是他先从《左传》《国语》中,取其所述已亡之国汇而录之,得60余国;又从《逸周书》中搜录,查到30余国;又从《汉书·地理志》《水经注》中搜录,得70余国;又从金文款识中搜录,得90余国;其他散见于各书者尚有三四十。除去重复,其夏商周古国名之可考者,犹将300国,而大河以南,江淮以北,殆尽2/3,其中最稠密处如山东、河南、湖北,有今之一县而跨有古三四国之境地。试想,如果资料收集不全,对春秋之前我国境内的古国情况就得不到一个全面的认识。

梁启超研究中印之间古代的文化交流,而考论中国留学印度的人物,据常人所习知,则前有东晋人法显,后有唐朝人玄奘。初研究时,据慧皎的《高僧传》,义净的《求法传》,得六七十人,已是大喜过望。后来又仔细检校诸传记,每读一书,遇有此类者则抄下,陆续搜集,经数月乃得105人,不含名姓失考者82人,两者合计竟达187人。将此187人之年代籍贯、学业成绩、经行路线进行考证、统计,中印古代交通遗迹以及隋唐间学术思想变迁之原因,皆可大明。如果收集资料不全,肯定就达不到这样的效果。

再如《浅论厂长负责制与职工民主管理》一文,由于作者只搜集了两者互相依赖,互相促进的资料,没有搜集两者存在矛盾的资料,结果文章只做了一半,如何处理好两者矛盾这一重要方面被疏漏了,大大影响了论文的质量。

(2)资料不全,极有可能得出错误的结论,即便是史学大家也不可免。

自从《水浒》这部小说出现以后,宋江这个人物引起了人们的注意。历史上的宋江,目前知之甚少。宋代公私案牍里只有一些零星的记载,并且互相矛盾,抵牾不合。《水浒》里的宋江是投降了,又去打方腊,历史上的宋江是否也是接受招安,然后又去征打方腊呢?这个问题历来就有争议。早在清代,就有陆次云、汪师韩之争,前者认为受招安、打方腊,后者不同意此说。19世纪20年代,鲁迅即指出:"宋江降后见杀,没有征方腊。"[1]以后余嘉锡撰《宋江三十六人考实》提出与鲁迅不同的观点:"江之从攻方腊无疑。"[2]以后张政烺先生的

---

[1] 鲁迅:《中国小说史略》第十五篇《元明传来之讲史》[下],上海古籍出版社1998年版。
[2] 余嘉锡:《余嘉锡论学杂著》,中华书局1963年版。

《宋江考》①、严敦易先生的《历史上的宋江》②也都就宋江是否投降征方腊的问题作了考证。

"文化大革命"中,毛泽东提出评《水浒》时述及:"宋江投降了,又去打方腊。"这样又把问题提出来了,于是,关于历史上的宋江问题在史学界引起了一场激烈争论。

1978年,邓广铭、李培浩同志连写两文《历史上的宋江不是投降派》③和《再论历史上的宋江不是投降派》④,认为历史上的宋江既没有投降,更没有打方腊。两文发表后,引起一场争论。中国社会科学院历史研究所吴泰写了《历史上的宋江是不是投降派》⑤提出反驳意见,认为宋江是投降派,参加了打方腊。从此又拉开了有关宋江问题的大论战,历时4年之久,成为20世纪70年代末80年代初的一道风景线。吴泰毕业于北京大学,曾受教于邓广铭,故而这场论战被有些人称为"学生与老师的论战",引人注目,受到当时学界的关注。

1979年复旦大学陆树仑写了一篇《关于历史上宋江的二三事》⑥,这是一篇有份量的文章,他就一些重大问题提出了比较有说服力的观点。一是关于宋江是否受招安的问题。他对南宋史籍所载宋江投降的七条资料逐条加以分析,认为要完全否定这些资料,尚缺乏足够的证据,故而在没有发现新材料以前,对上述这些材料持怀疑态度是可以的,但不宜断言这是捏造。二是关于宋江是否打方腊的问题。他对南宋史籍所载宋江从征方腊的资料,逐条加以辨析,认为都不可信,所以他同邓广铭一样,认为宋江没有打方腊。三是关于宋江"就擒"问题。他认为,宋江可能是"降而复叛",最后被宋朝擒杀,但由于没有发现过硬的材料,所以这个结论只是推断,并非定论。

又过了两年,1981年第1期《中华文史论丛》刊出了一篇重要文章,即马泰来先生的《从李若水的〈捕盗偶成〉诗论历史上的宋江》,此文公布了一首重要的诗《捕盗偶成》,终于解决了宋江投降及其打方腊这一关键问题。这首诗共有20句,前8句为:"去年宋江起山东,白昼横戈犯城郭。杀人纷纷剪草如,九重闻之惨不乐。人书黄纸飞敕来,三十六人同拜爵。狞卒肥骖意气骄,士女妍

---

① 《历史教学》1953年第1期。
② 《水浒传的演变》(第一部分),作家出版社1957年版。
③ 《社会科学战线》1978年第2期。
④ 《光明日报》1978年8月1日。
⑤ 《光明日报》1978年6月8日。
⑥ 《辽宁大学学报》1979年第2—3期。

观犹骇愕。"这就证明宋江等 36 人确曾一度接受过宋朝的招安,然而又确实不曾参加过北宋镇压方腊的战役。在接受招安至少过了一年以上,宋江再度反叛,所以朝廷才在折可存等人镇压了方腊起义军而班师返回开封时,颁降了"捕草寇宋江"的御旨,而在不出一个月的时间内就又将其擒获,至于何时、何因复叛、何时被擒等细节,尚不清楚。

邓广铭先生对此大发感慨,因为他也曾经看过李若水的《忠愍集》,但这只是个残卷,只有一卷,有文无诗。谁知北大图书馆还有一本从四库本抄来的《忠愍集》三卷本,有诗有文,因为未曾注意,导致失误。所以他很快又写了一篇文章《关于宋江的投降与征方腊问题》[①],坦率地承认了自己的失误。

这件事给我们两点启示:一是治学不易,专家都难免失误,我们就更要小心谨慎,一定要全面占有资料;二是史学前辈坚持真理,改正错误的勇气,这种可贵的史德真乃大师风范,是值得我们后辈好好学习的。

当然,竭泽而渔,说起来容易做起来难。对宋以前还基本可以,宋以后就难了,史籍太多。但即便这样,我们也要尽可能多地占有资料,不要轻易说"不",不要轻易否定某种事。史学研究就是这样,对历史上的某个现象,说"有"容易,只要发现一条资料就可证明其"有",但说"无"就要慎之又慎了。

(3) 正面材料要收,相反观点的材料也要收,否则同样会得出错误的结论。史家严耕望先生曾举与北宋燃料相关的一例:

① 正面材料

庄季裕《鸡肋编》卷中云:"昔汴都数百万家,尽仰石炭,无一家燃薪者;今驻跸吴越,山林之广,不足供樵苏。"

这是讲北宋汴京燃料的一条极好的材料。有一位国际知名的日本学者宫崎市定,便从这条材料发挥,引了颇多史料做辅证,认为石炭即煤是京师开封一般人民生活中的主要燃料,认为这是一场燃料革命[②]。而严先生指出:"这项概括性的结论诚然很动听,显得光辉有魄力;一般学者也多风从其说,以为定论。但仔细看来,不无问题。"他列举数条反证,证明庄氏的记述"过分夸张"。

---

① 《中华文史论丛》1982 年第 4 期。
② 中国科学院历史研究所翻译组编译:《宫崎市定论文选集》(上卷),商务印书馆 1963 年版,第 179 页。

② 反面材料

大中祥符五年十二月,"赐在京诸班直诸军厢主以下至剩员以上,柴炭各有差……凡柴五百七十八万,炭五百八十五万";天禧元年十二月,又赐柴炭,"柴六百七十五万,炭七百二十七万";仁宗庆历五年,"以雪寒,赐诸班诸军薪"①;熙宁中,"宫中见有柴炭库"②;宣和七年,"诏罢贡品,其罢贡尚食者,汴水白波辇运司本贡柴三十六万斤,减二十万斤"③;太宗亦曾"调退材给窑务为薪"④。

根据这些反面材料,严先生认为,"其实北宋汴京的燃料恐怕仍以薪柴为主,至少薪柴与石炭参半",并告诫后学"不要忽视反面证据"。他指出:"我不是研究宋史的人,宋代的史书文集看得很少,稍稍留意,已见很多汴京烧柴的史料,时间自北宋初期到末期都有,足证通贯北宋时代,汴京城里一般市民生活以及烧窑所用的燃料,薪柴至少仍占极重要的地位。不但一般市民,就是皇宫中也仍有烧柴薪的。"

从这一事例可以看出资料全面的重要性。尤其是当逐渐形成某种观点时,这时最怕看到反面资料。心情可以理解,但不应该,反面资料一定要收集,然后再分析,这样才能得出符合历史实际的结论。

王曾瑜先生对北宋开封一地的煤炭使用情况做了相当详尽的动态考察,其结论是:"自北宋开国至宋英宗时的百余年间,开封的燃料大体上使用柴和木炭。然而自宋神宗以后的近六十年间,开封燃料构成确实有很大变化,石炭的使用渐趋突出,最后占据开封燃料的主体,甚至可以供应外地。"王先生同时又指出:"南方煤炭资源不足""在宋人记载中已反映得相当清楚"。在宋代的四川等广大南方地区,含其主要城市在内,居民只怕远远未做到"基本用煤作燃料"。

3. 材料要"真"

"真"是对收集资料的基本要求,占有大量的资料并不等于掌握了真实、可靠的资料。由于受客观条件和主观认识的限制,文献资料和前人的结论会存在认识上的片面性,这就要求作者在掌握资料后,不能随便拿来就用,而是要

---

① 《宋会要辑稿》第 42 册《礼》62。
② 《宋会要辑稿》第 23 册《礼》25。
③ 《宋会要辑稿》第 57 册《崇儒》7。
④ 《宋史》卷 179《食货下一·会计》。

对已占有的资料进行深入细致的整理、分析,去粗取精,去伪存真,选择那些真实、可靠的资料,为写作做好准备。有些学生搜集资料的方法是从别人的文章中信手拈来,不去复查原文,于是文章本身存在的书名、卷数、标点符号和内容等错误,就会被复制到自己的文章中,使自己的文章人为地出现"硬伤",论文的质量也会因此大打折扣。只有建立在真实材料的基础上,才能得出可靠的结论,才能经得起时间的考验与实践的检验。史学论文要求从史料的真实性出发,以客观的态度来分析问题、解决问题,实事求是地形成自己的观点。

只有从真实可靠的资料中才能引出科学的结论,在这方面要特别注意:其一,要尊重客观实际,避免先入为主的思想,切忌根据个人的感情好恶、主观臆断或带有偏见地选择史料,不能歪曲资料本来的客观性,否则会得出违背事实的结论和看法;其二,选择资料要有根有据,采用的第一手资料要有来历,选取的第二手资料一定要与原始文献认真核对,以求得最大的准确性;其三,对资料来源要加以辨别,弄清原作者的政治态度、生活背景、写作意图,并加以客观的分析评价,社会科学方面的资料更应该注意这一点。

资料的真实性直接关系着论文的成败。但历史资料丰富多彩,所以难免真伪混杂,真假难分,即有的记载是真的,有的是伪造的,有的是正确的,有的是错误的,必须要下一番考证的功夫,进行鉴别,这就是正误辨伪。郭沫若曾经阐述资料辨别的重要性:"无论作任何研究,材料的鉴别是最必要的基础阶段。材料不够固然大成问题,而材料的真伪和时代性如未规定清楚,那比缺乏材料更加危险。因为材料缺乏,顶多得不出结论而已,而材料的不正确便会得出错误的结论,这样的结论比没有更为有害。"①材料的甄别是一项比较复杂而重要的工作。我们进行史学研究,只有建立在真实资料的基础之上才有可能揭示历史的真相,探求历史的本质和规律。收集资料过程中有时可能会没有时间去开展这项工作,可留待撰写时再进行。在收集资料时,对同一问题的不同记载,不妨先抄录下来,在卡片上做一特别说明,留待以后进行考证。在材料考证方面做出突出成绩的恐怕要数太平天国史专家罗尔纲先生了,这里仅以罗尔纲的贡献为例说明资料辨伪的重要性。

罗先生一生从事太平天国研究,其中大部分又都是考证辨伪工作。为什么要做这项工作?就是因为关于太平天国的史料太混乱了,伪作太多,形形色色:有的是同时起义的天地会,要假托太平天国名号来号召群众而伪造太平天国的文件;有的是自己要写太平天国史事,却捏造一个乌有的人,说是太平天

---

① 《古代研究的自我批判》,见《十批判书》。

国中人，而且编造许多假事迹来证明他自己的说法以骗人；有的是后人为了鼓吹革命而伪造太平天国文件；有的是伪托太平天国首脑人物家里人的著作以见重；有的是为了牟利而伪造太平天国的钱币、圣钞、墓碑、文件、资料，可谓五花八门。

面对这么多作伪的史料，如果研究太平天国史的人，不加辨伪，使得真伪史料混同使用，并据此来研究历史，那么得出的结论必然避免不了错误，因此罗先生首先就进行了大量的辨伪和考证工作，并且做出了很大成绩。

关于《江南春梦庵笔记》的作者沈懋良。在太平天国史料里，有一部最迷人的书，即《江南春梦庵笔记》，署名"武昌沈懋良撰"。作者自称在太平天国壬子二年(1852年)在武昌被编在赞王蒙得恩的部下，后来做了蒙得恩的亲近侍从，直到天京失陷前还在天京。书中用了种种障眼法来欺骗读者，使读者深信不疑，接着就肆意虚构了许多太平天国事迹，从而污蔑太平天国革命，混乱了太平天国史实。从20世纪20年代到50年代近30多年，凡研究太平天国史的人没有一人不深信这部书，有的人还根据这部书来考证太平天国的律法与印行的书籍，有的人根据它来考证《天朝田亩制度》与太平天国的考试制度和省制等。人们几乎没有例外地把它作为断定太平天国史事的最重要的根据。即使其他文献俱在，记载分明，千真万确的史事，也因为该书独有不同的异说而引以为疑，真是以假乱真，影响极坏。

可是罗尔纲先生却证明它是假的，他首先从书中所述赞王蒙得恩的事迹上发现了破绽。据作者沈懋良说，他是蒙得恩最亲近的侍从，关系亲密到连蒙得恩"内室"情况都很清楚的程度，可是，他记载蒙得恩金田起义时年仅19岁，而根据蒙得恩儿子幼赞王蒙时雍《致叔上信等家书》说，金田起义时蒙得恩在金田入营，蒙时雍在平南县花原入营，如果蒙得恩金田起义时才19岁，他哪里能生出个少年儿子蒙时雍来分路参加起义呢？此其一。书中记载蒙得恩"无子，生三女"，而实际上，蒙得恩不仅生了一个蒙时雍(在太平天国晚期与玕王洪仁玕共掌朝政)，据蒙时雍家书，蒙得恩还生了蒙时安、蒙时发、蒙时和、蒙时泰四个儿子。此其二。蒙得恩是太平天国辛酉十一年(1861年)病死的，而此书在太平天国甲子十四年(1864年)六月天京失陷前还叙述了蒙得恩的种种行动。蒙得恩已经死去三年了，他尚且不知。此其三。如果确如作者所说与蒙得恩关系亲密，他怎么会连蒙得恩的年岁、家庭、死了三年也不知道，甚至连蒙得恩那个在天朝执政的儿子蒙时雍都不知道。这不是破绽吗？罗先生经过认真考证，终于剥去这本书的伪装而证实了这是一部伪书。

罗先生的考证文章大多收集在他的《太平天国史料辨伪集》《太平天国史

料考释集》《困学集》内。

关于《石达开遗诗》。自从清末残山剩水楼刊本《石达开遗诗》出版后,好多书都竞相转载,石达开诗名喧嚣一时。而罗先生根据石达开的出身和历史考证今所见石达开的诗,除了庆远(今江西宜山)《白龙洞题壁》一首是真的外,其余全是后人伪造的。1934年罗先生在《大公报·图书副刊》发表了他的考据,没有多少人相信,还有人说他不该否认革命英雄的诗歌。直到1939年柳亚子在《大风旬刊》上看见简又文引据罗先生的考证后,他写了《题残山剩水楼刊石达开遗诗后》和《题卢冀野辑石达开诗钞后》两篇跋文寄给《大风旬刊》,他告诉大家残山剩水楼刊本《石达开遗诗》这部诗集,除《答曾国藩五首》见于梁启超《饮冰室诗话》外,余二十首均为他的亡友高天梅(高旭,残山剩水楼主人)在清末鼓吹革命时假造的,当时集资印了千册,流布四方,柳亚子便是参加刊布的人。从此以后,人们才相信了罗先生的考据。

4. 材料要"新"

所谓新颖的资料包括两方面的含义:一方面是指前所未有,近期才出现的新事物、新思想、新发现、新方向。比如《股份合作制经济几议》一文,作者选取了当时中国大地上新出现的农村股份合作制经济中的新动向进行研究。另一方面是指某种事物虽早已存在,但人们尚未发现其价值,这同样是新颖的资料。比如《试论人口与经济的循环》一文,人口与经济的关系早已存在,它们之间存在着良性循环和恶性循环,这也是客观事实,这两种循环会带来两种根本不同的后果,而这以前人们几乎没有认识到。现在以两种循环的资料来揭示两种循环的后果,从而阐明控制人口的重要性,不失为一种新颖的资料。所以,所谓新颖,不仅仅对资料产生的时间有所要求,不能太陈旧,更重要的是要从普遍常见的资料中发掘别人尚未利用的东西。别人未发现的资料,被你发现了,这样的材料就十分珍贵。

还有一种情况,就是对旧有材料的不同理解。如研究北宋末年方腊起义的口号,都很重视"是法平等无有高下"一句记载,多数人断句为"是法平等,无有高下",认为这次起义反映了农民要求"平等"的思想;但有人给出不同的标点:"是法平等无,有高下",这就得出了相反的看法;还有人提出"是法"并不是指的方腊起义部众大多信奉的摩尼教的教义,而是指的佛教,是一句批评佛教教义中"并无提倡平等"的意思,等等。

另外,特别注意收集和使用第一手资料。如顾颉刚曾批评引用二手资料的学生:一次习作,学生引用《资治通鉴》。顾颉刚训导学生说:"引用古书资料,要用原始书,《资治通鉴》是二手货,不足取信于人。"

材料是科研的基础,毕业论文的写作过程也就是史料的运动过程:搜集资料,凡是与课题有关的资料都应尽量搜集齐全;整理资料,使散乱的资料条理化,具有可用性;调查材料,除了查阅资料搜集文献材料外,有时还要进行调查。通过观察、实验,我们可以取得重要的数据和材料,经过分析、综合,使感性认识上升到理性认识,从而检验和发展科学理论;思维创造,这是研究中的最富有创造性的阶段。它是由一系列既相互区别又密切联系着的方法所组成的,其中主要有:归纳和演绎,分析和综合,从具体到抽象,再从抽象到高级的理性认识。这种科学的逻辑思维方法就是辩证逻辑。

(三) 资料分类方法

对收集来的资料不要随手一放,置之不理,要认真阅读,仔细加以分类,进行研究。主要的分类方法有以下两种:

1. 主题分类法

按照一定的观点把资料编成组,这"一定的观点",可以是综合而成的观点,也可以是自己拟定的观点。

例如,为研究培育建筑劳动力市场的前提条件,作者拟定了自己的四个观点:一是市场经济体制的确定为建筑劳动力市场的产生创造了客观环境;二是建筑产品市场的形成对建筑劳动力市场的培育提出了现实的要求;三是城乡体制改革的深化为劳动力市场的形成提供了可靠的保证;四是建筑劳动力市场的建立是建筑行业用工特殊性的内在要求,并按这四个观点对资料加以分类,这样可以加深对资料的认识,进一步使认识条理化、系统化。

2. 项目分类法

即按照一定的属性,把收集的资料分项归类。辽宁大学王连山老师的项目分类方法可供我们借鉴:

理论类项目:经典作家、名人言论;概念;科学的定义、定理、公式、法规;一般公理、常识、成语、谚语、密句、名言;资料作者本人的观点。

事实类项目:个别事例,包括资料作者所引用的古今中外的事实、人物活动、言论、诗词等;各种统计数字、图表。

随想类项目:本人随时记下的感想;观察所得;调查所得;零星的文字记录。

李景隆主编的《应用写作》把消化资料、分类资料、组织资料、排比资料的一系列创造性思维过程称为"创造工艺",并介绍了对写作论文很有参考价值的"创造工艺"方法——KJ法。具体方法是:先准备下列必要的用品:铅笔、钢笔;红、蓝等色铅笔;曲别针;橡皮;卡片;图解用的对开大白纸。此外,还必须有能摊开卡片的场所,如大的桌子,或者是床。

这种方法,大致可以划分为以下四个步骤:

第一,写卡片。

第二,对卡片进行分类、编成卡片群。

第三,排列卡片群,以图解来安排文章的结构。

第四,文章化。

这种方法进行的过程是:

第一,搜集材料。

第二,把搜集的材料(包括经过作者发散思维想出来的材料,文献资料,以及从调查、观察、实验中得到的材料)制成卡片。每张卡片写一项,这样就便于材料的分类、综合、比较、追加和剔除。每张卡片都要加上简明扼要、能一目了然的标题。若将这些卡片加上序码则更为方便。

第三,把这些卡片像扑克牌那样摆到桌子或床上。

第四,边读、边思考,把内容相关的卡片调到一起。这时要注意,常常会思考出新的问题来,应该立刻写成卡片放到里边去。

第五,这样便会得到若干个卡片群。对这些卡片群要依次细读,琢磨为什么会把它们放到一起,说明了一个什么问题。把思考的结果简要概括地写出一张卡片,放在每群卡片的最上边。为了表明各群卡片内容是不相同的,要用不同颜色的铅笔分别标出符号。然后,把每个卡片群用曲别针别好。

第六,上面编成的是小的卡片群,下一步要编中的卡片群。编中的卡片群与上述编小的卡片群的方法一样,也要写出一张新的卡片,概括出这一群卡片的要点,放在最上边。也要用颜色铅笔标出共同的符号,以与其他卡片群相区别。

第七,以相同的方法,对中卡片群进行编组,最后编出大卡片群。

第八,逐步地将小卡片、中卡片、大卡片集团化。在这个卡片群的编制过程中,要注意:卡片群想做得好,就不能把另一群中的任何一张卡片随意抽出来插入到这一群里。每个卡片群无论大小,都是紧紧围绕着一个中心、一个观点组成的。还要注意:编卡片群,必须这么由小到大来编。有些人卡片分类往往先做大的划分,把大类分出之后再分小类。这样由大到小的分类方法是从头脑中已经形成的固定分类标准出发的,这样循着旧的观点分类,就不可能产生创见,故而不可取。卡片群只有从原始材料出发,不抱任何成见,不带任何条框,由小到大地编制才可能产生出新意。

第九,开始排列大卡片群,以图解的形式来安排文章的结构。先把每个大卡片群中的第一张"观点"卡片抽出来摆在桌子上进行空间排列,看这些大的"观点"卡片之间有何意义上的联系,怎样排列能富有逻辑效果,能更鲜明、有力地表达出论文论述的主题。考虑好后,画到大白纸上。

第十,再这样排列中、小集团的卡片群。卡片的分类是由小的到大的,是由编出小的卡片群开始,然后再汇集编成中的到大的卡片群。而以图解来安排文章的结构,与此刚好相反,要先从大的卡片群开始,也就是先把文章结构上的几个大的部分先安排出来。然后再考虑每个大的部分中几个观点的安排,这就是中卡片群的排列。最后是小的卡片群的排列,把一张张卡片排列好,这样就有条理地集中说明了一个个小的观点。这些都要画在大白纸上,小的卡片群可以只写出观点,一张张所使用的材料卡片,可以用序码标明先后次序,在白纸的图解上加索引说明。

第十一,这些工作完成之后,要按图口述一遍,如果通顺、流畅,言之成理,表达得清楚,那就是好的图解。如果说得别扭,意思不清或者缺乏逻辑效果,那还需要进一步调整、修改。

第十二,有了满意的图解,就可以按图解的顺序开始写文章了。

以上就是"KJ 法"的主要内容。我们在毕业论文写作的过程中不妨可以尝试实践,一定会有惊喜,会有意想不到的收获。

四、收集资料的方法

收集资料对文章写作至关重要,体现做学问的功力,掌握好方法可以收到事半功倍的效果,否则,即事倍功半。

(一) 日积月累法

这是最基本的方法,即平时通过大量阅读,做卡片,逐渐积累资料。如笔者在查阅史料的过程中,只要看到有关宋代"女使""赘婿""接脚夫"的资料,就将这些资料抄成卡片。少量的卡片确实看不出什么问题,也写不出论文来,但积累多了,经过综合研究分析,最终写成《宋代"女使"简论》[①]和《宋代的入舍婿

---

① 1994 年第 5 期。

和接脚夫》①两篇论文,分别发表在《河北学刊》和《哲学社会科学新论》上。所以,平时一定要多积累,这是最根本的办法。

(二)顺藤摸瓜法

有时候某部书上有关于这一问题的资料,我们并不知道,这时可以通过阅读类似专题文章,看看别人在研究类似问题时引用了哪些书籍中的史料,这样可以受到启发,再去查找这些书。

(三)请教师友法

通过请教老师、朋友,尤其是学术界的朋友来获得一些资料信息。

(四)实地走访法

这也是很重要的搜集资料的方法。古人在这方面给我们留下了丰富、宝贵的经验。司马迁写《史记》就实地走访了很多地方:他曾跨江淮,直抵会稽(今浙江绍兴,春秋越王勾践建都于此),浮于沅湘(湖南的沅江、湘江),北涉汶泗(汶水、泗水),取道楚梁回到关中,历览祖国名山大川和古城重镇。后来,他又奉使"西征巴蜀以南,南略邛笮昆明",广泛体察了祖国大西南风土人情和社会状貌,他还亲自凭吊过淮阴侯韩信的墓冢,俯瞰过岷江的离堆,登上蒙恬监修的万里长城,考察了大梁的夷门,瞻仰张良的遗像,看过孔子故里儒生习礼的情景,甚至还亲自参加过堵塞黄河决口的活动。在山东滕县,他调查过孟尝君好士的传说。在江苏沛县,调查了刘邦、萧何、周勃、樊哙、灌婴等人的出身、性格和行为,等等。正是得力于这些感性材料,他才能把历史人物刻画得栩栩如生。

通过以上收集资料范围、形式、要求、方法等环节的介绍,得出以下几方面的重要认识,权作为本章的小结:

第一,记载相同内容的资料,要引用成书年代早的史籍,比如研究明史,《明实录》《明史纪事本末》《明史》《明通鉴》是基本史料,由于实录是后朝修前朝实录,成书最早,就这几部史籍而言,如果都记载了同样的史实,则应引《明实录》为好。如果《明实录》没有记载,才能引用其他史籍。

第二,成书年代相同的史籍,则应引用有可能最接近史实的书籍(当事者

---

① 红旗出版社 1996 年版。

或最了解情况的人)。

第三,引用当事者的书,还要分析作者的背景、态度,有没有可能背离事实,从而对史料的价值作出判断,审慎使用。

第四,对关于同一问题不同书籍的不同记载,一定要经过考证辨误后才能使用。

第五,对相反观点的材料更要慎重对待,经过全面分析后才能下结论。

1. 收集资料主要有哪些要求?为什么特别强调资料的"全"?举例说明。
2. 如果选择中国古代史相关论题,对不同文献的相近或相同记载如何处理?

第五章 史学论文的构思

当材料基本上收集齐全以后,就进入谋篇布局即构思阶段。什么是构思?用法国画家米勒(Millet)的话说,构思是"指把一个人的思想传递给别人的艺术",也就是预先的构想或设计。古人在画竹子之前,胸中关于竹子的形状、姿势早就设计好了,故提起笔来就能一气呵成,这就是所谓胸有成竹。写文章也是如此,构思即考虑如何通过论文把自己的研究成果表述出来,这是写好一篇论文的核心问题。构思论文的表述形式和方法,写作者要考虑好这篇论文的开头即"前言",定下它的结构即论述层次和逻辑,还要使之既展得开,又能时时围绕着论文的中心而不跑题,最后写好论文的结尾。人们常说一篇好的文章要"凤头、猪肚子,豹尾",同样也适用于历史论文。一篇好的历史论文必须开头就点破主题、吸引读者,中间内容丰富、论述深刻、具有说服力,结论鲜明有力量。

一、构思的步骤

很难想象,一个思维不清晰的作者会写出条理清晰、脉络分明的论文来。因此,重要的问题在于通过写作实践训练思维能力,思维能力提高了,构思论文的能力也将随之提高。构思分为以下几个步骤:

(一)提炼观点

首先是从每条材料或相近的若干条材料提炼出一个小论点。小论点的提炼很不容易,只有经过深入思考,才能从习以为常的资料中发现不寻常的价值。然后将若干个小论点,综合成一个分论点。由小论点到分论点,是一个由此及彼、由表及里的过程。

【例一】

明代河北大名府有一巨商,人称董太公,其子董汉儒由科举入仕途,董太公死后,其家人请李维桢写了一篇《董太公家传》,其中云:"久之,观察以高第应征,当授台省。太公私念:台省者与天子执政相可否,脱不当,责四面至矣,已而除计户部,乃大喜。既榷税吴关,太公敕以蠲苛宽商。商更辐辏,所入浮故额。"①

明代张翰云:"余……兼涉(南京)上、下关抽分,余谓征商非盛世之政,驰十之二。商贩悦趋,税额较前反增十之五。"②

上述的张翰和董汉儒两人均出身于商人家庭。有学者根据这两条相近材料得出自己的观点:商人的影响力已开始在政治上露面了,具有商人背景的士大夫,因对商人阶层的疾苦有比较亲切的体认,他们在行使职权的时候,多少产生了一些"宽商"的效果。

【例二】

明清时期,很多商人都有墓志铭,唐荆川讥讽曰:"屠沽细人,有一碗饭喫,其死后则必有一篇墓志。"

从这条材料,有学者得出这样的结论:墓志铭已不再是士大夫的专利品,整个商人阶层都要求分享士大夫这一专利了,商人们借助墓志铭理直气壮地肯定自己的社会存在和社会价值。

【例三】

材料一:"生民之业无问崇卑,无必清浊,介在义利之间耳。庠序之中,诵习之际,宁无义利之分耶?非法无言也,非法无行也,隐于干禄,藉以沽名,是诵习之际,利在其中矣。非其义也,非其是也。一介不以与人,一介不以取人,是货殖之际,义在其中矣。利义之别,亦心而已矣。"③

材料二:"文显(按名'现')尝训诸子曰:夫商与士异术而同心。故善商者处财货之场,而修高明之行,是故虽利而不汙。善士者引先王之经,而绝货利之径,是故必名而有成。故利以义制,名以清修,各守其业。"④

材料三:"以义诎利,以利诎义,离而相倾,抗为两敌。以义主利,以利佐义,合而相成,通为一脉。人睹其离,翁(倪公)睹其合。此上士之所不能訾,而下士之所不能测也。"⑤

众所周知,从孔子到王阳明,儒家义利观有两个主要特征:其一,立教对

---

① [明]李维桢:《大泌山房集》卷70《董太公家传》。
② [明]张翰:《松窗梦语》卷1。
③ [明]韩邦奇:《苑洛集》卷7《国子生西河赵子墓表》。
④ [明]李梦阳:《空同集》卷46《明故王文显墓志铭》。
⑤ [明]顾宪成:《泾皋藏稿》卷17《明故处士景南倪公墓志铭》。

象。义利观是针对士以上的社会群体而立说的,至于孟子所说"鸡鸣而起,孳孳为利"包括商人在内的一般人并不是儒家义利观的立教对象;其二,义与利相对立。人或者选择"义",或者选择"利",而不能"义利双行",所以这两者之间的关系大致与"理"与"欲""公"与"私"相同,不能相容。

这三条材料都很平常,但有学者却看到了它的不同寻常及其所反映的时代变化:16世纪以后,义利观发生了微妙的变化。第一条材料说明义利之论不是士的专利,对于商人也同样适用,他们也是义利观立教的对象,商人于"货殖之际",也照样"义在其中",承认"孳孳为利"的商人也同样可以合乎"义",这显然是对传统义利观念的新诠释。而第二条材料的"利以义制""商与士异术而同心""虽利而不汙",士商、义利并不对立,反映了对传统义利观的突破。第三条材料更是直截了当地指出了传统义利观和明代新义利观之间的区别:前者是"义利离",后者是"义利合"。

对同样的一条或若干条相近材料,能不能认识到它的重要价值,这取决于史识的有无和高低。

(二)升华主题

前一步是将若干个小论点综合成一个个分论点,这一步就是将若干个分论点综合成一个总论点即主题。主题是这篇文章所要表达的中心思想。例如:《论徽商与封建政治势力的关系》一文主要就是揭示徽商与封建政治势力之间的关系,从分论点中综合出一个总论点即逢迎官员、依附官府、仰攀皇帝。论文《"左儒右贾"辨》的主题是阐明徽商"右贾不左儒""右贾更右儒"。

从分论点综合成总论点,需要经过冥思苦想,不是轻而易举的。主题的升华其实就是认识的深化,不是一蹴而就的,要有一个过程。王国维《人间词话》中的"三个境界"说能够很确切地比喻升华主题这个艰苦的思想活动过程:"昨夜西风凋碧树,独上高楼,望尽天涯路"乃第一境界,比喻读书之苦,登高望远,广泛搜寻与积累材料;"衣带渐宽终不悔,为伊消得人憔悴"乃第二境界,初次接触这些材料,感到杂乱无章,心中茫然无头绪,开始潜心研究,如同害了相思病,寝食不安,形容憔悴;"众里寻它千百度,蓦然回首,那人却在灯火阑珊处"乃第三境界,随着材料的不断积累,认识的不断深化,渐趋明朗,一个明确的认识终于形成了,朝思暮想的对象找到了。

(三)谋划结构

小论点、分论点、总论点都相继明确以后,就进入十分重要的谋划结构阶段。

谋划结构就是通过什么样的形式将多个分论点组织起来，集中体现总论点。一篇论文之所以好，除了论点新颖，材料充实外，从结构上说就是思路清楚，布局合理，结构紧凑。

所谓思路清楚，是指作者思想的头绪和脉络要清楚，就像高大的树木，主干（中心思想）突出，枝干（分论点）分明，不能像灌木丛，横七竖八，分不清主干、枝干，看上去一窝糟，理不出头绪来，不知道作者通篇文章要表达什么。

所谓布局合理，是指各个部分所要论述的内容安排得很合理，既不交叉，也不重复。就像一座花园，哪里垒假山，哪里挖水池，哪里盖亭阁，哪里辟花圃，都独具匠心。

所谓结构紧凑，是指文章的各个部分内在联系非常紧密，毫不松散。结构和思路相为表里，文章结构是作者思路的外在表现。

谋划结构，就是考虑这篇文章要阐述某个中心思想，要分成几个部分，每个部分的材料怎么安排。要以问题的内部联系为基础，服从表现主题的需要。

文章的结构没有完全固定的格式，论文之间的逻辑联系，亦即论文所反映的事物和事理的整体及其各部分之间的联系方式，基本上表现为纵向逻辑联系和横向逻辑联系，而两者又总是交织在一起，表现在论文的逻辑结构上就是横式结构（并列式）、纵式结构（递进式）、合式结构（纵横结合式）三种主要形式，前两者为最为常用的构思形式。

1. 横式结构

横式结构又称平行结构或横向结构，是指正文中各个部分横向展开论述，彼此之间没有主从关系，都是从不同的角度，不同的侧面展开论述，各个部分齐头并进，多管齐下。这是各个部分在顺序上无先后次序、彼此之间影响不大的情况下采用的一种层次安排形式。在并列式结构中，每个部分都是一个小的论点，是从不同的角度、不同的侧面围绕中心论点展开论证，各个论点之间逻辑上是并列关系，对重点内容可以详加论述。这种结构行文条理清晰，能够使读者对所要论述的事物一目了然，并且对文章的重点能够较好地把握。

【例一】

《从"三言"看明代的奴仆》[①]一文的结构：

明代奴仆的社会地位和阶级属性；

---

① 南炳文：《从"三言"看明代的奴仆》，《历史研究》1985年第6期。

明代奴仆的反抗斗争；

明代奴仆问题的复杂性；

和明代奴仆有关的几个问题。

【例二】

《宋代妇女的法律地位论略》①一文的结构：

谋杀丈夫，从轻处罪；

妇女犯流，免于配役；

夫犯重罪，妻免缘坐；

男子编配，妻子听便。

【例三】

《加快我国丝绸工业技术进步初探》一文的结构：

第一，企业技术进步意识不强；

第二，缺乏加快企业技术进步、灵活、高效的管理体制；

第三，技改资金筹措难，企业自我改造、自我发展能力差；

第四，尚未建立技术进步的激励机制。

上述论文结构都属于横向并列的关系，其特点是：各部分之间没有隶属关系，可以随意调整其先后顺序，不会导致逻辑混乱。

2. 纵式结构

纵式结构又称递进式结构或纵向结构，在这种结构中，对需要论证的问题，采取一层深于一层的形式安排结构，使得各个部分之间呈现出层层递进、步步深入的关系，中心论点因此得到更加深刻透彻的论证。在这种结构的文章中，各部分次序不可随意颠倒，否则就会使文章显得逻辑混乱，层次不清。这种论证方式的特点犹如顺藤摸瓜、层层深入，认识由浅及深，各个部分之间紧密衔接，共同为所要论述的中心论点服务。

【例一】

《大革命时期领导权问题的再分析》②一文，文章的结构分为三部分：

认识领导权有一个过程，分析这个过程不能离开实践；

实现领导权有一个过程，分析这个过程不能离开条件；

保持领导权有一个过程，分析这个过程不能离开力量的较量。

---

① 宋冬霞：《宋代妇女的法律地位论略》，《青海师大学报》1997年第3期。

② 苏东海：《大革命时期领导权问题的再分析》，《团结报》1990年3月7日。

作者把大革命时期的领导权问题分为对领导权问题的认识,如何实现领导权和如何保证领导权三个方面。同时把这三个方面分别同革命"实践",实现领导权的"条件",资产阶级和无产阶级双方的"较量"联系起来考察,作者思考问题的角度确实很新,而且这三个方面安排的顺序:认识领导权、实现领导权、保持领导权三个步骤,恰好反映了大革命时期领导权问题发展的客观历史过程——对这个"权"的问题,首先是"认识",其次是"实现",再次是"保持",这显然是一个递进式的结构。

【例二】

《论唐太宗》①一文,全文结构分为三个部分:

唐太宗的特点;

产生李世民这一历史人物的条件;

唐太宗的局限性。

这篇文章角度很新,它不是全面评价唐太宗的历史功绩,因为这方面已经人所共知了,而是换一个角度,从分析唐太宗的特点入手,探讨产生李世民这一历史人物的客观条件、主观条件,再分析他的局限性,任何历史人物都有阶级局限和历史局限,就唐太宗而言,这种阶级局限和历史局限表现在什么地方呢?本文做了回答,这种结构也属于递进式结构,先论其特点,再回答这种特点何以产生,再进一步回答唐太宗的局限性,一层递进一层,一层深入一层。

【例三】

《二十年翻两番不仅有政治保证而且有技术经济保证》②一文,为论证中心论点,提出了如下四个从属论点:

第一,根据我国建国 30 年的历史经验来看,工农业总产值每年增长 7.2%的速度并不算高;

第二,实现工农业总产值翻两番的最直接的技术经济保证,就在于我们已经找到了迅速发展农业和工业的正确道路;

第三,实现工农业年总产值翻两番,最重要的还是靠工业自身的迅速发展。因为工业是大头,其总产值一般占工农业总产值的 70% 左右,而当前发展工业生产的最重要最现实的措施,是有重点有步骤地进行技术改造,充分发挥现有企业的作用;

第四,为了加速企业的技术改造,就要提高折旧率,并且原则上还必须把

---

① 胡如雷:《论唐太宗》,《中国史研究》1982 年第 2 期。
② 孙冶方:《二十年翻两番不仅有政治保证而且有技术经济保证》,《人民日报》1982 年 11 月 19 日。

折旧基金归还企业掌握和使用。

文章通过上述四个从属论点,具体地、贴切地论证了党的十二大提出的奋斗目标,不仅有政治保证,而且有技术经济保证,是完全能够实现的。上例各论点之间呈逐步深入的递进关系:提出二十年翻两番不仅有政治保证而且有技术经济保证这一中心论点,接着提出这一技术经济保证是我们已经找到了迅速发展农业和工业的正确道路这一上位论点,紧接着又提出了走这条道路最重要的是有重点有步骤地进行技术改造,充分发挥现有企业的作用这一下位论点,而要加速企业的技术改造,文章提出要提高折旧率,并将折旧基金留归企业使用。以上论点论据环环紧扣,步步深入,为中心论点的确立,建立了坚实可靠的基础。

递进式结构的特点是,各部分之间是递进关系,其顺序不能随意变动,否则会导致逻辑混乱。

(四)确定提纲

写作提纲实际上是确定论文的结构和论述层次,是提高构思能力的重要途径之一。结构只是大的框架,当结构谋划好以后,还要进一步细化,这就是确定详细提纲。大凡初写文章的同学大多不愿拟写提纲,经常是确定题目以后,提笔就写,这样往往不是下笔千言,离题万里,就是逻辑混乱,裹杂不清。除非是文章高手,他可能不拟提纲,一气呵成,但他提纲虽然没有写在稿纸上,却写在他的脑海里,我们没有这种本领,还是要老老实实地拟制提纲。在正式撰写学术论文之前,先拟定写作提纲,是被长期实践证明了的有效办法。据报道,世界上先拟写提纲,然后按提纲进行写作的科技人员,约占总数的95%。

1. 编写提纲的意义

在毕业论文的写作过程中,指导教师一般都要求学生编写提纲。从写作程序上讲,提纲是作者动笔行文前的必要准备;从提纲本身来讲,它是作者构思谋篇的具体体现。所谓构思谋篇,就是组织设计毕业论文的篇章结构。因为毕业论文的写作不像写一首短诗、一篇散文、一段札记那样随感而发,信手拈来,用一则材料、几段短语就表达一种思想、一种感情,而是要用大量的资料,较多的层次,严密的推理来展开论述,从各个方面来阐述理由、论证自己的观点。因此,构思谋篇就显得非常重要,于是必须编制写作提纲,以便有条理地安排材料、展开论证。有了一个好的提纲,就能纲举目张,提纲挈领,掌握全篇论文的基本骨架,使论文的结构完整统一;就能周密地谋篇布局,使总论点和分论点有机地统一起来；就能按照各部分的要求安排、组织、利用资料，决定取舍，最大限度地发挥资料的作用。

有些学生不大愿意写提纲，喜欢直接写初稿。如果不是在头脑中已把全文的提纲想好，如果心中对于全文的论点、论据和论证步骤还是混乱的，那么编写一个提纲是十分必要的，是大有好处、大有意义的。具体言之，其好处至少有如下三个方面：

（1）体现作者初步设想或者总体思路。提纲是帮助作者考虑文章全篇逻辑构成的写作设计图。其优点在于，使作者易于掌握论文结构的全局，层次清楚，重点明确，简明扼要，一目了然。提纲可以帮助作者自己勾画出全篇论文的框架或轮廓，体现自己经过对材料的消化与进行逻辑思维后形成的初步设想，可计划先写什么后写什么，前后如何表述一致，重点又放在哪里，哪里需要进行一些注释或解说。按此计划写作，可使论文层次清晰，前后照应，内容连贯，表述严密。

（2）便于写作，有利于论文前后呼应。提纲相当于建设蓝图，盖一幢高层建筑，有了设计图，盖起来就方便了，哪个地方应是楼梯，哪个地方是办公室，哪个地方是会议室，哪个地方是卫生间，图纸上一清二楚，按图纸施工即可。同样有了提纲，全文分几个部分，清清楚楚，决不会把第三部分的内容写到第二部分，在每个部分中也不会把第四层次写到第一层次，第二层次写到第三层次。同时，我们还要看到，一篇论文八九千字乃至一二万字，绝不是一天两天就能完成，而要延续很多天才能写好。当每次搁笔下次再提笔撰写时，如果没有提纲，思路往往会中断，而有了提纲的提示，可以帮助作者在重新写作时立即恢复原来的思路，便于继续写作。

提纲可以帮助我们树立全局观念，从整体出发，检验每一个部分所占的地位、所起的作用，相互间是否有逻辑联系，每部分所占的篇幅与其在全局中的地位和作用是否相称，各个部分之间的比例是否恰当和谐，每一字、每一句、每一段、每一部分是否都为全局所需要，是否都丝丝入扣、相互配合，成为整体的有机组成部分，都能为展开论题服务。经过这样的考虑和编写，论文的结构才能统一而完整，很好地为表达论文的内容服务。

（3）避免失误，尤其是可以避免重大失误，有利于及时调整，避免大返工。

我们知道，要想审查一篇几千字甚至几万字的文章，指出它的不足，比较费时，也是比较困难的，而审查几百字的提纲就比较容易了。我们对某个问题的认识，总是经过一个由粗疏到精细，由朦胧到明朗的过程，非一次就能成功的。所以我们的提纲拟出后，还要修改、完善，而修改提纲就比较方便，我们可以认真地推敲，反复地修改，重大的不足可以很快发现并加以弥补。

在毕业论文的研究和写作过程中，作者的思维活动是非常活跃的，一些不起眼的材料，从表面看来不相关的材料，经过熟悉和深思，常常会产生新的联想或新的观点，如果不认真编写提纲，动起笔来就会被这种现象所干扰，不得不停下笔来重新思考，甚至推翻已写的内容从头来，这样不仅增加了工作量，也会极大地影响写作情绪。毕业论文提纲犹如工程的蓝图，只要动笔前把提纲考虑得周到严谨，多花点时间和力气，搞得扎实一些，就能形成一个层次清楚、逻辑严密的论文框架，从而避免许多不必要的返工。另外，初写论文的学生，如果把自己的思路先写成提纲，再去请教他人，人家一看就能明白，较易提出一些修改补充的意见，便于自己得到有效的指导。

由此可见，拟定写作提纲极其重要。当提纲写成后，再从总体上来看，如同是转动万花筒，只要稍稍转动一个角度，便会出现新的图案。毫无疑问，有提纲要比无提纲写好论文后再作调整轻松得多。

所以一定要重视提纲，养成写文章之前，先拟提纲的好习惯。提纲中用以提示写作的句子，有时即可用来做论文段落的标题。通过写作提纲的拟制，可以确定论文的结构，使论文全篇形成一个统一完整的理论体系。

2. 编写提纲的原则

如何落笔拟定毕业论文提纲？首先要把握拟定毕业论文提纲的原则，为此要掌握好如下三个方面：

（1）要有全局观念，从整体出发去检查每一部分在论文中所占的地位和作用。看看各部分的比例分配是否恰当，篇幅的长短是否合适，每一部分能否为中心论点服务。比如有一篇论述企业深化改革与稳定是辩证统一关系的论文，作者以浙江某企业为例，断言只要干部在改革中以身作则，与职工同甘共苦，可以取得多数职工的理解。这里只讲了企业如何改革才能稳定，而没有论述通过深化改革，转换企业经营机制，提高企业经济效益，职工收入增加，最终达到社会的稳定。从全局观念分析，忽略了非常重要的一个层面，欠缺是显而易见的。

（2）从中心论点出发，决定材料的取舍，把与主题无关或关系不大的材料毫不吝惜地舍弃，尽管这些材料是煞费苦心费了不少劳动搜集来的。舍得舍得，有所舍，才能有所得。一块毛料寸寸宝贵，舍不得剪裁，也就缝制不成合身的衣服。为了成衣，必须剪裁其中不需要的部分。所以，我们必须时刻牢记材料只是为形成自己论文的论点服务的，离开这一点，无论是多少好材料都必须舍得抛弃。

（3）要考虑各部分之间的逻辑关系。初学撰写论文的人常犯的毛病是：论点和论据没有必然联系，有的只限于反复阐述论点，而缺乏切实有力的论据；有的材料一大堆，论点不明确；有的各部分之间没有形成有机的逻辑关系，这样的毕业论文都是不合乎要求的，这样的毕业论文是没有说服力的。为了有说服力，必须有虚有实，有论点有例证，理论和实际相结合，论证过程有严密的逻辑性。拟提纲时要特别注意检查这一点。

3. 编写提纲的方法、步骤

（1）编写提纲的方法

① 先拟标题；

② 写出总论点；

③ 考虑全篇总的安排：从几个方面，以什么顺序来论述总论点，这是论文结构的骨架；

④ 大的项目安排妥当之后，再逐个考虑每个项目的下位论点，直到段一级，写出段的论点句即段旨；

⑤ 依次考虑各个段的安排，把准备使用的材料按顺序编码，以便写作时使用；

⑥ 全面检查，作必要的增删。

在编写毕业论文提纲时要注意：提纲写好后，还有一项很重要的工作不可疏忽，这就是提纲的推敲和修改，这种推敲和修改要把握：一是推敲题目是否恰当，是否合适；二是推敲提纲的结构。先围绕所要阐述的中心论点或者说明的主要议题，检查划分的部分、层次和段落是否可以充分说明问题，是否合乎道理；各层次、段落之间的联系是否紧密，过渡是否自然。然后再进行客观总体布局的检查，再对每一层次中的论述秩序进行"微调"。

（2）编写提纲的步骤

① 确定论文提要，再加进材料，形成全文的概要。论文提要是内容提纲的雏形。一般书籍都有反映全书内容的提要，以便读者一翻提要就知道书的大概内容。我们写论文也需要先写出论文提要，在执笔前把论文的题目和大标题、小标题列出来，再把选用的材料插进去，就形成论文内容的基本规模了。

② 篇幅分配。写好毕业论文的提要之后，要根据论文的内容考虑篇幅的长短，文章的各个部分，大体上要写多少字。以每页 300 字的稿纸为例：如计划写 20 页的论文，考虑序论用 1 页，本论用 17 页，结论用 1—2 页。本论部分再进行分配，如本论共有四项，可以第一项 3—4 页，第二项用 4—5 页，第三项

3—4页,第四项6—7页。有这样的分配,便于资料的配备和安排,写作能更有计划。毕业论文的长短一般规定为8千字以上,既不可以太短,因为过短,问题很难讲透;也不宜过长,这是由一般本科学生的理论基础、实践经验所决定的。

4. 编写提纲的两种主要形式

(1) 标题式写法

或称简单提纲、单句式提纲,即用简要的文字写成标题,将这部分的内容概括出来。简单提纲是高度概括的,只提示论文的要点,如何展开则不涉及。或者说,将提纲用单句概括出来,一行一行排列,全文的结构、层次也就显现出来。很多人都以这种方式草拟提纲。这种提纲的优点是简明扼要,一目了然,也便于修改;缺点是文字过于简略,只有自己清楚,且时间长了,对某句所反映的内容容易忘记。这种提纲虽然简单,但由于它是经过深思熟虑构成的,所以能保证写作的顺利进行。没有这种准备,边想边写很难顺利地写下去。

(2) 句子式写法

或称详细提纲、摘要式提纲,是将论文的主要论点和展开的每一层次内容较为详细地罗列出来。或言以一个能表达完整意思的句子形式把该部分内容概括出来。这种写法具体而明确,别人看了也能明了。其优点是能了解每段的基本观点,如果在写作之前准备了详细提纲,那么,执笔时就能更顺利;缺点是比较费时费力,全文的脉络也不是非常了然。

毕业论文的提纲编写要交与指导教师阅读,所以,一般不能采用简单提纲的编写方法,而要求采用详细提纲的编写方法。下面以论文《关于培育和完善建筑劳动力市场的思考》的提纲为例,了解简单提纲与详细提纲的区别。

【例一】

《关于培育和完善建筑劳动力市场的思考》一文的单句式提纲:

一、培育建筑劳动力市场的前提条件

二、目前建筑劳动力市场的基本现状

三、培育和完善建筑劳动力市场的对策

【例二】

《关于培育和完善建筑劳动力市场的思考》一文的摘要式提纲:

一、培育建筑劳动力市场的前提条件

  (一) 市场经济体制的确立,为建筑劳动力市场的产生创造了宏观环境

  (二) 建筑产品市场的形成,对建筑劳动力市场的培育提出了现实的

要求

（三）城乡体制改革的深化，为建筑劳动力市场的形成提供了可靠的保证

（四）建筑劳动力市场的建立，是建筑行业用工特殊性的内在要求

二、目前建筑劳动力市场的基本现状

（一）供大于求的买方市场

（二）有市无场的隐形市场

（三）易进难出的畸形市场

（四）交易无序的自发市场

三、培育和完善建筑劳动力市场的对策

（一）统一思想认识，变自发交易为自觉调控

（二）加快建章立制，变无序交易为规范交易

（三）健全市场网络，变隐形交易为有形交易

（四）调整经营结构，变个别流动为队伍流动

（五）深化用工改革，变单向流动为双向流动

简单提纲和详细提纲都是论文的骨架和要点，选择哪一种，要根据作者的需要。如果考虑周到，调查详细，用简单提纲问题不是很大；但如果考虑粗疏，调查不周，则必须用详细提纲，否则，很难写出合格的毕业论文。

拟定提纲的过程，也是我们的认识逐渐明朗、逐渐深化的过程，所以提纲并非是一次成功的，要有一个修改、完善的过程。

在拟定提纲的过程中，一定会发现资料的不足，这是很正常的，必须补充收集资料。例如，王世华先生在写《略论明代的御史巡按制度》一文时，觉得应分析这一制度的特点。所谓特点，总是相对于其他朝代而言所具有的独特的东西，因此必须与其他朝代（尤其是与汉唐两个大统一朝代）相比较，那么汉唐监察制度具体内容如何，当初在收集材料时没有考虑到，这就必须补充收集这方面的资料，否则，明代御史巡按制度的特点就难以写出来，于是又花了不少时间去收集这方面的资料。

另外，作者还想到，如果能找到同时代人或明代以后不久的人从历史的角度来评价明代的御史巡按制度就更好了，于是又花了相当多的时间终于找到了王夫之和顾炎武的两段话。顾炎武在《日知录》卷9《部刺史》中盛赞"一年一代"的制度，王夫之在《读通鉴论》卷23中分析了监察官"特遣"和"专官"的利弊。两条材料十分珍贵，对作者深化对这一问题的认识很有帮助。

(五) 排比资料

详细提纲确定后，就应排比资料。将手中的资料按部分、层次排比归类，使得每一个论点都有史料支撑。排比好的资料应做上记号，以免错乱。论证同一观点的资料如果有好几条，就应进行精选，将最能说明问题的资料保留，一般的材料则加以适当处理。当这一工作完成后，即进入论文最后的实现和落实阶段——正式撰写和修改。

各人的习惯不同，撰写与修改论文的方式亦各有异。如有人喜欢反复构思好了即所谓"打好腹稿"，然后才动笔写作，一气呵成，再作修改，最后定稿。有人喜欢构思一段即写出一段，认为光"空"构思不行，只有在写作的过程中才能够完善自己的构思，也只有落实到文字上才能发现自己原先构思的对错。有的人还必须写一段或一个小子目就行修改，待这段或这个子目修改满意后再往下写，以为这样思路易顺而心中踏实。也有人非常重视一篇论文的开头，有时要写六七次才满意，然后下边就觉得很顺笔了。还有的人重论文的间架结构，先写好开头、每个子目的各段论述以及各子目、各个段落间的衔接，再写好结尾，自己满意后，再将资料或引文"填"入即可。尽管有上述的不同，但是，可以看出他们都有一个共同的特点，即十分重视自己在写作中的思维，要求始终思路通顺、贯通。写作论文固然有文字表达问题，但是，更为重要的还是一个思维和思路的问题。认识到这一点，在写作论文的过程中，就会始终地注意自己思维和思路的理顺和锤炼，然后再去关注语言的通顺和是否有文采。

论文水平的不断提高往往不是看一个人多写了几篇论文，而是看他是否对已写成的论文反复修改，直到达到了一定的水平，如发表水平等。尤其是初学写作的人，切忌不要写了一篇即放下不管，或又去写另一篇，结果水平总是停留在原地，无法提高；相反，如果写了一篇后，锲而不舍，征求别人意见再加上自己的琢磨，反复地修改，直到确实提高，达到了一定水平，然后再去写第二篇，就一定会在论文写作上不断地进步，最后达到较为熟练、真正掌握写作技巧的程度。

二、论文的结构原则

大体而言，毕业论文的结构必须遵循以下的基本结构原则：

（一）顺理成章，依理定形

一般来说，文章采用的基本推理形式，决定着文章的内在结构形式。例如，一篇文章主要是想探讨某一事物产生的原因，反映在结构上，必然有因果关系的两个部分。或者由结果推断原因，或者由原因推断结果，缺一不可。又如，论述事物一般与个别的关系，或从个别到一般，或从一般到个别，或从个别到个别，反映在结构上，从个别到一般，总是要逐一分析个别事物的特征，然后归纳出一般事物的特性；从一般到个别，也必然一般结论在先，而后再触及个别事物的特征。如果违背了这一发展逻辑，其结构就会显得不合理。同时，在论述事物的对立统一关系时，总少不了正反、前后、表里、上下、质量等各对矛盾的两个方面的分析对比，忽略一个方面，就会产生片面性。不少论文也往往存在这一问题，比如《国有公路运输企业单车承包之我见》一文，针对社会上和企业内部对单车承包的各种否定看法，提出自己的见解，这虽然是可以的，但问题在于论文基本上完全肯定了这种承包方法，实际上这种承包方法既有其正面作用，也不可否认有它的反面影响，这已为实践所证实。片面地肯定某一方面，这种偏激的论述方式必然经受不住时间的考验。所以，理的发展，不能不遵循人类的思维规律。违反了，理就不通，文就不顺。讲同样一个道理，比如，人类是在不断进步的，社论、文学评论、经济论文的外在形式，可以是完全不同的。但在这个理论的内部结构上又是一致的。当然，我们这里讲的是基本形式，并不排斥与其他推理形式的结合与交替使用。

（二）以意为主，首尾贯一

意是文章的中心，是主脑，是统帅。要写好毕业论文，就要抓住中心。这个中心的要求应当是简单明了的，能够一言以蔽之，可以达到以简治繁的目的。抓住这样的中心，紧扣不放，一线到底，中途不可转换论题，不可停滞，不可跳跃，这样就能使中心思想的发展具有连续性。比如，论文《关于提高国有公路运输企业整体优势之我见》就紧紧围绕中心论点，论述了：

国有公路运输企业整体优势综述；
国有公路运输企业整体优势下降的现状；
国有公路运输企业整体优势下降的原因；
提高国有公路运输企业整体优势的途径。

可谓"以意为主，首尾贯一"，点滴不漏。

作为一篇论文，从思想的发展来说，要一层一层地讲，讲透了一层，再讲另一层意思。开头提出的问题，当中要有分析，结尾要有回答，做到前有呼，后有应。比如论文《对发展和完善建筑市场的有关问题思考》，围绕发展和完善建筑市场这一中心论点,首先从理论和实践双重角度论述了发展和完善建筑市场的地位和作用;其次从深化体制改革和诸多因素共同作用的分析中探索了发展和完善建筑市场的条件和基础,从条件和基础的差距出发再探究发展和完善建筑市场的方向和过程,提出了建筑市场的长远发展方向和发展全过程;最后,对近期建筑市场的发展提出操作性很强的措施和对策。就这样层层剖析,前后呼应,成为一篇优秀论文。当然,作为一篇优秀论文,还须做到每层之间瞻前顾后,后面讲的与前面不要有矛盾,留在后面说的,也不要在前面一气说光。中心思想能够贯通始终,才能真正做到"文以传意",文章自然增色。

(三) 层第有序,条理清晰

文章要有层次,有条理,这和材料的安排处理关系极大。材料之间的相互关系不同,处理方式也不同,不能错乱,否则,层次就不清楚,自然也不会有条理。在前述文章结构部分已经谈及论文格式主要有平行关系和递进关系两种。

平行关系是指文章各部分材料之间,没有主从关系,在顺序上谁先谁后都可以,影响不大。例如介绍利润率,有成本利润率、工资利润率、资金利润率等;介绍价格,有消费品价格、生产资料价格、服务价格、土地价格、住宅价格等,不论先介绍哪一个都可以。

递进关系指材料之间是一种一层比一层深入的关系,材料之间的次序不可随意颠倒,颠倒了就会造成逻辑混乱。同样以上面的价格为例,如果要结合经济体制改革的进程来谈论它,那就应该先讲消费品价格,因为我们最早承认消费品是商品,其次应介绍生产资料价格,在党的十二届三中全会之后,我们抛弃了传统的"生产资料不是商品"的观点;接下去才介绍服务价格、土地价格、住宅价格等,这一类要素价格一直到1992年之后,我们才认识到必须主要由市场形成,以上这种表述,表明了我们认识的不断深化。递进关系处理得好,就能达到步步深入的效果,道理犹如剥茧抽丝,愈转愈隽。

(四) 接榫细密,转折自然

古人作文讲究起、承、转、合。起、合是总起、总结问题,承、转是接榫、转折问题。要使文章上上下下浑然一体,没有断裂痕迹,使文气贯通下来,说理有节奏,接榫和转折是不能不注意的问题。

接榫是一部分内容与另一部分内容接头的地方。像木制家具的"榫头",凹凸之处,不能大,不能小,要正好合适,做出来的东西才能精美。如接不紧,既难看,又不适合,写毕业论文也是如此。一篇论文很好,但一个接榫出毛病,就会铸成错误。因为它在文章中起着承上启下的作用,是上下联系的纽带,稍不留意,就会造成意的脱节。要解决这个问题,就要交代明白联系的媒介与中心环节,通常是通过过渡来实现的。

论文中更多的是用词语如"所以""因此""显然"等作过渡。也有用段落和句子做过渡语的,前者如:一篇论述农村股份合作制的论文,在介绍了五种不同的开发农村股份合作制形式之后写道:"上述这些形式,由于生产要素不同,入股合作的方法也不同,因此,收益分配的比例也有差异。"用这段过渡,接下去就很自然地转到对这几种不同股份合作制形式的收益分配的剖析上。后者如:有一学员对邓小平的农业思想指引着××市农业生产不断发展进行论述,先叙述了邓小平同志一系列"农业是根本"的思想,接着要论述××市农业生产在这一思想指引下不断发展的问题,中间就以"在邓小平同志'农业是根本'的思想指引下,××市对农业重要性认识不断深化"作为过渡,显得很平稳、自然。

为使过渡得法、得体,必须弄清楚上下两段之间的关系,然后再决定用适当的过渡形式将它们联结起来。有些地方需要议论发挥,有的地方要有比较复杂的判断与推理,不能省略它们。否则,文章就会急转直下,过渡不顺畅,不自然,使人感到突兀、不适。

转折,指两层意思的转换。在论文中也同样有段落作转折,有句子作转折,也有词语作转折。以句子做转折者如:有论文对传统劳动用工制度进行剖析,先实事求是地论述了我国国有企业实行的固定工制度曾经起过作用,接着要论述这种固定工制度的实行越来越不适应社会经济的发展,带来了一系列问题,中间就以"但是由于长期来片面地把人人就业当作社会主义制度的优越性看待,由此带来了两大问题"。这句过渡语,使上下文之间显得转折得体、自然。此外,我国传统的转折手法还有提法(明转)、驻法(暗转),有急转、缓转,有在前头富开一笔勾魂动魄的后转,也有篇末暗送秋波的前转。具体选取何种方法转折,要视论文的具体情况而定。

(五)瞻前顾后,调整结构

结构是文章内容的组织安排形式,论文的结构应是顺畅有序,层次清晰,前呼后应,合乎逻辑。结构一旦确定下来,还须进行一番修改工作,以防止事后的返工。结构的修改主要从三方面检查入手:其一,看各层次是否明白清晰,有无重复或相互矛盾的地方,有无缺少或多余之处,意思上是否连贯通畅,是否达到了各分论点的论证要求;其二,看各层次之间的过渡与照应是否吻合,起承转合是否自然得体,各段落之间的衔接是否紧密;其三,看序论、本论与结论是否协调一致,是否有前已呼而后不应,前面提出问题而后面没有做回答的情况。

三、论文的构段

安排好毕业论文的层次结构,还应注意构段,毕业论文在构段上有其特殊的要求。它要求有统一、完整的规范段;充分运用段中主句;适当的容量。

(一) 统一、完整的规范段

段,有规范段与不规范段。规范段是指统一、完整的单义段。所谓统一,是一段集中表达一个意思。所谓完整,是一段表达的意思要完整。这样的单义段叫做规范段。不规范段是指兼义段和不完整段。所谓兼义段,是一段表达两个以上意思的段。所谓不完整段,是一段没有把一个意思表达完整,而在实际表达中是应该不再分段,把它集中在一个段里写完的段。

在一般文章中,规范段与不规范段是可以同时运用的。特别是文艺写作,随着事件(或情节)的发展,人物、景物的描写,人物对话的表现,分段比较自由、灵活,不规范段的运用是大量的。

毕业论文的构段则要求统一、完整的规范段。这是因为毕业论文是逻辑的构成。从整篇文章来看,毕业论文是由一个基本论点(中心论点)和若干个论据(其实是若干个上位论点与它们的下位论点或材料)和论证组成。从文章的局部来看,它也是由一个论点,若干个论据和作者的论证构成的。这样看来,毕业论文的一个小的构段单位,除了少数单一的论点段、论据段之外,一般的段应该是有着论点、论据、论证的段落。也就是说它应该是一个统一、完整的整体。即使单一的论点段、论据段,也是一个不可分割的统一、完整的独立单位。所以,毕业论文的构段,由于这种逻辑构成上的要求,应该保持其固有的逻辑上的完整性,把表达一个意思的论点、论据、论证组织到一起,构成一个统一、完整的规范段。

这样构段的好处是:对作者来说,一个意思写成一段,这就要求他在动笔前必须对表达的意思想得清清楚楚,不能含糊,不能模棱两可,这是有助于明确观点的。同时,由于一段是一个完整的逻辑构成,势必要求他严谨地考虑每个段组织安排的完整。对于读者来说,一段表达一个完整意思的规范段是便于阅读、理解的。大家都有过这种体验,阅读没有明确中心,忽而说东忽而说西的兼意段,是最感头痛的。

许多毕业论文都是用规范段来写作的。甚至有些学术论文，在严格的规范段前加上序码，以表示段与段之间的逻辑联系。这种严谨的治学态度与科学的写作方法是值得大家在毕业论文撰写过程中学习、借鉴的。

（二）充分运用段中主句显示段旨

段的中心意思是段旨，也叫段的主题，段的论点。全段是围绕着这个段旨展开的，又是为阐述这个段旨服务的。这个段旨用一句话概括出来，叫段中主句，或段中主题句。

毕业论文中的段是逻辑构成，最适宜于以段中主句来显示段旨。这无论对于作者，对于读者都是很有好处的。

段中主句对于作者的作用。作者先把一段的主句定下来，这是一段的主题、中心。作者把握住它，以它为中心铺陈、展开，不致把话说到别处去。段中主句能起到统领全段的作用。有了段中主句，可以避免段的不统一和段中的观点发生变化。

段中主句对于读者的作用。它能鲜明地告诉读者，这一段的中心写的是什么，它能使读者不致误会作者的用意，所以，善于读文章的人是很会寻找段中主句，把握一段要点的。

段中主句在段中的位置：

1. 通常在段首

就是处在段的开头第一句。段首是个醒目的位置，它特别能吸引读者的目光，把段中主句放在段的开头处，以领句地位出现，引领下文，这不但对于作者来说，限定了段旨，便于围绕这个中心铺陈展开下文；同时，也便于读者，在一段的开头处就能了解全段的中心，能比较容易地理解全段的内容。

2. 有时在段尾

就是处于段的最后一句。段尾，虽然不如段首醒目，但在全段中也是一个比较重要的位置，也是一个比较容易引起人们关注的地方。特别是，先列举一些材料，而后概括、归纳或引出结论，把段中主句安排在一段的末尾是顺理成章、水到渠成的写法。

3. 有时在段中

当段中主句既是上半段的结论，又是下半段的前提时，只好放在段的中间。这种模式使人很难一眼就看得出段中主句，故而比较少见，一般基于叙述条理的必要，万不得已时才做如此安排。

4. 兼置于段首、段尾

长段,为了使读者对段中主句增强印象,常常把它放在段的开头领句位置,又让它在段的末尾,以结句再出现一次。这么前后照应,对段旨反复申说以加深读者的印象。

段中主句的写法,要求概括性。要以短短的句子,十分鲜明地把段旨揭示出来。那么,一个句子很难概括出来怎么办?也可以先以一句话概括出全段的要点,接着再写一个补充句,把全段要展开论说的意思说完全。

(三) 适当的容量

段,究竟应该有多长,是没有固定标准的。一者因为,段的长短不能从形式上规定,而应该由每个段所表达的内容来决定,内容多则长,内容少则短。二者因为,段的划分有伸缩性,是可长可短的。因为全体中一个部分内容上的集中是相对的。有大的集中,又有小的集中,这会因作者而不同。有人把可以分开的几个小段并到一起,写成了一个大段;有人把一个可以合拢的大段又劈开写成了几个小段,这是正常现象。

但是,毕业论文的分段,一般说来应该长一点。这是由它的内容的充实性所决定的。在一个小段里,很难对某一论点展开周密、细致的论述。如果用几个小段来论述一个观点,分段过于零碎,有时又会把论点、论据和严密的逻辑推理给割裂开,妨害内容的表达,这样的效果肯定是不理想的。所以,还是并列一起写成一个大一点的段为好。当然,毕业论文也不是一律都得写成长段,特别是写很长的段,不便于理解。所以,我们建议,段的容量要适当。

四、论文的逻辑

一篇毕业论文,如同其他文章一样,应当是内容和形式的统一。内容是指主题和材料;形式是指逻辑结构和语言表达。

(一) 论文与逻辑

论文的内容固然起决定作用,但论文的形式也不是消极、被动的,也有重要作用。我们知道,人们要进行思维,就要使用概念、判断、推理等思维形式。这些思维形式既是人类用来反映客观现实的手段,又是构筑论文的基本材料。只有掌握了这些思维形式及其有关的逻辑要求,才能写出具有逻辑特色的毕业论文。因此,在撰写毕业论文的过程中,应当遵守逻辑的基本规律,自觉地将这些基本规律,贯穿于写作的各个环节和整篇论文当中,具体说来,则要注意以下几个问题:

第一,论文内容符合客观实际,能够令人信服。

第二,概念明确,判断恰当,推理连贯。

第三,论文的内容之间有着密切的联系,全篇论文形成统一的整体。

从大学生的实际情况来看,由于他们有着比较扎实的专业基础知识,能够运用专业基础知识分析和解决实际问题,又专门学过形式逻辑,基本上掌握了逻辑方面的知识,因此,这里仅重点谈及论文内容之间的密切联系,全篇论文形成统一整体这样一类的逻辑问题。

在毕业论文的逻辑中,论文内容之间的逻辑联系,占有重要地位。它既是作者思维逻辑联系的具体表现,又是作者所论述的客观事物的逻辑联系的具体表现。它对增强论文的逻辑效果和说服力,有着重要的作用。

(二) 运用逻辑方法

要正确处理毕业论文内容之间的逻辑联系,增强论文的逻辑力量,必须学会运用逻辑思维方法。逻辑思维方法是一个整体,是由一系列既相区别又相联系的方法所组成的,其中主要包括:归纳和演绎的方法、分析和综合的方法、从具体到抽象和从抽象上升到具体的方法、逻辑和历史统一的方法。逻辑思维方法不仅是论文写作中内容安排和逻辑论证的方法,更重要的是进行科学研究的方法。

1. 归纳和演绎的方法

归纳是由个别到一般的思维方法,即由若干个别事例推出一个一般性的结论,或用若干个别的判断作论据来证明一个论点或论题。要从事实材料中找到事物的一般本质或规律就要应用归纳法,它是我们写论文时经常用到的一种逻辑方法。例如,我们总结我国经济建设的经验教训时看到,20世纪50年代前、中期注意按经济规律办事,经济得到了稳步的发展;60年代前期我们注意了按经济规律办事,经济得到了很快地恢复和发展;十一届三中全会以来我们又采取了一系列符合实际情况的政策和措施,经济又开始恢复并健康向前发展。从而我们得出,只有按经济规律办事,我国经济才能得到发展这样的结论。

演绎与归纳相反,它是由一般到个别的思维方法,即用已知的一般道理作为论据来证明一个个别性的论点。比如,我们用理论指导调查研究,以至用经典作家的一句话来论证一个观点,用的就是这种方法。

2. 分析和综合的方法

分析是把事物分解为各个属性、部分和方面,对它们分别研究和表述的思维方法。综合是把分解开来的各个属性、部分和方面再综合起来进行研究和表述的思维方法。在毕业论文写作的过程中,无论研究和表述论点,还是研究和表述分论点,都时常运用分析和综合的方法。例如:毛泽东同志的《中国社会各阶级的分析》一文,开头先提出问题,革命的首要问题是分辨敌、我、友问题;中间,逐个分析组成中国社会整体的各个阶级;结尾,综合以上分析,解决问题,回答开头提出的中国革命的敌、我、友问题。

3. 从具体到抽象和从抽象上升到具体的方法

从具体到抽象,是从社会经济现象的具体表象出发,经过分析和研究,形成抽象的概念和范畴的思维方法。从抽象上升到具体,是按照从抽象范畴到具体范畴的顺序,把社会经济关系的总体从理论上具体再现出来的思维方法。在毕业论文的写作过程中,从总体上说,也要运用从具体到抽象和从抽象上升到具体的方法,即在占有资料的基础上,经过分析研究,找出论点论据,在头脑中大体形成论文的体系,然后按照从抽象上升到具体的顺序,一部分一部分地把论文写出来。当然有的论文也不一定采取此种方法。

4. 逻辑和历史统一的方法

从抽象上升到具体的方法,就是逻辑的方法。所谓历史的方法,就是按照事物发展的历史进程来表述的方法。逻辑的发展过程是历史的发展过程在理论上的再现。不过,一篇论文从总体上运用逻辑和历史统一的方法,是不多见的,而在经济学专著和教科书中往往在总体上运用这种方法。

应当指出,上述各种逻辑方法,都是唯物辩证法在思维过程中的具体表现。在写毕业论文的过程中往往需要综合地加以运用。

1. 为什么用王国维《人间词话》的"三境界"说比喻史学论文构思的升华主题?
2. 为什么提倡编写论文提纲?
3. 为一篇论文补充简纲,至二级标题(论文见附录四)。

第六章　毕业论文的文风

人们在某一方面表现出来的一贯态度和行为叫作风,我们在毕业论文写作中所表现出来的作风就是文风。文风系指文章所体现的思想作风,或文章写作中某种倾向性的社会风气。

一、论文文风的表现特征

人的作风与世界观有着密不可分的联系,毕业论文中的文风也不例外。一个人有怎样的思想、立场、作风,就表现出怎样的文风。被誉为晚明文学"中兴五子"的冯时可在《雨航杂录》里说:"文如其人哉!人如其文哉!"说的就是为人怎样,就会写出怎样的文章。如果思想正确、态度鲜明、作风正派,写出的论文就有一定的准确和鲜明性;如果朝气蓬勃,思维敏锐,写出的论文就可能生动活泼;一个作风浮华的人,写出的论文绝对不会朴实;一个思想贫乏的人,写出的论文一定空洞无物。文风不是个别的文章现象,而是具有普遍性和倾向性的文坛风气。毕业论文的文风应该是一定的时代精神和社会风尚在论文中的反映,应该是一些有着相同或相近世界观、思想作风、思想方法的人,在论文写作中的一贯表现。

文风和风格既有联系,又有区别。论文文风是论文的作风,论文的风格是指论文的特色和气派,不能等同。我们可以要求论文作者树立良好的文风,因为这是对论文作者最起码的要求,但却不能要求每个论文作者具有同样的风格,因为风格是论文作者创造性的表现、成熟的表现。我们要求每个论文作者树立良好的文风,摒弃不良文风;但却鼓励风格多样,提倡百花齐放。

(一) 文风的时代特征

论文的文风是一定的时代精神、社会风气在论文上的反映。它总是当时政治生活的产物,是受政治形势决定和制约的。换句话说,在文风上总是打着时代的烙印。以"五四"的文风为例。从清末到"五四",文章发生了一次重大变革,用白话代替了文言。这次文风的变革是巨大的空前的,形成了这样一种风气:思想自由,学术民主,精神得到了大大的解放。从另一个角度说,文风也会对政治思想、社会风习有反作用,它能够直接、间接产生一定的影响。

(二) 文风的个人风格

文风的形成,对于个人来说,是作者自身的立场、观点、思想作风、精神面貌、文化修养以及写作目的和态度等因素在论文上的综合体现。古人说的"文如其人"和"以文知人"都是这个道理。所以文风离不开个人风格。

(三) 文风的民族特色

民族风格渗透在时代风格之中,是构成文风的重要因素。写论文要运用民族形式,即语言特色、章法结构、各种表现手法等,使文风具有民族的特色,具有中国作风和中国气派。民族特色并不是固定不变的,它既要继承旧传统,又要不断创新、不断发展。事实上,自古以来就有外来文化的传入,民族特色是在与外来文化交流、融合中形成的。

二、论文文风的表现形式

在毕业论文写作中,除了要注意观点、材料和语言方面的问题外,还要注意发扬健康、优良的文风,注意克服不良文风。

(一) 文风在论文内容上的表现

优良文风和恶劣文风在论文内容上的表现,突出地反映在三个方面,即真实与虚伪、充实与空洞、新鲜和陈腐。

1. 真实和虚伪

真实,就是论文的材料既具有客观实在性,又能体现历史必然性。正如列宁所指出的,只有"从事实的全体总和,从事实的联系去掌握事实",事实才是"胜于雄辩的东西";但是如果事实"是片断的和随便挑出来的,那么事实就只能是一种儿戏,或者甚至连儿戏也不如"[①]。因此,构成论文的材料必须既是真实、可信的,又是能体现历史的必然性的。

---

① 《列宁全集》卷23,人民出版社1986年版。

虚伪，就是与必然发生或者已经发生的事实相背离，论文的材料与事实不相符合。

2. 充实与空洞

充实，就是内容丰富。充实以真实为前提，翔实地表述真实的事理。马克思说，充实的文风要"三多"："多说些明确的意见，多注意一些具体的事实，多提供一些实际的知识。"①撰写毕业论文时应做到明确地提出问题，具体地分析问题，合理地解决问题，力求用事实说话，以理服人，理论与实践相结合。

空洞，就是空虚，说空话，说废话，言之无物，在文辞中没有内容或不切实际，有的"甲乙丙丁，开中药铺"，通篇不得要领；有的重复啰唆，叫人看了生厌。毛泽东同志曾把"空话连篇，言之无物"列为"党八股"的第一条罪状。

3. 新鲜与陈腐

新鲜，是指论文主旨正确有新意，论文材料新颖别致，不搬弄前人之说，也不沿袭和套用他人之文思。毕业论文要求多种多样，新鲜别致，每个人的毕业论文应力求有新意。

陈腐，是指毕业论文陈旧荒谬，材料雷同不新鲜，甚至生吞活剥，洋腔洋调，故作艰深，但终究内容陈腐。陈腐文风传播陈腐的思想观点，毒害人们的思想、意识，造成颓废风气，压抑人们的创造力。

（二）文风在论文形式上的表现

形式受内容制约，而又影响内容的表达。文风在论文形式上的表现反映在三个方面。

1. 新颖与老套

新颖的形式有助于毕业论文充分表达新鲜的内容，新鲜的内容则要求新颖的形式来表达。我们所说的力求新颖，并不是矫揉造作，而是以自然为基础，顺应新鲜的内容。

新颖还体现在语言表述上，努力克服语言无味、乏味的弊端。有些人写文章语病并不很多，但因掌握的词汇很少，不会用生活中活的语言，写出的文章总是死气沉沉，像个干瘪老头。这除了内容方面的原因之外，不注意学习语言是个重要原因。还应注意克服半文半白的弊病。有些人在写论文时，白话句中加上文言词语，在文言句式中又生硬夹杂白话词语，或时而白话句，时而文

---

① 《马克思恩格斯全集》卷27，人民出版社1962年版。

言句,两者不能协调。这种语言,读起来也十分别扭。

老套,是陈旧的东西。雷同老套的论文形式,不能表现日新月异、瞬息万变的大千世界。老套的形式总是与陈腐的内容相结合,而与新颖的内容相冲突。

2. 质朴与浮华

质朴,就是朴实不浓艳;浮华就是艳丽而不实在,专门追求华丽的辞藻,不讲求实际的形式。文章应该具有生动性,但生动应该以充实的内容作基础;文章也应该有充沛的感情,但这感情应该来自内心,应该是真情实感。如果是生编硬造,雕琢粉饰,任意夸张,不懂装懂,华而不实,那就适得其反。

3. 精当与冗长

精当,就是以尽可能简约的文字表达尽可能多的内容。撰写毕业论文要求做到要言不烦,言简意赅,"文约而事丰"。冗长就是以偏长的篇幅表达偏少的内容。用刘知己的话来说,就是"虚益散辞,广加闲说"①。

三、优良文风的基本要求

毛泽东同志十分重视文风问题,在延安整风时,他就写有《反对党八股》,把文风问题和党的作风和整个革命事业联系起来。1958年,毛泽东同志在《工作方法》六十条中指出:文件、文章应该具有三种性质:准确性、鲜明性、生动性。毛泽东同志提出的文章"三性",也就是对优良文风的三个基本要求。

(一)准确性

准确性就是文章的科学性。优秀的文章必须是科学准确,合乎实际,能够真实地反映客观事物的本来面目。文章的准确性主要包括以下内容:

(1)观点要准确。写作文章,目的是为了宣传某种思想,说明对客观事物的某种看法,并给人以指导。这就要求作者有正确的立场,要自觉地坚持新时代中国特色社会主义思想,宣传党的路线、方针和政策,宣传积极向上的思想,鼓励人们积极投身于改革开放和社会主义现代化建设。文章的观点准确,还要求文章必须要反映事物的本质,这"就必须经过思考作用,将丰富的感觉材

---

① [唐]刘知几:《史通》卷六《内篇·叙事第二十二》。

料加以去粗取精、去伪存真、由此及彼、由表及里的改造制作工夫"①。

（2）材料要准确。材料是文章观点赖以存在的依据，要使文章写得准确，富有科学精神，文章所使用的材料必须要真实可靠，准确无误。

（3）语言要准确。语言准确是文章准确性的重要条件。

（二）鲜明性

文章的鲜明性主要表现在两个方面：一是作者对所表现客观事物的态度要鲜明，文章要有鲜明的倾向和爱憎；二是文章的观点要鲜明。从理性方面讲，主要指是非分明；从感情方面讲，主要指爱憎分明。要观点鲜明，首先要明确地提出问题。毛泽东同志在《中国社会各阶级的分析》（一九二五年十二月一日）一文中提出："谁是我们的敌人？谁是我们的朋友？这个问题是革命的首要问题。"文章一开头就提出分清敌友的重要性，使全篇文章有了重心，起到了突出文章观点的作用。除了问题提得鲜明外，还要靠恰当地运用材料，对问题进行深刻有力的分析，使文章有说服力。

（三）生动性

文章写得生动，有吸引力，读者才愿看、爱看，才容易取得好的效果。要把文章写得生动，在写作中必须尽量运用形象具体的材料来说明问题，写作要带有感情。感情和思想内容是文章写作的基础。一是以理服人，一是以情动人。写文章笔下常带感情，才能打动和感染读者。此外，还要注意运用生动活泼的语言。

文风问题是一个作风问题，是作者立场、观点、思想方法和思想作风等多种因素的综合表现。要克服不良文风，最重要的是在自身的修养上下功夫，不断提升自己。同时，还要认真读书，注意学习前人的经验，提高语言的运用能力。

 思考与实践

1. 文风在论文内容和论文形式上的表现分别是什么？
2. 优良文风的基本要求有哪些？

---

① 毛泽东：《实践论》，《毛泽东选集》四卷合订本，人民出版社1967年版。

第七章 史学论文的论证

何谓论文？涵义众多，答案纷纭，用论据对论点进行论证是其中最为朴素的解释。因此，论点、论据和论证就构成论文的"三要素"。论证是论文写作的主要方式。一般而言，史学论文是专门讨论或研究某个历史问题的文章，它要求具备论点、论据和论证过程等基本要素。

一、历史学毕业论文的论点

关于论点，一般的要求是：正确；有新意；深刻；有针对性。

（一）何为论点？

论点是指论文所要阐述的中心思想、总论点或主要观点。论点，是论文的灵魂，是全篇文章的纲，统帅全文，是作者所持的看法和主张。任何论文，不可能没有观点，没有观点的论文也就不成其为论文。但一篇论文只能有而且必须有一个总论点，这个总论点就是主题。论文不论如何展开，都必须围绕这个论点，紧扣主题，以使论文论点能够确立和令人信服为原则，而不能偏离主题，否则即我们平时所说的"走题""跑题"，这篇论文的写作宣告失败。

例如，关于王莽的评价，有的论文持否定态度，并把他和东汉开国之君刘秀进行比较，认为刘秀是"顺应民心"的进步势力代表，而王莽则是一个应当否定的人物，其"改制"，"不是一场有社会意义的改革，而是西汉外戚政治的一个产物"。① 但是，也有的论文认为，对他不能全盘否定，其"改制"中实行的"王田"、限制奴婢，均"无可厚非"，"五均"和"六筦"也在"客观上起到缓和阶级矛盾的作用"，这些都是值得肯定的。② 以上两种论文的看法虽然不完全相同，但都有自己明确的论点，或是否定王莽，或是主张"不应当全盘否定王莽"，其论

---

① 张志哲、罗义俊、郭志坤：《王莽与刘秀》，《中国史研究》1980年第2期。
② 徐志祥：《王莽改制的再评价》，《齐鲁学刊》1980年第5期。

点鲜明而且集中。

当然,有的论文内容比较丰富,其结构也比较复杂,包括若干部分,涉及若干方面,还有若干层次,所以在总论点(往往借助题目得以体现出来)下有若干个分论点,经过论证的分论点就成为了论据,为论证总论点服务。

例如,高敏《论侯景之乱对南朝后期社会历史的影响》[1],文章总论点就是"侯景之乱对南朝后期社会历史产生了巨大影响"。

为了论证这个总论点,作者提出了四个分论点:促进了南朝兵户制的瓦解和募兵制、私兵制的兴起;推动了南朝奴隶解放运动和南朝社会阶级关系的变动;造成了南朝后期统治集团民族成分与士庶阶层数量比重的变动;促进了南北朝北强南弱格局的进一步形成。当然这四个分论点都需要论证,论证以后就成了总论点的依据了,论证了分论点也就论证了总论点,使总论点得以成立。

论点很重要,因此在正式写作论文之前,对论点的检查是十分必要的,最为重要的是确定论点的正确性,这也是最基本的要求。在政治上,看看论点是否坚持四项基本原则,符合党和国家的路线、方针、政策。在学术上,论点是否反映了当前学术发展趋势,是否具有研究的意义。在此基础上,还要注意论点是否集中、明确和突出,是否深刻,能鞭辟入里地反映事物本质。只有中心论点突出,牢牢把握中心,写出来的文章才能浑然一体,有一气呵成之感,相反,论文就会支离破碎,松散拉杂。

(二) 论点的确立

文章的论点表明作者对某一事物的看法和态度,是作者的立场和世界观的直接反映。论文价值的大小首先要看其论点是否正确。所以确立论点,是毕业论文写作的关键。论文的论点是从对材料的分析、研究中产生的,不能先确定论点,后找适合证明论点的材料。论点的形成,就是对材料进行整理、分析、概括、提炼的过程。有人认为提出论点是在搜集材料之前,这往往表现为毕业论义撰写的第一步是确定毕业论文的题目。而实际情况一般是先确定选题的方向,比如,选定的是关于企业管理方面的题目,选定的是关于建立现代企业制度的题目,等等。最后确定具体题目,则是在经过一番调查研究之后。有的学生确实是一开始就确定了具体题目,这个把握或决心是建立在已经掌握一定材料的基础之上的。

---

[1] 《中国史研究》1996 年第 3 期。

作为一篇毕业论文,其论点应当在一定程度上反映某种事物的规律性,而这种规律性的认识又只能在对大量材料的分析过程中逐渐形成。因此,确立论文的论点,必须从分析材料入手,关于这个过程,毛泽东同志有过如下精辟的论述:"要完全地反映整个的事物,反映事物的本质,反映事物的内部规律性,就必须经过思考作用,将丰富的感觉材料加以去粗取精、去伪存真、由此及彼、由表及里的改造制作工夫,造成概念和理论的系统,就必须从感性认识跃进到理性认识。"①

这里,首先是"去粗取精,去伪存真",也就是要对所掌握的材料加以鉴别,弄清它所反映的是真相,还是假相;是个别现象,还是普遍现象;是事物的主流,还是事物的支流。只有经过这样仔细地鉴别,弄清事物的本来面目,才会有真实可靠的论据,才能从中引出正确的结论,形成正确的论点。比如:有位学生在工业企业承包经营责任制的推广处于巅峰的时期,准备写一篇有关承包经营责任制的文章,且决定从其作用正面展开撰写。该学生在经过大量的调查,搜集了大批资料的基础上,发现了实行承包经营责任制带来的弊端:单纯的放权让利由于没有从根本上改变政府可以左右企业命运的状况,政府与企业之间无休止的讨价还价便不可避免,从而企业必然具有对政策的依赖性;扩大自主权后,企业如果提高资产营运效率,便可相应增加自有资金和增加职工收入,因而企业又具有参与市场竞争的动机。企业的这种依赖性和利润刺激机制交合在一起,会诱发出种种非合理的企业行为,如追求短期行为、投资需求过旺等。于是,这位学生通过对大量材料的分析,得出"承包经营责任制也是有其局限性"的真实结论,这在当时是难能可贵的。

形成正确的论点之后,就要"由此及彼,由表及里",对掌握的材料进行分析、判断、推理,找到事物的内部联系或规律性,形成文章的论点和逻辑体系。所谓理论概括,就是从大量个别的具体材料中找出一般性或普遍性的东西。一般来说,掌握的材料越全面,从中概括出的论点越具有普遍意义。但是,对具体材料进行理论概括,并不是只停留在简单地对具体材料进行整理、归类,因为这还只是现象的罗列,还必须深入一步进行分析、判断,找出这些现象的本质,从中得出规律性的认识。只有这样,文章的论点才能确立起来。所以,文章论点的确立,实际上是调查研究的问题,是感性认识上升为理性认识的问题。那种从主观的框框出发,以框框套材料,以材料填框框的主观主义做法是要不得的。

----

① 毛泽东:《实践论》,《毛泽东选集》四卷合订本,人民出版社 1967 年。

当然,提炼、确立正确的论点不是一件很容易的事情,常有以下几种情况:一是材料很多,看了之后,一无所得,表明原来所获材料是"贫矿",提炼不出精华来。遇到这种情况,只有另换方向,进行新的资料搜集工作,而已有资料不必急于处理掉,很可能在另一场合有用,可保留下来作为资料储备。二是发现材料很多,信息蕴藏量很大,这就要求你很好地思索,在反复比较中加以选择、提炼,舍去与论题无关的材料,确立一个明确的观点。三是发现自己分析材料得出的论点早已为别人涉及过,而且别人阐述得比自己还要高明。遇到这种情况,可以采取如下办法:其一把别人的精彩意见,经过自己的消化理解,重新构思,用不同的材料,说明自己的观点;其二改变论述的角度,重新组织材料,形成自己的观点。

从材料的提炼中确立论点要力求正确,并有新的见解。确立的论点,首先要能说服自己,做到有理有据。如果自己都认为不妥当,那就须赶快重新研究材料,重新提炼。要做到论点不但能说服自己,而且能得到别人的肯定,这样论文撰写就有了把握,有了成功的前提和基础。因此毕业论文的作者,在确立论点的过程中,还要虚心地向指导老师请教,求得指导。除指导老师之外,还应得到其他有经验教师的指导,指导老师和有经验的教师理论基础厚、思路广、经验多,经过他们的指导可以少走弯路。

(三) 确立论点的原则

在论文写作过程中,论点的确立应遵循科学性、创新性、价值性、客观性四大原则。

1. 论点的科学性原则

毕业论文的科学性是指文章的基本观点和内容能够反映事物发展的客观规律。文章的基本观点必须是从对具体材料的分析研究中产生出来,而不是主观臆想出来的。科学研究的作用就在于揭示规律,探索真理,为人们认识世界和改造世界开拓前进的道路。判断一篇论文有无价值或价值之大小,首先是看文章观点和内容的科学性如何。

这首先要求论点正确。如果论点不正确,就会使整篇论文归于失败,比如《论中国的农村改革》一文中说:"中国的农村改革是中国经济体制改革的决定性环节,农村的改革之路也成为城市改革的必经之路。"这个论点是不正确的,党的十四届五中全会通过的《中共中央关于制定国民经济和社会发展"九五"计划和2010年远景目标的建议》中十分明确地指出:"把国有企业改革作为经济体制改革的中心环节""建立现代企业制度是国有企业改革的方向"。显然,城市改革与农村改革因为所拥有的生产要素状况不同,经济社会环境不同,走的也是不同具体形式的改革之路,这也是十分明显的,如果以农村改革的模式来框定城市改革,城市改革是不可能成功的,这也为实践所证实。所以,论点要正确,并不是很容易的,作者必须用辩证唯物主义和历史唯物主义的观点观察问题,分析问题,解决问题,才能提出合乎客观实际的结论。

其次,论点的表达要准确。如果表达不准确,就不能确切地反映客观事物的规律,并且会给阅读者带来困惑。如论文《谈谈物业流通的地位和作用》为了强调物业流通的重要地位,提出:"物业流通能使价值的转移和价值的增值得以实现。"这就使阅读者困惑不解了。众所周知,商业是商品资本的独立化形态,其职能是实现预付资本价值和剩余价值,使商品的转移和价值的增值最终得以实现,而文中所讲的物业流通可以转移价值,并使价值增值得以实现是什么意思呢?实质上,作者的原意是指物业流通中耗费的费用是生产性流通费用,这种生产性流通费用在一个恰当的限度内,其耗费可以转移到商品上,并且可以使其价值增值,为物业流通领域的经营者带来利润。但由于作者表达得不够准确,引起了认识上的歧义。

如何才能做到论点科学?论文的科学性主要有以下三点:

第一,文章的科学性来自对客观事物的周密而详尽的调查研究。掌握大量丰富而切合实际的材料,使之成为"谋事之基,成事之道"。

第二,文章的科学性通常取决于作者在观察、分析问题时能否坚持实事求是的科学态度。在科学研究中,既不容许夹杂个人的偏见,又不能人云亦云,更不能不着边际地凭空臆想,而必须从分析出发,力争做到如实反映事物的本来面目。

第三,文章是否具有科学性,还取决于作者的理论基础和专业知识。写作毕业论文是在前人成就的基础上,运用前人提出的科学理论去探索新的问题。因此,必须准确地理解和掌握前人的理论,具有广博而坚实的知识基础。如果对毕业论文所涉及领域中的科学成果一无所知,那就根本不可能写出有价值的论文。

2. 论点的客观性原则

客观性与科学性是密切相关的。科学性要求实事求是,客观性要求一切从实际出发,要求对于客观事物进行周密的调查研究,然后从中引出符合实际的结论。写作毕业论文的常见毛病就是带着先入为主的框框去找材料。这是撰写毕业论文的大忌,因为客观事物是极其复杂的,随时可以找到一些例子或个别材料来证实某一论点,但不能反映客观实际。例如,在20世纪70年代末,家庭联产承包这一农村经营新形式在全国各地出现,对这一新的经营形式如何评价?当时,浙江某市的一主管部门领导层对此持否定态度,为证明其论点的正确,专门组织调研班子,奔赴该市各地农村专门搜集由于搞农村家庭联产承包责任制,导致集体经济瓦解,农村生产力遭到破坏的材料。确实,当时是可以找到这类材料的,但实行农村家庭联产承包责任制,使集体经济更为巩固,生产力得到了快速发展的事例更多。用个别例子得出一个结论,作出一个判断,不完全符合客观实际,只能是错误的判断。列宁说过,"偏见比无知离真理更远。"①因此,撰写毕业论文,必须尊重客观实际,要从实际中去粗取精,得出结论,决不可凭自己的主观意愿去捕捉。

3. 论点的创新性原则

文章的创新性,就是能提出新问题、解决新问题,有自己独立的见解,不能简单地重复前人的观点。毕业论文的创新是其价值所在,也是由科学研究的目的决定的。从根本上说,人们进行科学研究就是为了认识那些尚未被人们认识的领域,学术论文的写作则是研究成果的文字表述。因此,研究和写作过程本身就是一种创造性活动。从这个意义上说,学术论文如果毫无创造性,就不成其为科学研究,因而也不能称之为学术论文。毕业论文虽然着眼于对学生科学研究能力的基本训练,但创造性仍是其着力强调的一项基本要求。

当然,毕业论文要求作者有自己的见解,要求创新性,要填补某一学科或某一学科的某些方面的空白,这是本科毕业生较难胜任的,所以,对学术论文特别是毕业论文创造性的具体要求应作正确的理解。它可以表现为在前人没有探索过的新领域,前人没有做过的新题目上做出了成果;可以表现为在前人成果的基础上作进一步的研究,有新的发现或提出了新的看法,形成一家之言;可以表现为从一个新的角度,把已有的材料或观点重新加以概括和表述;也可以表现为运用新的研究方法,赋予旧论题一些新的研究视角。文章能对现实生活中的新问题作出科学的说明,提出解决的方案,这自然是一种创造性;即使只是提出某种新现象、新问题,能引起人们的注意和思考,这也不失为一种创造性。具体而言,以下两方面为学生撰写毕业论文留下了较大的创新空间。

---

① 列宁:《列宁全集》(中文第二版)卷10《给〈莱比锡人民报〉编辑部的公开信》,人民出版社2017年版。

一是补充性论点。由于人的认识不可能一次性完成,即使一种新观点出现,当时看来是完善的,但随着时间的推移,人们认识水平的提高总会发现原有观点的不足之处,所以可以说,绝大部分已有的研究成果都给后世留下了补充性的研究课题。比如,马克思的劳动价值理论是科学的理论,但历史发展到今天,实践提出了服务是否是商品的问题,这正是需要我们补充研究的领域,由此我们可以提出诸如"论邮电商品的价格确定""旅游企业经济效益初探"等一大批具有补充性价值的新论点。

二是匡正性论点。补充性论点是对前人研究成果的肯定与发展,而匡正性论点则是对已有研究成果的否定与纠正。这种匡正性论点包括两个方面:一方面是对流行说法或观点的纠正;另一方面是对新出现的某种观点不足之处的纠正。比如,曾有一段时间,不少人把企业实行岗位技能工资作为企业唯一的分配形式,而实际上企业情况各不相同,不同的企业需要实行多种形式的分配制度,不能搞"一刀切",针对这一问题,可以以"谈谈岗位技能工资的适应性"来论述岗位技能工资的实施也是有其局限性的,这样写作就很有意义。

国家科委成果局在1983年3月发布的《发明奖励条例》中指出:"在科学技术成就中只有改造客观世界的才是发明……至于认识客观世界的科学成就,则是发现。"条例中对"新"作了明确规定:"新"是指前人所没有的。凡是公知和公用的,都不是"新"。这些规定,可作为我们衡量毕业论文创造性的重要依据。

根据《条例》所规定的原则,结合写作实践,衡量毕业论文的创造性,可以从以下几个具体方面来考虑:

其一,所提出的问题在本专业学科领域内有一定的理论意义或实际意义,并通过独立研究,提出了自己一定的认识和看法;

其二,虽是别人已研究过的问题,但作者采取了新的论证角度或新的实验方法,所提出的结论在一定程度上能够给人以启发;

其三,能够以自己有力而周密的分析,澄清在某一问题上的混乱看法。虽然没有更新的见解,但能够为别人再研究这一问题提供一些必要的条件和方法;

其四,用较新的理论、较新的方法提出并在一定程度上解决了实际生产、生活中的问题,取得一定的效果。或为实际问题的解决提供新的思路和数据等;

其五,用相关学科的理论较好地提出并在一定程度上解决本学科中的问题;

其六，用新发现的材料（数据、事实、史实等）来证明已证明过的观点。

科学研究中的创造性要求对前人已有的结论不盲从，而要善于独立思考，敢于提出自己的独立见解，敢于否定那些陈旧过时的结论，这不仅要有勤奋的学习态度，还必须具有追求真理、勇于创新的精神。要正确处理继承与创新的关系，任何创新都不是凭空而来的，总是以前人的成果为基础。因此，我们要认真地学习、研究和吸收前人的成果。但是这种学习不是不加分析地生吞活剥，而是既要继承，又要批判和发展。

4. 论点的价值性原则

作者在毕业论文中提出的中心论点一定要具有价值意义。其价值意义表现在两个方面：

一是所确定的中心论点应该与经济社会生活和科学文化事业密切相关，即关系到千百万人利益，是千百万人关注的问题，具有很强的现实性。

二是确定的中心论点表面上看似乎没有什么现实意义，或者没有实际用途，但是具有学术价值，甚至不知在未来的什么时间会产生出它不可估量的意义。

论点确定后，还要摆事实、讲道理来阐明自己的观点，使人接受你的观点，认可你的研究成果，这就离不开论据。

二、历史学毕业论文的论据

关于论据，一般的要求是：必须真实；必须是已知的；必须典型；必须充分。

（一）何为论据？

论据，是指围绕着论述其论点而持的依据、证明。它是证明论点的理由和依据。它或者是史实[①]，或者是理论[②]，即所谓"言之有理，持之有据"。

就史实而言，有的是征引大量的史实，有力地证明自己的论点。有的是有新的史实发现，或虽则不新但却无人使用，以此对自己的论点提出前人所没有的新证据。如湖北云梦睡虎地秦简出土以后，出现了一批专以这个新发现的材料为依据，订正旧的文献资料，从而对秦史不少问题提出新看法的研究成果。这批成果的共同特点是以这批新发现的秦简作为史料依据，推翻、重新探

[①] 事实依据，即用历史或现实事实及统计数字作证明观点的依据。
[②] 理论依据，含自然科学和社会科学理论。

讨某些旧的论点或看法。有的是以某些别人都知道的文艺作品作为史实之论据，如近代著名史学家陈寅恪先生独辟蹊径，善于利用诗歌等文艺形式、作品研究历史，开辟了"以诗证史"的新局面。他用元稹、白居易的诗作为史料论证、佐证某些唐史问题，写出《元白诗笺证稿》；在《柳如是别传》中，他以钱谦益和柳如是的爱情、矛盾故事，考据了明末清初一些重大历史事件，等等。有的史实并无新颖之处，别人亦有应用，但是，作者对之另有新解，以为论据，得出了别人所未曾得出的结论。如前述马泰来的《从李若水〈捕盗偶成〉诗论历史上的宋江》解决了宋江接受招安但并未镇压方腊起义的悬疑问题。

提请注意的是：对任何类型的论据，都应做深入分析、研究，而后确定为论据，不可信手拈来。

确定中心论点正确无误后，还要对论据和提纲进行检查。从文章整体出发，检查每一部分在论文中所占的地位和作用。看看各部分之间的比例分配是否恰当，文章篇幅的长短是否合适，每一部分是否能为中心论点服务。要考虑各部分之间的逻辑关系。文章的提纲要层次分明，条理清晰，论据要能为论点所用。初次写作者常犯的错误是：论点和论据之间没有必然的联系，各部分之间没有形成有机的逻辑关系，论证论点缺乏有力的论据等。在检查时，要予以特别注意。

写论文必须首先确立中心论点，这个中心论点要贯穿于论文的始终。但是，如果只有中心论点而没有若干与之相联系的从属论点，中心论点就会显得苍白无力，不能令人信服。因此，在确立文章的中心论点之后，还必须形成若干从属论点，通过这些从属论点将中心论点加以展开，使之得到充分的论证和说明。

就中心论点来讲，这些从属论点就是论据，当然，这些从属论点（称为上位论点）还可继续有其他次级从属论点（称为下位论点）来论证，这样次级从属论点就成为这些从属论点的论据了。

要使论点正确、深刻、能说服人，作者需要使用确实有力的论据。确实有力的论据应当是真实、典型、新鲜、充分的。

（二）论据要翔实

一篇优秀的毕业论文仅有一个好的主题和观点是不够的，它还必须要有充分、翔实的论据材料作为支持。旁征博引、多方佐证，是毕业论文有别于一般性议论文的明显特点。一般性议论文，作者要证明一个观点，有时只需对一两个论据进行分析就可以了，而毕业论文则必须以大量的论据材料作为自己观点形成的基础和确立的支柱。作者每确立一个观点,必须考虑:用什么材料做主证,什么材料做旁证;对自己的观点是否会有不同的意见或反面意见,对他人持有的异议应如何进行阐释或反驳。毕业论文要求作者所提出的观点、见解切切实实是属于自己的,而要使自己的观点能够得到别人的承认,就必须有大量的、充分的、有说服力的理由来证实自己观点的正确。

毕业论文的论据要充分,还须运用得当。一篇论文中不可能也没有必要把全部研究工作所得的古今中外的事实事例、精辟的论述、所有的调查成果等全部引用进来,而是要取其必要者,舍弃可有可无者。论据为论点服务,材料的简单堆砌不仅不能证明论点,强有力地阐述论点,反而给人以一种拖沓、杂乱、不得要领的感觉。因而在已收集的大量材料中如何选择必要的论据显得十分重要。一般来说,要注意论据的新颖性、典型性、代表性,更重要的是考虑其能否有力地阐述观点。

毕业论文中引用的材料,必须正确可靠,经得起推敲和验证,为此,所引用的材料必须经过反复证实。第一手材料要公正,要去掉个人的好恶和想当然的推想,保留其客观的真实。第二手材料要究根问底,查明原始出处,并深刻领会其蕴意,而不得断章取义。引用别人的材料是为自己的论证服务,而不得作为篇章的点缀。在引用他人材料时,需要下一番筛选、鉴别的功夫,做到准确无误。写作毕业论文,应尽量多引用自己收集的资料作为佐证。如果文章论证的内容,是作者自己亲身实践所得出的结果,那么文章的价值就会增加许多倍。当然,对于掌握知识有限、实践机会较少的大学生来讲,在初次进行科学研究中难免较多地引用别人的实践结果、数据等,重复别人的劳动,但如果全篇文章的内容均是间接得来的东西的组合,很少有自己亲自动手得到的东西,那也就完全失去了写作毕业论文的意义。

表面上看,论点、论据的形成似乎游离于材料的整理之外,其实不然,两者之间有着必然、本质的联系,整理材料并不只是简单地对材料进行分类、取舍,其实质是通过对大量材料的分析和研究,逐步明确论文的论点、论据等内容要素。所以说,形成论点、论据在材料整理过程中具有十分重要的作用,是整理材料的目的,它直接影响到毕业论文写作的进程。写作者需要反复地研究,不断地深化认识,只有这样,才可能形成新颖、正确并有意义的论点和确定真实、典型、充足的论据。正如毛泽东在《人的正确思想是从哪里来的?》一文中指出:"一个正确的认识,往往需要经过由物质到精神,由精神到物质,即由实践到认识,由认识到实践这样多次的反复,才能够完成。"

有了论点、论据,并非万事大吉,而论文的归宿是要用论据对论点进行论述,即当论点、论据正式确定后,作者就可以按照一定的结构和形式,对论点、论据进行组织和安排,使内容因素与形式因素达到一定程度的和谐与统一。

三、历史学毕业论文的论证方法

论证就是论文写作的主要方式,是用论据证明论点的方法和过程。论证要严密、富有逻辑性,这样才能使文章具有说服力。从文章全局来说,作者提出问题、分析问题和解决问题,要符合客观事物的规律,符合人们对客观事物认识的程序,使人们的逻辑程序和认识程序统一起来,全篇形成一个逻辑整体。从文章局部来说,对于某一问题的分析,某一现象的解释,要体现出较为完整的概念、判断、推理的过程。

毕业论文是以逻辑思维为主的文章样式。要使论证严密,富有逻辑性,必须做到:概念判断准确,这是逻辑推理的前提;要有层次、有条理地阐明对客观事物的认识过程;要以论为纲,虚实结合,反映出从"实"到"虚",从"事"到"理",即由感性认识上升到理性认识的飞跃过程。

关于论证,学界一般的要求是:论点和证据必须统一;论证必须合乎逻辑规则。总之,论证要严密。论证的基本方法有以下三种:

(一)分析法

分析是人类认识事物的基本思维方法,因此,分析法也是史学论文写作中最重要、最常用的论证方法。所谓分析,就是把整体分解成部分,把复杂事物分解为各个要素,并对这些部分或要素进行研究和认识的思维方法。人们不可能一下子就认识清楚一个复杂的事物,总是先认识事物的一个个局部,或一个个侧面或一个个层次,然后才能逐步认识事物的整体、事物的全部、事物的本质,这是符合认识论规律的。因此,论文的写作,也要遵循这个规律。

运用分析法进行论证,就是要善于把事物分解成若干个侧面、要素、层次,化整为零,化大为小,以便于论证。当然,这是不容易的,要熟练地掌握分析法,就必须对事物有深刻的了解,这样才能分析得准确。南炳文先生的《从"三言"看明代奴仆》是使用分析法进行论证的典范。

《从"三言"看明代奴仆》,作者从"三言"中看到明代奴仆一些什么呢?通观全文,作者看到了四个方面:明代奴仆的广泛存在;明代奴仆的社会地位和阶级属性;明代奴仆的反抗斗争;明代奴仆问题的复杂性。这实际上是本文的结构,也是一种分析。

再细看,作者如何分析"明代奴仆的广泛存在"的?作者从四个方面进行分析,也就是说,作者把"明代奴仆使用之广"这个分论点又分解成四个方面,或是从四个角度来进行分析论证:奴仆使用者的身份多样;奴仆的名目多样;奴仆被役使的领域广泛;奴仆被役使的地区广和时期长。每个角度还可以再细分,如奴仆使用者的身份就有:文官、武将、吏员、簪缨之族、暴发户、大地主、小地主、作坊主、商人、高利贷者、水盗、妓女、上中农等十几种;奴仆的名目又可细分为二十多种:奴婢、婢仆、奴仆、仆从、家人、家童、佣书、家奴、仆者、仆人、厮养、童仆、义孙、小奚、小厮、小郎、娘、丫鬟、丫头、女使、侍儿、婢、婆娘、门公、管家婆、管家老姆姆、奴、婢、工等;役使奴仆的部门和领域又分解为农业、家庭手工业、商业(典当业)、家内杂役等多种行业和部门。

运用分析论证方法,分析的依据源于史料,源于对史料的深入钻研,源于作者深邃的洞察力。

(二)例证法

例证法是引用具体事例来论证自己的观点,亦即从个别到一般的方法。作为史学论文,就是引用具体史料来论证某个观点,这是史学论文写作中运用最多的方法。因为史学研究就是要凭史料说话,凭史料说话就是引用史料来论证提出的观点。高敏先生的《侯景之乱对南朝后期社会历史的影响》一文是使用例证法论证的典范。

作者为了论证侯景之乱带来兵户制的瓦解和募兵制、私兵制的兴起,作者从反方(侯景方)和正方(反侯景之乱的一方)来分析,侯景一方利用募兵来叛乱,作者引了三条史料,前一条史料证明侯景为准备反叛而募兵,后二条材料证明侯景叛乱中招募奴隶为兵。反侯景一方也募兵,作者分三个层次:一是禁卫军募兵化,举朱异一例。二是地方军募兵化,举徐盛文、任孝恭、陆襄三例。三是陈朝将军以募兵起家:举侯安都、程灵洗、鲁悉达、荀朗、沈众、袁泌、周迪、留异、徐世谱、熊昙朗、陈羽、陈宝应等十几个例证。最后概括:"在侯景之乱中,不仅侯景本人用以发动反叛的兵士多来源于招募;甚至中央控制的禁卫军,也发生了募兵化的事实;至于各地豪绅利用侯景之乱而发展壮大势力者,更是全凭招募兵士以组成的军队。"

另如王淑丽的《1900—1917年美国联邦政府干预经济问题初探》。[①] 文章的第二部分是对托拉斯的管制。为了说明当时美国联邦政府干预经济导致绝

---

① 《河北学刊》1994年第5期。

大多数垄断公司所控制的生产及市场份额比例趋于下降,列举了大量数据:美孚石油公司在 1899 年控制全国炼油生产的 90%,而到 1904—1907 年间下降到 84%,到其被判决解散的 1911 年更降为 80%;美国钢铁公司在 1901 年生产全国钢铁产量的 61.6%,1920 年下降为 39.9%;铜业中,爱克康达混合铜业公司在 1890 年生产全国铜产量 29%,1900 年上升到 39.9%,但 1910 年下降到 25%,1920 年更降至 12%;美国四个最大铜生产企业在 1890 年生产占全国产量 76%,到 1900 年下降到 66%,1910 年下降为 49%,1920 年更降至 39%。

运用例证法要注意的是:① 引用的史例要有针对性,确实能说明观点的。如胡如雷文,作者认为唐太宗一生的言论,经常突出一个"怕"字,以下引用了四条材料,均有"惧"字和"畏"字,这样的例证,针对性就很强。② 要有代表性,也就是说要有典型性。③ 要有普遍性,不能引用个别事例的史料来证明普遍性的观点,必须有概括性的材料。例如,高敏一文在论证反侯景一方也在募兵时举了十几个将领的例子,最后有一条总括性的材料:"时江表将帅,各敛部曲,动以千数,而鲁氏尤多。"这就很有说服力。

(三) 比较法

史学论文写作中常常要用到比较法,即将两个事物拿来进行比较,从而得出深刻的认识。例如胡如雷的《论唐太宗》一文就运用了这一论证方法。

在第一部分,他虽没有提到其他皇帝,但实际上是将唐太宗与其他皇帝进行了比较,因为历史上的皇帝那么多,治世的也不少,为什么唯独唐太宗受到古代历史家的同声赞颂以及当今史学家的重视和肯定?结论显然是通过比较得出的,唐太宗既有治道,又有实践,并且是取得成效的全面人物,而其他皇帝一般只具有一点,不具备两点。作者的这个结论是通过比较后才得出的。

第二部分通过一系列比较逐渐深化对产生李世民的历史条件的认识。

首先,是将隋末农民战争与此前农民战争(秦末、新莽末、东汉末的农民战争)相比较,得出结论:"隋末农民起义,不是一次一般的农民起义,而是一次规模空前的农民战争,对地主阶级的打击特别沉重。"从而使唐太宗"怕"字当头,特别谨慎,因为"他所处的时代不允许出现暴君和坏皇帝",这是唐太宗之所以能够成为开明、进步皇帝的重要原因。紧接着,又将隋末农民战争与元末、明末农民战争相比较,结论是:虽则元末、明末两次农民战争的规模均超过隋末,但明初、清初却没有出现像唐太宗这样的皇帝。因为什么?因此唐太宗的出现,农民起义的作用只是一个重要方面,并不代表全部。这种比较、设问,促使作者再从其他方面去找原因,作者把唐初和此前各王朝初年相比较,终于找到了两个相似的王朝,即唐初和西汉初。西汉初总结亡秦的教训,唐初总结亡隋的教训,通过这种比较,得出重要结论:"如果一个还比较强盛的王朝,主要不是因为土地兼并等无法抗拒的经济规律所起的作用,而是由于皇帝个人的残暴引起农民战争,那么继起王朝的君臣就特别留心从前朝统治中汲取惨痛的教训。"隋朝就是这样灭亡的,所以唐太宗就特别注意和研究"君道"。第三,作者又进一步比较,既然西汉初和唐初的情况类似,那么为什么文帝、景帝不能像唐太宗那样?由此而想到是不是与他们所遇到的反面教员有关?于是作者又将隋炀帝与秦始皇相比较,发现"残暴"是两人的共同点,除此之外就不一样了,隋炀帝"骄矜自负"、拒谏饰非、生杀任情、嫉才妒能、偏听偏信,秦始皇则不突出,正因为有隋炀帝这样特殊的反面教员,才造就了唐太宗这样特殊的开明皇帝。第四,以上是客观原因,有没有主观原因?作者又将唐太宗和一前一后的李渊、李治相比较,为什么客观原因完全一样,而李治、李渊就不能成为李世民?这足以说明,唐太宗的政治品质确有过人之处。通过这一比较,又找到了唐太宗之所以成为开明、进步皇帝的主观因素。

运用比较法对历史问题进行比较研究时必须遵循"可比较原则",因为历史比较研究不是任何条件下都能进行的。它有一定的适用条件,即两种或两种以上的历史现象进行比较时,必须具备共同的基础与联系。如果没有这个共同的基础或联系就不能进行比较,这就是"可比较原则"。具体地说,只有同类事物才能比较,不同类的事物风马牛不相及,没有可比较性,如人与树,王安石变法和德国农民战争,岳飞和圈地运动等,就不能进行比较。

实际上,可不可以进行比较研究,应该取决于其实质内容。一位学者选择严嵩和徐阶进行比较研究,这两个人为什么能比较?因为两人都是政治家,而且都在明代中期先后担任过内阁首辅,具有可比性。尹选波的《严嵩、徐阶比较研究》一文通过比较研究,发现二者之间异中有同,如徐阶的政绩,主要是在严嵩之后改变施政方针,实行宽松政治,还政于六部,乃赢得了人心。而严嵩也有不少政绩,如任用胡宗先等人讨平倭寇,善于识见人才,因此有不少人,尤其是袁州人怀念他。严嵩有不少劣迹,众所皆知。而徐阶也有不少劣迹,如纵子为恶,横行乡里。严嵩贪,徐阶也贪,因为严嵩的田产只有徐阶的1/15,表明徐阶也是一个大贪官。还表现在为官之道等层面[①]。

比较的方法有很多种:大致说来有纵向比较,横向比较,宏观比较,微观比

---

① 尹选波:《严嵩、徐阶比较研究》,《中国人民大学学报》1996年第6期。

较,比较时自然不限于一种方法,也可以同时采用几种比较方法。

运用比较论证方法有一定的步骤:确定可比性主题;分别研究可比各方的特点、过程、根本属性;综合起来比较异同,意在"同中求异""异中求同";提出命题假设,寻求历史的本质和规律;验证理论,通过比较研究说明提出的理论的真实性①。

另外,运用比较法进行历史研究,有些可以从其题目中体现出来,如徐昌强的《试论王安石变法与张居正改革成效不同的原因》②从改革策略、改革步骤、改革者的地位与权限、与臣僚关系、改革者信念与毅力不同诸方面比较了两次改革成效不同的原因;而如胡如雷的《论唐太宗》即与之不同,仅从题目上难以看出其比较论证研究的特点。

四、历史学毕业论文的论述过程

这里附带交代一下论述过程。所谓论述过程,指的是为了以论据论证论点而采用的表述形式,实际是一种构成历史论文的思维方式。例如,有的论文以正面论述为主,兼及批驳他人的看法,像《论秦始皇》《论康熙》以及正面论述历史上某一制度、某一事件或某一现象的历史论文。它们的共同论述特点,都是明确地提出自己的论点,然后运用论据一步步地加以论证,最后得出符合论点的结论和看法。其中,有的已经寓含着批驳别人的意思;有的则是专在文中或文尾顺便地驳斥几个或一个他人的意见或问题。但是,总体地看,是以正面树立自己的论点为主的。另一种历史论文却是以驳论为主的写作形式。这种论文往往一上来即明确地摆出别人的论点、看法,甚至别人借以立论的论据,然后像"剥笋"一样,逐一地将其驳倒,当驳倒对方后,明确地提出自己的论点和意见。当然,也有的是边驳别人,边阐述自己的看法。总之,这种论文的论述过程是以鲜明地驳别人论点为主的,其中对于自己的意见亦是在"驳"中予以树立和阐述的。

大体而言,论述过程有以下两种情况:

一是偏于从"纵"的方面进行论述。如一篇论历史人物的论文,从他的前期论到他的后期,尤其注重于其中间的"转变"或"发展",最后得出对于这个人物的公允评价。像关于梁启超前期和后期史学思想变化的论文,孙中山新旧

---

① 赵吉惠:《历史学方法论》,四川人民出版社1987年版。
② 《荆州师专学报》1998年第3期。

三民主义发展的论文,刘邦、朱元璋等农民起义领袖"转化"问题的论文等,都属于这一类。它的特点是一种属于历史的考察和论述的过程。

二是偏于从"横"的方面进行论述。仍以一篇论历史人物的论文为例,可以不必论述其由生到卒的前后过程,而是就其一生中几个方面的政绩或成就加以论述,并评价其功过。像汉武帝,他的一生(尤其是其在位期间)几十年,政绩卓著,涉及到了削弱封国、设置十三部刺史、任用"酷吏"、打击地方割据势力、加强专制主义中央集权的统治;重农抑商、压抑富商大贾、实行盐铁专卖政策;兴修水利、整治黄河、西北屯田、改良农业技术、发展生产;北击匈奴贵族以保障北方边境地区的经济发展,通西域,加强西北尤其是新疆地区与内地的经济、文化交往,经营西南地区,设立行政机构,发展统一的多民族国家;"罢黜百家,独尊儒术",使儒家思想从此成为我国二千年封建社会的统治思想等方面。若写一篇《论汉武帝》的论文,即可排列一些小的标题,从其在位期间政绩的各个方面加以论述,最后勾勒出其历史地位并对其功过做出评价。我们常常可以看到有的历史论文用"某某某面面观"作为其题目,它们的共同特点都是从"横"的角度对一个历史问题加以论述的。无论是一个历史人物、历史事件,或者是一个历史制度、历史现象,只要冠上"面面观"几个字,其论述过程必然就是要从其各个侧面深入地展开论述。先把一个历史问题分析成几个方面,然后分别进行讨论,最后再进行归纳,并做出结论,即是这种历史论文的最大特点。

1. 史学论文的论证方法主要有哪些?
2. 您认为徐阶和严嵩可比吗?请陈述理由。

第八章　史学论文的答辩

毕业论文答辩是审查毕业论文的一种补充形式。一般来讲，本科以上（含本科）毕业生都要参加答辩。所以其毕业设计的成绩，是由论文成绩和答辩成绩组成。最后由评审小组、评审委员会鉴别评定。

一、历史学毕业论文答辩的特点

毕业论文答辩是答辩委员会成员（以下简称答辩老师）和撰写毕业论文的学生面对面的，由答辩老师就论文提出有关问题，让学生当面回答。它有"问"有"答"，还可以有"辩"。

论文答辩也是辩论。辩论按进行形式不同，分为竞赛式辩论、对话式辩论和问答式辩论，答辩就是问答式辩论的简称。以竞赛式辩论为参照，论文答辩有以下几个特点：

（一）答辩具有明显的不平等性

1. 人数不对等

毕业论文答辩组成的双方人数是不平等的，参加答辩会的一方是撰写毕业论文的作者，只有一个人。另一方是由教师或有关专家组成的答辩小组或答辩委员会，人数至少有3人乃至7人。

2. 地位不平等

答辩小组或答辩委员会始终是处在主动的、审查的地位，而论文作者则始终处在被动的、被审查的地位。

3. 各方面相差悬殊

答辩者是尚未毕业的大学生，而答辩委员会成员则是专家，双方在知识、阅历、资历、经验等方面都存在非常大的悬殊。

（二）答辩委员会成员具有双重身份

竞赛式辩论除了参加辩论的双方外，还设有专门的裁判，即由第三方对辩论双方的高下是非做出评判。论文答辩虽然也要做出通过与否的评判，但不是由特设的裁判来评判，而是由参加答辩会的一方——答辩小组或答辩委员会对另一方即论文作者的论文和答辩情况做出评判。可见在毕业论文答辩会上，答辩委员会成员具有双重身份：既是辩论员，又是裁判员。

（三）答辩准备范围广泛

为了顺利通过答辩，毕业论文作者在答辩前需要做好充分准备。然而，毕业论文答辩会上的题目是由参加答辩会的一方——答辩老师根据另一方提供的论文拟就的，所要答辩的题目不是一个，而是多个，一般是三个或三个以上，并且答辩小组拟就的题目对另一方——论文的作者事先是保密的，到答辩会上才亮出来。答辩老师提出问题后，或者让论文作者独立准备一段时间（一般是半小时以内）后再当场回答，或者要求学生当即做出回答，不给论文作者准备的时间。换言之，在答辩时，答辩老师会提出多少问题，提些什么问题，这是每一个答辩学生都十分关心的问题，同时又是一个十分复杂、很难把握的问题。因为，每一篇论文各有自己的内容、形式、特点和不足。根据论文的不同情况，答辩老师提问的问题也就必然是千差万别的。另一方面，基于不同个体理解的差异性，即使是同一篇论文，不同的答辩老师所要提问的重点也会有所不同。所以说，就某一篇论文来说，答辩老师会提什么问题，是很难说得准、猜得到的，猜题没有必要，也没有益处，只能就自己所写的论文及有关的问题做广泛的思考和准备。但这并不等于说答辩老师出题是任意的、毫无规律可循的，学生也没有准备之必要。事实上，答辩老师拟题是有一定的范围并遵循一定原则的。

1. 拟题原则

第一，理论题与应用题相结合的原则。一般地说，在三个问题中，应该有一个是关于基础理论知识的题目，有一个是要求学生运用所学知识分析和解决现实问题的题目。

第二，深浅适中，难易搭配的原则。即在三个问题中，既要有比较容易回答的问题，又要有一定深度和难度的问题。同时，对某一篇论文所提问题的深浅难易程度，应与指导老师的建议成绩联系起来。凡是指导老师建议成绩为优秀的论文,答辩老师所提问题的难度就应该大一些;建议成绩为及格的论文,答辩老师应提相对浅一些,比较容易回答一些的问题。

第三,点面结合,深广相连的原则。

第四,形式多样,大小搭配的原则。

2. 出题范围

答辩老师出题是有严格的界定范围的,即答辩老师在论文答辩会上所提出的问题仅仅是论文所涉及的学术范围之内的问题,一般不会也不能提出与论文内容毫无关系的问题。在这个大范围内,主答辩老师一般是从检验真伪、探测能力、弥补不足三个方面提问的。一是检验真伪题,就是围绕毕业论文的真实性拟题提问。它的目的是要检查论文是否是学生自己写的。如果论文不是通过自己辛勤劳动写成,只是抄袭他人的成果,或是由他人代笔之作,就难以回答出这类问题。二是探测水平题,这是指与毕业论文主要内容相关的,用以探测学生水平高低、基础知识是否扎实、掌握知识的广度、深度来提出问题的,主要是论文中涉及的基本概念、基本理论以及运用基本原理等方面的问题。三是弥补不足题,这是指围绕毕业论文中存在的薄弱环节,如对论文中论述不清楚、不详细、不周全、不确切以及相互矛盾之处拟题提问,请作者在答辩中补充阐述或提出解释。

当然,在答辩过程中,根据论文的内容和答辩的具体情况,答辩老师还可以适当插问。通过对这些问题的提问和答辩,答辩委员会就会了解毕业论文是不是学生自己通过辛勤劳动写成的,既检查了论文的真实性,也大体上摸清了学生对所学知识掌握的深广度,以及学生临场的应对能力和对知识理解的透彻程度;同时也可以搞清论文中薄弱环节的原因,从而有利于对论文的质量和学生的知识能力做出合理、公平的评价。

(四) 表达方式以问答为主,辩论为辅

论文答辩一般是以问答的形式进行,由答辩委员会成员提出问题,论文作者做出回答。在一问一答的过程中,有时也会出现作者与答辩委员会成员观点相左的情况,这时也会进行辩论。但从总体上说,论文答辩是以问答的形式为主,以不同观点的辩论为辅。

二、历史学毕业论文答辩的目的和意义

在教学实践中,我们经常碰到一些毕业生在写好毕业论文后,对还要举行

毕业论文答辩不很理解,对参加毕业论文答辩的态度也不那么积极。因此,有必要明确认识组织毕业论文答辩的目的和意义。

(一) 论文答辩的目的

毕业论文答辩的目的,对于组织者——校方和答辩者——毕业论文作者是不同的。就组织者即校方而言,毕业论文答辩的主要目的是审查文章的真伪,审查写作者知识掌握的深度,审查文章是否符合体裁格式,以求进一步提高。

1. 进一步考查和验证毕业论文作者对所著论文的认识程度和当场论证论题的能力

学生提交答辩的论文大体反映了学生对自己所写论文的认识程度、理解深度和论证论题的能力。但基于各方面的原因:或者是限于全局结构不便展开,或者是受篇幅所限不能展开,或者是作者认为这个问题不重要认为没有必要展开,或者是作者深入不下去或说不清楚而故意回避,或者是作者自己根本就没有认识到的不足之处或薄弱环节。这些原因导致许多问题在文中并没能充分展开详述。通过对这些问题的提问和学生的答辩就可以进一步弄清作者是因为哪种情况而没有展开细说,借此了解学生对自己所写论文的认识程度和当场论证的能力。

2. 进一步考查毕业论文作者对专业知识掌握的深度和广度

论文本身可以反映学生掌握知识的深度和广度。但撰写毕业论文的主要目的是考查学生综合运用所学知识分析问题和解决问题的能力,培养和锻炼进行科学研究的能力。对论文写作中所涉及的知识,通过论文可以看出:有的确实已经掌握,能够融会贯通地运用;有的是一知半解,并没有转化为自己的知识;有的可能还是从别人的文章中生搬硬套过来,连基本涵义都没搞明白。在答辩会上,答辩小组成员将论文中阐述不清楚、不详细、不完备、不确切、不完善之处提出来,让作者当场做出回答,从而就可以检查出作者是否有深广的知识基础及其创造性见解等。

3. 审查毕业论文的真实性

毕业论文是在教师的指导下独立完成。但论文撰写是在一个较长的时期内完成,尤其是它不像考试、考查是在老师严格监视下完成的,故而难免会有投机取巧甚至捉刀代笔等现象。指导教师严格把关自不待言,但一般情况下,每位教师要指导多个学生不同范围的题目,很难做到杜绝抄袭舞弊。而答辩小组或答辩委员会有三名及其以上教师组成,集体智慧鉴别论文真假的能力会更强,通过老师的提问和作者的答辩,就会使作弊者无处藏身。

对于答辩者而言,最现实、最直接的目的是通过论文答辩,按时取得毕业证书和学位证书。当然,不管怎样,学生要顺利通过毕业论文答辩,就必须了解上述学校组织毕业论文答辩的目的,有针对性地做好准备,继续对论文中的有关问题做进一步的推敲和研究,将论文中涉及的基本材料核对准确,将有关的基本理论和文章的基本观点彻底搞懂弄通。事实上,通过答辩,让教师、专家进一步了解文章立论的依据,处理课题的实际能力,这是学生可以获得锻炼和提高的难得机会,应将其看作治学的"起点"。

(二) 论文答辩的意义

通过答辩固然是大学毕业生参加毕业论文答辩所要追求的目的。但如果大学毕业生们对答辩的认识仅仅局限于此,其态度就会是消极、应付性的。只有充分认识毕业论文答辩的多方面意义,才会以积极的姿态,以满腔的热忱投入到毕业论文答辩的准备工作中去,满怀信心地出现在答辩会上,以最佳的心境和状态参与答辩,充分发挥自己的才能和水平。

1. 毕业论文答辩是一个增长知识、交流信息的过程

为了参加答辩,学生在答辩前就要积极准备,对自己所写文章的所有部分,尤其是本论部分和结论部分做进一步的推敲,仔细审查文章对基本观点的论证是否充分,有无疑点、谬误、片面或模糊不清的地方。如果发现问题,就要继续收集与此有关的各种资料,做好弥补和解说的准备。这种准备的过程本身就是积累知识、增长知识的过程。再者,在答辩中,答辩小组成员也会就论文中的某些问题阐述自己的观点,或提供有价值的信息。这样,学生又可以从答辩教师的信息中获得新的知识。当然,如果学生的论文有独创性见解或在答辩中提供最新的材料,也会使答辩老师得到启迪。正如一外国学者所说的:"如果我们彼此交换想法,本来各自只有一个想法,而现在大家都有几个想法,因此一加一就等于四了。"

2. 毕业论文答辩是大学生全面展示自己的勇气、雄心、才能、智慧、风度和口才的最佳时机之一

毕业论文答辩会是众多大学生从未经历过的场面,不少人因此而胆怯,缺乏自信心。其实毕业论文答辩是大学生们在即将跨出校门、走向社会的关键时刻全面展示自己的素质和才能的良好时机。而且毕业论文答辩情况的好

坏,对于国民教育的大学生来说,影响的不仅是毕业论文的成绩,而且还很可能影响就业去向。毕业论文答辩就是大学生们的一次重要拼搏。大学生们应该用自己的拼搏,为今后自己的发展奠定基础。所以,大学毕业生们对毕业论文答辩不能敷衍塞责、马虎从事,更不可轻易放弃。

3. 毕业论文答辩是大学生们向答辩小组成员和有关专家学习、请求指导的好机会

毕业论文尤其是学位论文答辩委员会,一般是由具有较丰富的实践经验和较高专业水平的教师和专家组成,他们在答辩会上提出的问题一般是本论文中涉及的本学科学术问题范围内带有基本性质的最重要的问题,是论文作者应具备的基础知识,却又是论文中没有阐述周全、论述清楚、分析详尽的问题,也就是文章中的薄弱环节和作者没有认识到的不足之处。通过提问和指点,就可以了解自己撰写毕业论文中存在的问题,作为今后研究其他问题时的参考。对于自己还没有搞清楚的问题,还可以直接请求指点。

4. 毕业论文答辩是大学毕业生们学习、锻炼辩论艺术的一次良机

在当今社会,人们愈来愈认识到,能言善辩是现代人必须具备的重要素质。一个人如果掌握了高超的辩论技巧,具有雄辩的口才,他在事业上,在人际交往中就会如鱼得水、左右逢源、逢凶化吉、遇难呈祥。正因为如此,自古以来那些胸怀大志的人,都非常重视辩论素质的训练和培养,把拥有精湛的辩论艺术视为其事业成功的得力臂膀。

市场经济社会是个竞争的社会,能言善辩更是竞争不可缺少的重要手段。在学校擅长交际、善言能辩的学生要比成绩优秀但性格孤僻内向的学生被聘用的机会多,在社会上成就事业的可能性更大。所以,我们的大学生就应抓住每一个学习辩论的机会,毕业论文答辩就是大学毕业生学习、提高辩论技巧和辩论艺术的重要机会。

毕业论文答辩虽然以回答问题为主,但答辩,除了"答"以外,也会有"辩"。因此,论文答辩并不等于宣读论文,而是要抓住自己论文的要点予以概括性的、简明扼要的、生动的说明,对答辩小组成员的提问做出全面、正确的回答,当自己的观点与主答辩老师观点相左时,既要尊重答辩老师,又要让答辩老师接受自己的观点,就得学会运用各类辩论的技巧。如果在论文答辩中学习运用论辩技巧获得成功,就会提高自己参与各类辩论的自信心,就会把它运用到寻找职业或工作的实践中去,并取得成功。

三、毕业论文答辩前的准备

毕业论文答辩是一种有组织、有准备、有计划、有鉴定的比较正规的审查论文的重要形式。为了搞好毕业论文答辩,在举行答辩会前,校方、答辩委员会、答辩者(撰写毕业论文的作者)三方都要做好充分的准备。

(一) 校方要做的准备工作

答辩前的准备,对于校方来说,主要是做好答辩前的组织工作。主要有:

1. 审查学生参加毕业论文答辩的资格

参加毕业论文答辩的学生,要具备一定的条件。这些条件是:

必须是已修完高等学校规定的全部课程的应届毕业生和符合有关规定并经过校方批准同意的上一届学生。

学生所学课程必须是全部考试、考查及格;实行学分制的学校,学生必须获得学校准许毕业的学分。

学生所写的毕业论文必须经过导师指导,并有指导老师签署同意参加答辩的意见。

以上三个条件必须同时具备,缺一不可,只有同时具备了上述三个条件的大学生,才有资格参加毕业论文答辩。另一方面,具备了上述三个条件的大学生,规定要进行论文答辩的除了个别有特殊情况经过批准者外,只有经过答辩并获得通过才准予毕业并取得学位。

2. 组织答辩委员会或答辩小组

毕业论文答辩,必须成立答辩委员会或答辩小组。答辩委员会是审查和公正评价毕业论文、评定毕业论文和答辩成绩的重要组织保证。

答辩委员会由学校和学校委托下属有关部门统一组织。答辩委员会一般由3—5人组成,其中应有两人或两人以上具有高级或中级职称,从中确定一位学术水平较高的委员为主任委员,负责答辩委员会会议的召集工作。

3. 拟订毕业论文成绩标准

毕业论文答辩以后,答辩委员会要根据毕业论文以及作者的答辩情况,评定论文成绩。为了使评分宽严适度,大体平衡,学校应事先制定一个共同遵循的评分原则或评分标准。毕业论文的成绩,一般分为五个等级:

(1) 优秀(90—100分):论文选题好,内容充实,能综合运用所学的专业知识,以正确观点提出问题,能进行精辟透彻的分析,并能紧密地结合我国经济形势及企业实际情况,有一定的应用价值和独特的见解和鲜明的创新;材料典型真实,既有定量分析,又有定性分析;论文结构严谨,文理通顺,层次清晰,语言精练,文笔流畅,书写工整,图表正确、清晰、规范;答辩中回答问题正确、全面,比较深刻,并有所发挥,口语清晰、流利。

(2) 良好(80—89分):论文选题较好,能运用所学的专业理论知识联系实际,并能提出问题,分析问题。对所论述的问题有较强的代表性,有一定的个人见解和实用性,并有一定的理论深度;材料真实具体,有较强的代表性。对材料的分析较充分,比较有说服力,但不够透彻;论文结构严谨,层次清晰,行文规范,条理清楚,文字通顺,书写工整,图表正确、清楚,数字准确;在答辩中回答问题基本正确、中肯,口语比较清晰。

(3) 中等(70—79分):论文选题较好,内容较充实,具有一定的分析能力;独立完成,论点正确,但论据不充足或说理不透彻,对问题的本质论述不够深刻;材料较具体,文章结构合理,层次比较清晰,有逻辑性,表达能力也较好,图表基本正确,运算基本准确;在答辩中回答问题基本清楚,无原则性错误。

(4) 及格(60—69分):论文选题一般,基本上做到用专业知识去分析解决问题,观点基本正确,基本独立完成,但内容不充实,缺乏自己见解;材料较具体,初步掌握了调查研究的方法,能对原始资料进行初步加工;文章有条理,但结构有缺陷;论据能基本说明问题,能对材料作出一般分析,但较单薄,对材料的挖掘缺乏应有的深度,论据不够充分,不够全面;文字表达基本清楚,文字基本通顺,图表基本正确,无重大数据错误;在答辩中回答问题尚清楚,经提示后能修正错误。

(5) 不及格(60分以下):凡论文,存在以下问题之一者,一律以不及格论:文章的观点有严重错误;有论点而无论据,或死搬硬套教材和参考书上的观点,未能消化吸收;离题或大段抄袭别人的文章,并弄虚作假;缺乏实际调查资料,内容空洞,逻辑混乱,表达不清,语句不通。在答辩中回答问题有原则性错误,经提示不能及时纠正。

有的高校如中共中央党校函授学院则采用四级打分制,即优秀(相当于90—100分)、良好(相当于75—89分)、及格(相当于60—74分)、不及格(相当于60分以下)。

4. 布置答辩会场

仪式感很重要！毕业论文答辩会场的布置会影响论文答辩会的气氛和答

辩者的情绪,进而影响到答辩会的质量和效果。因此,学校应该重视答辩会场的设计和布置,尽量创造一个良好的答辩环境。

(二) 答辩委员会成员的准备

答辩委员会成员确定以后,一般要在答辩会举行前半个月将要答辩的论文分送到答辩委员会成员手里,答辩委员会成员接到论文后,就要认真仔细地审读每一篇要进行答辩的论文,找出论文中论述不清楚、不详细、不确切、不周全之处以及自相矛盾和值得探讨之处,并拟定在论文答辩会上需要论文作者回答或进一步阐述的问题。

(三) 答辩者(论文作者)的准备

答辩前的准备,最重要的是答辩者的准备。要保证论文答辩的质量和效果,关键在答辩者一方。论文作者要顺利通过答辩,在提交了论文之后,不要有松口气的思想,而应抓紧时间积极准备论文答辩。答辩者在答辩之前应该从哪些方面去准备呢?

1. 写好毕业论文的简介

主要内容应包括论文的题目,指导教师姓名,选择该题目的动机,论文的主要论点、论据和写作体会以及研究本议题的理论意义和实践意义。

2. 熟悉自己所写论文的全文

尤其是要熟悉主体部分和结论部分的内容,明确论文的基本观点和主论的基本依据;弄懂弄通论文中所使用的主要概念的确切涵义,所运用的基本原理的主要内容;同时还要仔细审查、反复推敲文章中有无自相矛盾、谬误、片面或模糊不清的地方,有无与党的政策方针相冲突之处等。如发现有上述问题,就要作好充分准备——补充、修正、解说。只要认真设防,堵死一切漏洞,这样在答辩过程中,就可以做到心中有数,临阵不慌,沉着应战。

3. 了解和掌握与自己所写论文相关联的知识和材料

如自己所研究的这个论题学术界的研究已经达到了什么程度?目前,存在着哪些争议?有几种代表性观点?各有哪些代表性著作和文章?自己倾向哪种观点及理由?重要引文的出处和版本;论证材料的来源渠道等。这些方面的知识和材料都要在答辩前做到较好地了解和掌握。

4. 查漏补缺

论文还有哪些应该涉及或解决,但因力所不及而未能涉及和解决的问题,还有哪些在论文中未涉及或涉及很少,而研究过程中确已接触到了并有一定的见解,只是由于觉得与论文表述的中心关联不大而没有写入等。

下列问题第 1—3 题必选,学生可以从第 4—10 题中,根据自己实际,选取二三个问题,作好汇报准备。时间一般不超过 10 分钟。内容最好烂熟于心中,语言简明流畅。

(1) 为什么选择这个课题,有什么学术价值或现实意义?

(2) 说明这个课题的历史和现状,即前人做过哪些研究,取得哪些成果,有哪些问题没有解决,自己有什么新的看法,提出并解决了哪些问题?

(3) 文章的基本观点和立论的基本依据。

(4) 学术界和社会上对某些问题的具体争论,自己的倾向性观点。

(5) 重要引文的具体出处。

(6) 本应涉及或解决但因力不从心而未接触的问题;因认为与本文中心关系不大而未写入的新见解。

(7) 本文提出的见解的可行性。

(8) 定稿交出后,自己重读审查新发现的缺陷。

(9) 写作毕业论文的体会。

(10) 本文的优缺点。

对上述内容,作者在答辩前都要很好地准备,经过思考、整理,写成提纲,记在脑中,这样在答辩时就可以做到心中有数,从容作答。做好口头表述的准备,不是宣读论文,也不是宣读写作提纲和朗读论文提要。

四、历史学毕业论文答辩程序

论文答辩小组一般由三至五名教师、有关专家组成,对文章中不清楚、不详细、不完备、不恰当之处,在答辩会上提出来。

一般而言,教师、专家所提出的问题,仅涉及该文的学术范围或文章所阐述问题之内,而不是对整个学科的全面知识的考试和考查。

(一) 答辩会程序

(1) 学生做说明性汇报。(5—10 分钟)

(2) 答辩小组提问。

(3) 学生答辩。一定要正面回答或辩解。(有的允许准备 10—20 分钟)。

(4) 评定成绩。(答辩会后答辩小组商定,交系、院学位委员会审定小组审定)

(二) 学生答辩注意事项

(1) 带上自己的论文、资料和笔记本。
(2) 注意开场白、结束语的礼仪。
(3) 坦然镇定,声音要大而准确,使在场的所有人都能听到。
(4) 听取答辩小组成员的提问,精神要高度集中,同时,将提问的问题一一记在本上。
(5) 对提出的问题,要在短时间内迅速做出反应,以自信而流畅的语言,肯定的语气,不慌不忙地逐一回答。
(6) 对提出的疑问,要审慎地回答,对有把握的疑问要回答或辩解、申明理由;对拿不准的问题,可不进行辩解,而实事求是地回答,态度要谦虚。
(7) 回答问题的注意事项:
① 正确、准确。正面回答问题,不转换论题,更不要答非所问。
② 重点突出。抓住主题、要领,抓住关键词语,言简意赅。
③ 清晰明白。开门见山,直接入题,不绕圈子。
④ 有答有辩。有坚持真理、修正错误的勇气,既敢于阐发自己独到的新观点、真知灼见,维护自己正确观点,反驳错误观点,又敢于承认自己的不足,修正失误。
⑤ 辩才技巧。讲普通话,用词准确,吐词清晰,声音洪亮,抑扬顿挫,助以手势说明问题;力求深刻生动;对答如流,说服力、感染力强,给专家和听众留下良好的印象。

五、历史学毕业论文答辩过程

这个过程不仅包括一般的答辩程序,还应该包含答辩老师的提问方式和答辩者应该注意的问题。

(一) 毕业论文答辩的一般程序

虽则各个学校有自己的答辩程序,但是大同小异,基本程序不外乎以下几个方面:

(1) 学生必须在论文答辩会举行之前半个月,将经过指导老师审定并签署意见的毕业论文一式三份连同提纲、草稿等交给答辩委员会,答辩委员会的主答辩老师在仔细研读毕业论文的基础上,拟出要提的问题,然后举行答辩会。

（2）在答辩会上，先让学生用 10 分钟左右的时间概述论文的标题以及选择该论题的原因，较详细地介绍论文的主要论点、论据和写作体会。

（3）答辩老师提问。主答辩老师一般提三个问题。老师提问完后，有的学校规定，可以让学生独立准备 15—20 分钟后，再来当场回答，而目前大多高校则规定，主答辩老师提出问题后，要求学生当场立即作出回答，随问随答。可以是对话式的，也可以是主答辩老师一次性提出三个问题，学生在听清楚记下来后，按顺序逐一做出回答。根据学生回答的具体情况，主答辩老师和其他答辩老师随时可以有适当的插问。

（4）学生逐一回答完所有问题后退场，答辩委员会集体根据论文质量和答辩情况，商定通过还是不通过，并拟定成绩和评语。

（5）召回学生，由主答辩老师当面向学生就论文和答辩过程中的情况加以小结，肯定其优点和长处，指出其错误或不足之处，并加以必要的补充和指点，同时当面向学生宣布通过或不通过。至于论文的成绩，一般不当场宣布。

有些高校如中共中央党校函授学院规定，对答辩不能通过的学员，提出修改意见，允许学生待半年后另行答辩。

（二）主答辩老师的提问方式

在毕业论文答辩会上，主答辩老师的提问方式会影响到组织答辩会目的的实现以及学生答辩水平的发挥，主答辩老师有必要讲究自己的提问方式。

1. 提问要贯彻先易后难原则

主答辩老师给每位答辩者一般要提三个或三个以上的问题，这些要提的问题以按先易后难的次序提问为好。所提的第一个问题一般应该考虑到是学生答得出并且答得好的问题。学生第一个问题答好，就会放松紧张心理，增强"我"能答好的信心，从而有利于在以后几个问题的答辩中发挥出正常水平。反之，如果提问的第一个问题就答不上来，学生就会背上心理包袱，加剧紧张，产生慌乱，这势必会影响到对后面几个问题的回答，因而也难以正确检查出学生的答辩能力和学术水平。

2. 提问要实行逐步深入的方法

为了正确地检测学生的专业基础知识掌握的情况，有时需要把一个大问题分成若干个小问题，并采取逐步深入的提问方法。如有一篇《浅论科学技术是第一生产力》的论文，主答辩老师给出的探测水平题是由以下四个小问题组成的:① 什么是科学技术?② 科学技术是不是生产力的一个独立要素?在学生做出正确回答以后,紧接着提出第三个小问题。③ 科学技术不是生产力的一个独立要素,为什么说它也是生产力呢?④ 你是怎样理解科学技术是第一生产力的?通过这样的提问,根据学生的答辩情况,就能比较正确地测量出学生掌握基础知识的扎实程度。如果这四个小问题,一个也答不上,说明该学生专业基础知识没有掌握好;如果四个问题都能正确地回答出来,说明该学生基础知识掌握得很扎实;如果能回答出其中的2—3个,或每个小问题都能答一点,但答得不全面,或不很正确,说明该学生基础知识掌握得一般。倘若不是采取这种逐步深入的提问法,就很难把一个学生掌握专业基础知识的情况准确测量出来。假如上述问题采用这样提问法:请你谈谈为什么科学技术是第一生产力?学生很可能把论文中的主要内容重述一遍,这样就很难确切了解该学生掌握基础知识的情况是好、是差、还是一般。

3. 观点相同时要施行善术

当答辩者的观点与自己的观点相左时,应以温和的态度,商讨的语气与之开展讨论,即要有"长者"风度,施行善术,切忌居高临下,出言不逊。

答辩老师不可以"真理"掌握者自居,轻易使用"不对""错了""谬论"等否定性断语。要记住"是者可能非,非者可能有是"的格言,要有从善如流的肚量。如果作者的观点言之有理,持之有据,即使与自己的观点截然对立,也应认可并乐意接受。倘若作者的观点并不成熟、完善,也要善意地、平和地进行探讨,并给学生辩护或反驳的平等权利。当自己的观点不能为作者接受时,也不能以势欺人,以权压理,更不要出言不逊。虽然在答辩过程中,答辩老师与学生的地位是不平等的(一方是审查考核者,一方是被审查被考核者),但在人格上是完全平等的。在答辩中要体现互相尊重,做到豁达大度。观点一时难以统一,也属正常。不必将自己的观点强加于人,只要把自己的观点亮出来,供对方参考就行。事实上,只要答辩老师讲得客气、平和,学生倒愈容易接受、考虑你的观点,愈容易重新审视自己的观点,达到共同探索真理的目的。

4. 采用启发式、引导式提问方法

对学生回答不精准或者一时回答不了的问题,应采用启发式、引导式的提问方法。

参加过论文答辩委员会的老师可能都遇到过这样的情况:学生对你所提的问题答不上来,有的就无可奈何地"呆"着;有的是东拉西扯,与你绕圈子,其实他也是不知道答案。碰到这种情况,答辩老师既不能让学生尴尬地"呆"在那里,也不能听凭其神聊,而应当及时加以启发或引导。学生答不上来有多种原因,有的是由于问题完全出乎他的意料而显得心慌意乱,有的是出现一时的"知觉盲点"而答不上来。这时只要稍加引导和启发,就能使学生"召回"知识,把问题答好。只有通过启发和引导仍然答不出或答不到点子上的,才可判定他确实不具备这方面的知识。

(三) 学生答辩要注意的问题

学生要顺利通过答辩,并在答辩时真正发挥出自己的水平,除了在答辩前充分做好准备外,还需要了解和掌握答辩的要领和答辩的艺术。

1. 学生参加答辩会,要携带论文的底稿和主要参考资料

如前所述,有的高校规定:在答辩会上,主答辩老师提出问题后,学生可以准备一定时间后再当面回答,在这种情况下,携带论文底稿和主要参考资料的必要性便不言自明。即使像中央党校函授学院那样,老师提出问题后,不给学生准备时间,要求当场作答,但在回答过程中,也是允许翻看自己的论文和有关参考资料的,答辩时虽然不能依赖这些资料,但带上这些资料,当遇到一时记不起来的内容时,稍微翻阅一下有关资料,就可以避免出现答不上来的尴尬和慌乱。其次,还应带上笔和笔记本,以便把主答辩老师所提出的问题和有价值的意见、见解及时记录下来。通过记录,不仅可以减缓紧张心理,而且还可以更好地吃透老师所提问的要害和实质,同时还可以边记边思考,使思考的过程变得很自然。

2. 要有自信心,尽量平和不紧张

在做了充分准备的基础上,大可不必紧张,要有自信心。树立信心,消除紧张慌乱心理很重要,因为过度的紧张会使本来可以回答出来的问题也答不上来。只有充满自信,沉着冷静,才会在答辩时有良好的表现。而自信心主要来自事先的充分准备。

3. 听清问题后经过思考再做回答

主答辩老师在提问题时,学生要集中注意力认真聆听,并将问题回答粗略记录下来,仔细推敲主答辩老师所提问题的要害和本质是什么?切忌未弄清题意就匆忙做答。如果对所提问题没有听清楚,可以请提问老师再说一遍。如果对问题中有些概念不太理解,可以请提问老师做些解释,或者把自己对问题的理解说出来,并问清是不是这个意思,等得到肯定的答复后再作回答。只有这样,才有可能避免答非所问,才能答到点子上。

4. 回答问题要简明扼要,层次分明

在弄清了主答辩老师所提问题的确切涵义后,要在较短的时间内做出反应,要充满自信地以流畅的语言和肯定的语气把自己的想法讲述出来,不要犹犹豫豫。回答问题,一要抓住要害,简明扼要,不要东拉西扯,使人听后不得要领;二要力求客观、全面、辩证,留有余地,切忌把话说"死";三要条分缕析,层次分明。此外还要注意吐词清晰,声音适中等。

5. 对回答不出的问题,不可强辩

有时答辩委员会的老师对答辩人所做的回答不太满意,还会进一步提出问题,以求了解论文作者是否切实搞清和掌握了这个问题。遇到这种情况,答辩人如果有把握讲清,就可以申明理由进行答辩;如果不太有把握,可以审慎地试着回答,能回答多少就回答多少,即使讲得不很确切也不要紧,只要是同问题有所关联,老师会引导和启发你切入正题;如果确是自己没有搞清的问题,就应该实事求是地讲明自己对这个问题还没有搞清楚,表示今后一定认真研究这个问题,切不可强词夺理,进行狡辩。因为,答辩委员会的老师对这个问题可能有过专门研究,即便你很高明也不可能蒙骗他。这里我们应该明白:学生在答辩会上,某个问题被问住不足为怪,因为答辩委员会成员一般是本学科的专家,他们提出来的某个问题答不上来是很自然很正常的。当然,所有问题都答不上来,一问三不知就不正常了。

6. 当论文中的主要观点与主答辩老师的观点相左时,可以与之展开辩论

答辩中,有时主答辩老师会提出与你的论文中基本观点不同的观点,然后请你谈谈看法,此时就应全力为自己观点辩护,反驳与自己观点相对立的思想。主答辩老师在提问时,有的是基础知识性的问题,有的是学术探讨性的问题,对于前一类问题,是要你做出正确、全面的回答,不具有商讨性;而后一类问题,是非正误并未定论,持有不同观点的人可以互相切磋商讨。假若你的观点有理有据,能够自圆其说,那就不能轻易放弃,否则,就等于是你自己否定了自己辛辛苦苦写成的论文。要知道,有的答辩老师提出的与你论文相左的观点,并不是他本人的观点,他提出来无非是想听听你对这种观点的评价和看法,或者是考考你的答辩能力或你对自己观点的坚定程度。退一步说,即使是提问老师自己的观点,你也应该抱有"吾爱吾师,吾更爱真理"的态度,据理力争,与之展开辩论。不过,与答辩老师展开辩论要注意分寸,运用适当的辩术。一般说,应以维护自己的观点为主,反驳对方的论点要尽可能采用委婉的语言,请教的口气,用旁说、暗说、绕着说的办法,不露痕迹地把自己的观点输入

对方,让他们明理而诚服或暗服。让提问老师感受到虽接受你的意见,但自己的自尊并没受到伤害。比如,有一次这样的答辩会:一位老师在说明垄断高额利润时,把垄断高额利润说成是高出平均利润以上的那部分利润。答辩的学生听出老师的解释错了,就用平和不解的语气说:"那么,垄断高额利润是垄断价格高于成本价格的话怎么理解呢?"提问的老师听后一怔,隔了一会儿,高声说:"问得好!"从提问老师的喝彩声中,我们知道,他已心悦诚服地同意了你的观点。这样的辩论,答辩老师不仅不会为难你,相反会认为你有水平,基础扎实,为你点赞。

7. 要讲文明礼貌

论文答辩的过程也是学术思想交流的过程。答辩人应把它看成是向答辩老师和专家学习,请求指导,讨教问题的好机会。因此,在整个答辩过程中,答辩人应该尊重答辩委员会的老师,言行举止要讲文明、有礼貌,尤其是在主答辩老师提出的问题难以回答,或答辩老师的观点与自己的观点相左时,更应该注意如此。答辩结束,无论答辩情况如何,都要从容、有礼貌地退场。

此外,毕业论文答辩之后,作者应该认真听取答辩委员会的评判,进一步分析、思考答辩老师提出的意见,总结论文写作的经验教训。一方面,要搞清楚通过这次毕业论文写作,自己学习和掌握了哪些科学研究的方法,在提出问题、分析问题、解决问题以及科研能力上得到了提高。还存在哪些不足,作为今后研究其他课题时的借鉴。另一方面,要认真思索论文答辩会上,答辩老师提出的问题和意见,加深研究,精心修改自己的论文,求得纵深发展,取得更大的成果,使自己在知识上、能力上有所提高。

1. 用参加竞赛式辩论的经历,概括论文答辩与竞赛式辩论的不同。
2. 用你观摩论文答辩的经历,说明论文答辩对论文作者的意义。
3. 参加论文答辩应该注意哪些细节问题?
4. 布置一次模拟答辩,一周后进行。

附　录

附录一　如何写好教学论文

"如何写好教学论文"是许多教育工作者难解的心结,尤其在经验交流、职称评定时,其重要性就显得更加突出。

何谓教学论文？教学论文主要是指对教学原理、教学方法、教学心得等进行论述的文章。

一、观点正确

既然是论文,就应该表达自己独到的见解。见解往往有对错之分,我们提倡创新,鼓励突破,反对人云亦云,更反对观点错误、立场反动的东西。

《扬子晚报》曾有这样一则报道：一老师为了让学生认真学,公然在班上跟学生讲"好好学将来可以住漂亮的房子、娶漂亮的老婆"云云。

这里不去纠结该老师用心如何、学生反应怎样,仅就此提法而言,它是封建社会"书中自有黄金屋""书中自有千钟粟""书中自有颜如玉"的翻版,类似的观点假如出现在论文中,这种文章自然是无理可取。

由此可见,写文章的第一要素：观点必须正确。

二、选题适中

选题是写作教学论文的起点,不论是内容、范围及难度都必须适合自己,唯其如此,才能写出有价值的教学论文。选题一般要注意实用性、互异性、准确性、突破性等。

（一）内容

一般根据自己拥有的资料而定，通常选定自己熟悉的材料，最好是自己的本职业务范围内或与所学专业相近的内容。不能为了赶时髦，或为了评职称，勉强东挑西选，去找一些连自己都似懂非懂的东西。这样做的结果，最终无非是劳而无功，无所收获。如有人曾经选择"秦汉国家祭祀"进行研究，但在解读"宗庙陵寝祭祀"时涉及很多概念，如禘祫，因为作者并不明白，结果"示字旁"都给误写成衣字旁了，这岂不闹出笑话！

（二）范围

研究范围太大、太小都不合适。题目太大，即研究问题的"外延"太大，涉及内容宽泛，这种文章表面上看起来很大气，可往往给人空洞、不实之感。结局肯定是因为力不从心而导致失败。反之，如果选择的题目太小了，轻而易举完成，不利于写作水平的提升，论文的价值也自然无从谈及。

当然，题目的大小不是绝对的，关键在于如何确定具体的论证角度，大题尽量不要小作，大题目写起来往往容易空泛，无法深入，写少了有蜻蜓点水、如浮光掠影之嫌；但提倡小题大做，从小角度反映大问题。如果抓住一个重要的小题，能够深入本质，切中要害，从各个方面把它说深说透，有独到的新见解，论文就有份量，价值就高。

三、材料充分

写论文从整体构思，到题目确定，到论证过程等，都不能离开选材——客观的资料。选材的目的，是采众家之长，成一家之言。因而，必须注意以下几个方面问题：

（一）确立论点

即通过资料的收集、汇总、整理，把与自己想法吻合的论点、论据、论证方法等挑选出来，并且从新的视角，予以新的观察。

如何做到独树一帜？同类资料中，不同作者自有其不同的阐述与见解，我们可以把其中富有个性的典型论据，体现各自特点的合理论证，摘录出来，从而为自己独树一帜提供保证。

（二）表现自我

不少文章大同小异，因而，有关资料内容的交叉争议之点，往往也是文章的关键之处，价值所在。如果我们注意把这方面的资料整理出来，对于形成自己的主见，确定文章的论证角度和发展方向，则大有裨益。

（三）精耕细作

不少文章由于种种原因，原作者只是提出了问题，并未作详细而中肯的回答。如将文中略写部分归拢在一起，加以扩充分析，我们就会从中受到启发，从而修正原有的选题方向，对问题做出定向、定度的思考和研究。

总之，选材时，一定要注意不去作大而无当的联系和比较。必须有选择、有重点地找一些与我们的论点有关的因素来作对比研究，以便从中提炼出自己的见解。

四、思路清晰

在写论文之前，我们不妨先拟好一个写作提纲，如有可能最好是来一个初稿，然后再动手。

（一）提纲

可以帮助我们树立全局观，从整体出发，去检验每一个细节所占的地位，所起的作用，展现相互间的逻辑联系是否得当，各个部分之间的比例是否和谐，每一部分、每一环节是否都是为全局所需要，是否丝丝入扣，配合默契，是否都能为主题服务。

（二）初稿

提纲只是论文的大致轮廓，不可能对每一细节都考虑周密完善，因而可以先写一个初稿。有了它，很可能发现原来提纲中某些设想不当之处，这时就应加以调整或修改；对于有错误的论点、论据，或发现新的论点、论据，还应及时抽掉与增补，使之逐步完善。

初稿的写作通常有两种写法：

（1）按提纲的顺序分段进行，它可以使文章的格调、风格前后保持一致，前后衔接紧凑、自然，避免旁逸斜出，防止语言、文字上的重复。

(2) 按内容的熟悉程度分段进行,这种写法有利于作者积极思考,便于捕捉创作的灵感。

五、表达准确

除了写作过程中尽可能准确表达外,修改环节是论文的后期制作。在这一环节,更需要反复推敲,精心修改,力争妙笔生花,佳句迭出。

只有反复推敲和字斟句酌,文章才会显得具体、准确、生动,才能恰如其分地表述自己的教育、教研成果。

(一) 修改范围

可大可小,既可以"亡羊补牢"——发现什么问题,修改什么问题,通过材料的增删,使文章血肉丰满,使观点确立牢固,并与材料达到和谐统一;又可以"彻头彻尾"——发现问题,该舍就舍、该去则去,决不姑息。在内容上包括修改观点、修改材料,在形式上包括修改结构、修改语言等。

(二) 修改观点

在初稿形成后,要再看一看全文的基本观点是否正确,说明它的若干个从属论点,是否有失偏颇、带有片面性或表述尚欠准确;同时还要关注自己的观点是否与别人类似或雷同,有无创意与新意等。

(三) 修改结构

从结构上来看,不仅要求论点、论据、论证三者关系处置得当、层次分明、脉络清楚,能使主题内容得到顺畅合理地表达,还要求文章的开头、结尾、段落、层次、过渡、照应、主次、详略等各个环节合理紧凑。

(四) 修改语言

要在语言的准确性、学术性、可读性等方面下功夫,文字力求准确、精炼、简洁、专业,努力做到字字珠玑、句句充实。

附录二 自考生如何撰写毕业论文

本科专业(含本科段—高起本、独立本科段—专升本)自考生在各专业课程考试成绩合格后,都要进行毕业论文的撰写(工科类专业一般为毕业设计、医科类一般为临床实习)及其答辩。毕业论文的撰写及答辩是取得高等教育自学考试本科毕业证书的重要环节之一,也是衡量自考生是否达到全日制普通高校相同层次相同专业的学力水平的重要依据之一。但是,自考生的特点决定了他们缺少系统的课堂授课和平时训练,难免对毕业论文的写作感到压力很大,心中无数,难以下笔。故对这一特殊群体进行毕业论文写作的相关指导,其必要性和重要性不言而喻。

一、选择研究课题

"题好文一半"。选题是毕业论文撰写的第一步,是决定论文能否写作及其写作成与败的关键所在。只有确定了"写什么"的问题,亦即确定科学研究的方向问题,论文写作才可以顺利进行。相反,如果"写什么"不明确,"怎么写"自然就无从谈起。

教育部自学考试办公室有关对毕业论文选题的途径和要求是:"为鼓励理论与工作实践结合,应考者可结合本单位或本人从事的工作提出论文题目,报主考学校审查同意后确立。也可由主考学校公布论文题目,由应考者选择。毕业论文的总体要求应与普通全日制高等学校相一致,做到通过论文写作和答辩考核,检验应考者综合运用专业知识的能力。"不管是自考生自己任意选择课题,还是在主考院校公布的指定课题中选择课题,都要坚持选择有科学价值和现实意义的、切实可行的课题。

(一)要坚持选择有科学价值和现实意义的课题

科学研究的目的是为了更好地认识世界、改造世界,以推动社会的不断进步和发展。因此,毕业论文的选题,必须紧密结合社会主义物质文明和精神文明建设的需要,以促进科学事业发展和解决现实存在问题作为出发点和落脚点。选题要符合科学研究的正确方向,要具有新颖性,有创新、有理论价值和现实的指导意义或推动作用,一项毫无意义的研究,即使花很大的精力,表达再完善，也将没有丝毫价值。具体而言，自考生可从以下三个方面来选题。首先，要从现实的弊端中选题，学习了专业知识，不能仅停留在书本和理论上，还要下一番功夫，理论联系实际，用已掌握的专业知识，去寻找和解决工作实践中急待解决的问题。其次，要从科学研究的空白处和边缘领域中选题，科学研究还有许多没有被开垦的处女地，还有许多缺陷和空白，这些都需要填补。应考者应有独特的眼光和超前的意识去思索，去发现，去研究。最后，要从前人研究的不足处和错误处选题，在前人已提出来的研究课题中，许多虽已有初步的研究成果，但随着社会的不断发展，还有待于丰富、完整和发展，这种补充性或纠正性的研究课题，也是有科学价值和现实指导意义的。

（二）要根据自己的能力选择切实可行的课题

毕业论文的写作是一种创造性劳动，不但要有自考生个人的见解和主张，同时还需要具备一定的客观条件。由于考生个人的主观、客观条件都是各不相同的，因此在选题时，还应结合自己的特长、兴趣及所具备的客观条件来选题。具体地说，自考生可从以下三个方面来综合考虑。首先，要有充足的资料来源。"巧妇难为无米之炊"，在缺少资料的情况下，是很难写出高质量的论文的。选择一个具有丰富资料来源的课题，对课题深入研究与开展很有帮助。其次，要有浓厚的研究兴趣，选择自己感兴趣的课题，可以激发自己研究的热情，调动自己的主动性和积极性，能够以专心、细心、恒心和耐心的积极心态去完成。最后，要能结合发挥自己的业务专长，每个自考生无论能力水平高低，工作岗位如何，都有自己的业务专长，选择那些能结合自己工作、发挥自己业务专长的课题，对顺利完成课题的研究大有益处。

二、展开课题研究

课题确定后，就要展开对课题的研究：搜集资料、研究资料、明确论点和选定材料，执笔撰写、修改定稿。

（一）研究课题的基础工作——搜集资料

自考生可以从查阅图书馆及资料室的资料、做实地调查研究、实验与观察等三个方面来搜集资料。搜集资料越具体、越细致就越理想，最好把想要搜集资料的文献目录、详细计划都列出来。首先，查阅资料时要熟悉、掌握图书分类法，要善于利用书目、索引，要熟练地使用其他工具书，如年鉴、文摘、表册、数字等。其次,做实地调查研究,调查研究能获得最真实可靠、最丰富的第一手资料,调查研究时要做到目的明确、对象明确、内容明确。调查的方法有:普遍调查、重点调查、典型调查、抽样调查等。调查的方式有:开会、访问、问卷等。最后,关于实验与观察,它是搜集科学资料数据、获得感性知识的基本途径,是形成、产生、发展和检验科学理论的实践基础,运用调查研究方法时要认真做全面记录。

(二)研究课题的重点工作——研究资料

自考生要对所搜集到手的资料进行全面浏览,并对不同资料采用不同的阅读方法,如通读、选读、研读。

通读即对全文进行阅读,选读即对有用部分、有用内容进行阅读,研读即对与研究课题有关的内容进行全面、认真、细致、深入、反复的阅读。在研读过程中要积极思考。要以著作或论文中的论点、论据、论证方法与研究方法来触发自己的思考,要眼、手、脑并用,发挥想象力,进行新的创造。

(三)研究课题的核心工作——明确论点和选定材料

在研究资料的基础上,自考生提出自己的观点和见解,根据选题,确立基本论点和分论点。提出自己的观点要突出新见解,创新是灵魂,不能只是重复前人的研究或人云亦云。同时,还要防止贪大求全的倾向,总是顾虑不够完整,大段地复述已有的知识,体现不出自己研究的特色和成果。

根据已确立的基本论点和分论点选定材料,这些材料是自己在对所搜集的资料加以研究的基础上形成的。组织材料要注意掌握科学的思维方法,注意前后材料的逻辑关系和主次关系。

(四)研究课题的关键工作——执笔撰写

作者下笔时要对以下两个方面加以注意:拟定提纲和基本格式。

拟定提纲包括题目、基本论点、内容纲要。内容纲要包括大项目即大段段旨、中项目即段旨、小项目即段中材料或小段段旨。拟定提纲有助于安排好全文的逻辑结构,构建论文的基本框架。

基本格式:一般毕业论文由标题、摘要、关键词、引言、正文、结语、参考文献等方面内容构成。其中,标题要求直接、具体、醒目、简明扼要。摘要即摘出论文中的要点放在论文的正文之前,以方便读者阅读,所以要简洁、概括。正文是毕业论文的核心内容,包括绪论、本论、结论三大部分。绪论部分主要说明研究这一课题的理由、意义,要写得简洁。要明确、具体地提出所论述课题,有时要写些历史回顾和现状分析,本人将有哪些补充、纠正或发展,还要简单介绍论证方法。本论部分是论文的主体,即表达作者的研究成果,主要阐述自己的观点及其论据。这部分要以充分有力的材料阐述观点,要准确把握文章内容的层次、大小段落间的内在联系。篇幅较长的论文常用推论式(即由此论点到彼论点逐层展开、步步深入的写法)和分论式(即把从属于基本论点的几个分论点并列起来,一个个分别加以论述)两者结合的方法。结论部分是论文的归结收束部分,要写论证的结果,做到首尾一贯,同时要写对课题研究的展望,提及进一步探讨的问题或可能解决的途径等。参考文献即撰写论文过程中研读的一些文章或资料,要选择主要的列在文后。

(五)研究课题的保障工作——修改定稿

通过这一环节,可以看出写作意图是否表达清楚,基本论点和分论点是否准确、明确,材料用得是否恰当、有说服力,材料的安排与论证是否有逻辑效果,大小段落的结构是否完整、衔接自然,句子词语是否正确妥当,文章是否合乎规范。

总之,撰写毕业论文是一种复杂的思维活动,对于缺乏写作经验的自考生来说,确有一定的难度。因此,作者要"学习学习再学习,实践实践再实践",虚心向指导教师求教。

附录三 毕业论文指导的意义、任务、内容和方法

一、毕业论文指导的意义

第一,毕业论文是大学生在校期间向学校所交的最后一份书面作业,故而从教师的角度来说,指导学生写作毕业论文,是教师对学生所做的最后一次执手训练。大凡一个人第一次独立地完成某项工作,都离不开老师、家长、师傅或其他人的指点。对大多数学生来说,写论文在他们的人生经历中是第一次。许多人不理解毕业论文写作的意义,错误地认为,这是学校强加给他们的额外负担。"宁做十万利润,不写毕业论文",这就是部分学生在毕业论文写作之前的心态。写作的实践证明,学生在毕业论文写作过程中,自始至终都需要教师的鼓励、帮助和指导。

第二,毕业论文的指导过程,是教学相长的过程,是教师检验其教学效果、改进教学方法、提高教学质量的绝好机会。平时布置练习,批改作业以及考试测验等,固然也是检查教学效果的重要手段,但那是单项的、零碎的。唯有毕业论文写作,是学生对所学知识的综合运用,是学生应用理论知识分析实际问题、解决实际问题能力的生动反映,也是对教学效果的一次全面反馈。尽管有的学生平时学习成绩不错,对书本的内容掌握较好,但未必能写出一篇有质量的毕业论文。这里,除了学生的学习基础、整体素质等方面的原因外,从教师的教学方面来看,是否也存在某些问题和不足?今后怎样改进?对教师来说,这正是指导学生写作毕业论文的一大收获。

第三,毕业论文是学生留给学校的一份宝贵财富。教学是一种双向交流的过程,学生从学校获得的是知识,接受的是文化和道德的熏陶;同时,学生也以各种方式影响学校,许多学生的才华、见识、经验以及修养等,都给学校和教师留下深刻的印象。而毕业论文则是学生留给学校的另一份特殊的精神财富。每届学生毕业,都留下一批毕业论文,其中不乏优秀之作。学校可以用它来丰富教师的教学内容,启发教育后来的学生。可以用它来分析解决某些实际问题或理论问题,填补这些领域科研的空白;还可以推荐给有关部门或报纸杂志,以扩大影响。

总之,指导学生写好毕业论文,无论对国家、社会,对学校、学生和教师,都

具有重要而实际的意义。

二、指导教师的任务

毕业论文指导教师担负着重要的任务。毕业论文的成功与否,与毕业论文指导教师关系重大。因此,毕业论文指导教师必须以积极、负责、认真的态度做好指导工作。

(一)指导教师的基本任务

第一,启发并鼓励学生明确毕业论文写作的意义,排除各种困难和心理障碍,立志写出高质量的毕业论文。

第二,悉心指导学生完成毕业论文写作任务,做到立意新颖,内容充实,格式规范,文字畅达,并做好答辩准备。

第三,树立新鲜活泼、生动有力的马克思列宁主义的优良文风。

(二)指导教师的具体指导工作

第一,审定论文题目。选择合适的毕业论文题目,是学生写好毕业论文的关键性环节。因此,指导教师要在对学生调查研究的基础上,指导学生选题,反复审定学生确定的论文题目。

第二,指导学生制定撰写毕业论文的具体进度、计划,并定期检查学生执行撰写毕业论文的具体进度计划的情况。

第三,指导学生收集和阅读有关的参考材料,介绍必要的参考书目。要求学生围绕毕业论文的主题做读书卡片或者读书摘要。

第四,指导学生开展社会调查,收集第一手资料,做好调查材料的研究和分类。用社会调查得到的材料,作为论据,摆事实,说道理。

第五,正确指导和引导学生拟定论文提纲,定期解答学生提出的疑难问题。提出提纲或初稿中存在的问题和修改建议。

第六,审阅论文,评定论文成绩,并指导论文提要的写法及其论文答辩的方法和技巧。

三、论文指导的内容

毕业论文要指导的方面很广,归纳起来,主要有下列七项内容。

（一）指导选题

选题是毕业论文写作的开端。能否选择恰当的题目，对于整篇毕业论文写作是否顺利，关系极大。好比走路，这开始的第一步是具有决定意义的，第一步迈向何方，需要慎重考虑。否则，就可能走许多弯路，费许多周折，甚至南辕北辙，难以到达目的地。

指导学生选题，除了要处理好前述的几大关系外，还要遵循两条基本原则：

第一条是价值原则。即论文的选题要有价值。论文价值有理论价值和应用价值之分，选题时，要把应用价值摆在首位。学生写的毕业论文不是毫无实际意义的"空对空"的文字游戏，而是来源于现实，并为现实服务的。衡量一篇论文是否有价值以及价值之大小，应当首先看它能满足社会需要的程度如何。我们要鼓励学生从现实生活中选取有意义的题目，写出文章来最好能指导现实，为当前的现实服务。

第二条是可行原则。选题时要充分考虑主客观条件。客观条件主要是写作的时间、地点、环境；主观条件包括作者的才能、学识和所掌握的材料等。学生在选择毕业论文题目时，必须考虑自己的主观、客观条件，量力而行。即要选择那些客观上需要，主观上又有能力完成的题目。

（二）指导搜集材料

材料是文章的血肉，写文章不能没有材料。毕业论文如果缺少翔实的材料，就会像毛泽东同志曾经批评过的党八股那样，"空话连篇，言之无物""像个瘪三，瘦得难看"。

写作的材料从哪里来？

第一来自生活。丰富多彩的生活实践是文章写作取之不尽、用之不竭的源泉。鲁迅曾对青年作家说过："此后如要创作，第一须观察"，要去"读'世间'这一部活书"。尤其是党校学生来自党政机关、企事业单位，大都具有较丰富的实践经验，指导教师要引导他们从自己的工作实践中，从自己的"生活仓库"中摄取写作材料。

第二来自书本，包括各种文献资料、报纸杂志等。宋朝朱熹诗曰："半亩方塘一鉴开，天光云影共徘徊。问渠哪得清如许，为有源头活水来。"讲的是读书的好处。书籍是人生最好的老师，写作者如能经常向书本请教，文章的材料就像"源头活水"那样源源不断。指导教师平时博览群书，浏览各种报刊，发现有用的材料,就可以向学生推荐。

材料靠自己去搜集。指导教师可以指导学生先制定一个搜集材料的目录,如是调查材料,可按时、地、对象拟定目录;如是文献资料,可按书刊名称和发行年月安排目录。要着重搜集第一手材料,对第二手材料要查明出处、核对原著。

(三) 指导立意

立意就是确立文章主题。主题在文章中处于核心地位,是文章的"灵魂"和"统帅"。一篇文章质量高低、价值大小,主题是其衡量的主要尺度。

指导学员立意,要遵循以下原则:

第一,符合现实需要,体现时代精神。文章是时代的产物、现实的反映,它的主题应体现出那个时代的特征及发展方向。因此,毕业论文应牢牢把握时代脉搏,回答时代提出的最尖锐、最迫切、最现实的问题,以推动社会向前发展。

第二,反映客观事物本质。文章是对客观事物的认识和反映,但并不是像镜子那样机械地反照现实,而应当反映客观事物的某种本质,揭示其内部的规律性。

第三,要有独到的见解。只有独到的见解,才能使人受到启发,令人感奋,于人有益。什么是"独到的见解"? 就是古人所说的"见人所未见,发人所未发""人人心中皆有,人人笔下俱无"的思想、认识、意见、主张。要获得独到的见解,关键在于多思考、多质疑。其次,要有胆识,敢于标新立异。指导教师要指导学生站在时代的高度,深入事物的本质,多思深思,确立有现实意义、有独到见解、有理论深度的主题。

(四) 指导谋篇布局

所谓谋篇布局,就是考虑和安排文章的整体结构。结构是文章的骨架,确定了主题,选定了材料,接着就要把文章的框架搭起来。

安排结构的基本要求是:要围绕主题安排结构;要有明确、清楚的层次;要完整、自然、严密。

指导教师应根据文章所要表现的内容,指导学生合理安排结构,做到有中心,有层次,首尾照应,重点突出,严谨自然,富于变化。

(五) 指导起草

起草初稿是写文章最重要的步骤,是按照设计"蓝图"进行"施工"的阶段,是以文字形式实现作者构思的过程。

（六）指导修改

修改是文章定稿前必不可少的步骤。文章是对客观事物的反映,而客观事物是曲折、复杂的,不大可能一次就反映正确。因此,就需要不断地修改、完善。

怎样指导学生修改毕业论文？

1. 斟酌主题

主题是文章的价值所在。主题要正确、鲜明、深刻、集中、新颖。主题如果有问题,就非改不可。

2. 掂掇材料

论文的材料不可太少,也无须太多。材料翔实,论据充分,论文才有说服力。材料太少,就会使文章显得内容空洞；但材料太多,掩没观点,理论性不足,也是疵病。因此,学生初稿写成后,教师要指导学生,对材料重新估价,加以必要的增删。

3. 调整结构

要检查文章结构是否合理。所谓结构不合理,表现在头绪繁多而杂乱,层次不清晰,重点不突出或重点确定有误,内部次序颠倒,首尾缺乏照应,等等。要通过调整,使文章层次清楚,结构严谨,首尾圆合,浑然一体。

4. 锤炼语言

有些学生写的毕业论文,文字粗糙,语言拉杂,句式单调无变化,空话套话甚至口头语一大堆。对此,必须进行修改。鲁迅在《答北斗杂志社问》时说："写完后至少看两遍,竭力将可有可无的字、句、段删去,毫不可惜。"我们应学习鲁迅的这种严谨态度。

（七）指导答辩

答辩是毕业论文的最后"验收"阶段,旨在了解学生对所选择课题研究的深广程度和真实程度,并引导学生对本课题作进一步的深入研究,对毕业论文作最后的修改和补充,使之更臻完善。

答辩前,指导教师应要求学生端正态度,做好准备,以饱满的热情迎接、应对答辩。

四、指导的方法

毕业论文指导教师的指导方法是多种多样的,总的讲,要坚持启发式,谆谆诱导。具体地讲,可以有以下几种方法:

第一,启发学生独立思考。指导教师只对毕业论文中的原则性问题进行指导,不能越俎代庖,代替学生撰写或更改。要注意发挥学生的积极性、主动性和创造性。指导教师要保证毕业论文的思想性和科学性。学生要对论文的具体观点、论据、数据以及逻辑性负责。

第二,指导教师要给学生方法论的指导。讲解撰写毕业论文的要领,富有启发性地引导学生去独立地撰写论文。

第三,指导教师要以平等的民主探讨式的态度,启发学生发表自己的独立见解,不要照抄书本资料。在撰写论文过程中,培养学生写论文的具体方法和优良学风及文风。

第四,指导和督促学生撰写毕业论文的具体进度计划,克服撰写过程中的困难,完成选定的课题。指导的形式,要少用"背靠背"的通讯形式进行指导。因为面批面改,口问手写,更容易渗入学生心田,使他们不但知其然,而且知其所以然。指导前,教师应对学生论文(初稿)仔细阅读,打上记号;指导时,应着重指出为什么应当这样写、不应当那样写。至于具体修改,则应放手让学生自己改。

附录四 补充《泰州捍海堰探析》简纲

泰州捍海堰探析

历史上泰州曾有一项伟大的水利工程——捍海堰。泰州捍海堰也称范公堤,经过多次维修扩建,北起今之阜宁,南抵启东吕四,纵跨泰州全境,长约三百公里。从唐至清一千多年的时间里,泰州捍海堰"遮护民田,屏蔽盐灶,其功甚大",可谓"千载之大利",值得后人去研究。本文主要对泰州捍海堰的修筑历程进行考证,并分析泰州捍海堰的历史作用,同时对一些相关史实予以罗列并做些微考证,以期对这一研究课题做出有益探索。

泰州捍海堰从唐朝代宗大历时始修,历经宋、元、明、清各朝的不断扩建、维护,成为了中国古代历史上的一大著名水利工程。

泰州捍海堰是在唐代旧堰常丰堰的基础上重建而成的。唐代宗大历年间,时任淮南西道黜陟使的李承见农田被海水侵犯,于是奏请朝廷"于楚州(今江苏淮安)置常丰堰以御海潮"。《新唐书》亦有相类记载。史书对李承所建的常丰堰记载简略,不但具体时间无从考证,就连其规模、具体位置也存在矛盾。《行水金鉴》云:"大历中,黜陟使李承式为淮南节度判官,谓海潮漫为盐卤,虽良田必废,请自楚州盐城南抵海陵修筑捍海堤,绵亘两州,潮汐不得浸淫。"《江南通志》记:"大历初,淮南节度判官黜陟使李承式筑捍海塘,自楚州盐城,南抵海陵,绵亘百里,障蔽潮汐,以卫民田。"从上面史料可以看出,唐代李承修筑的堰堤大体上北至盐城,南达海陵(今江苏泰州),连接楚、泰两州。

唐代李承所建的常丰堰到北宋天圣年间,已有二百余年,"历时既久,颓圮不存"。旧堰的毁坏造成的后果是:淮南东路沿海"岁患海涛冒民田""风潮泛滥,湮没田产,毁坏亭灶",于是,淮南东路的海防被北宋政府提到议事日程上来。

天圣四年(1026年),当时监泰州西溪(今属江苏如皋)盐税的范仲淹向淮南东路发运副使张纶提议重修捍海堰,张纶认为范仲淹的建议可行,于是请奏朝廷,让范仲淹任兴化(今江苏兴化)县令,负责掌管泰州捍海堰的修筑。但捍海堰这项浩大水利工程的议案在朝中受到质疑。对于质疑张纶申辩说,相对于海患来说,内涝所造成的损失很小,"涛之患十九,而潦之灾十一,获多亡少,岂不可乎？"在张纶的全力支持下，范仲淹组织了四万多民夫开始修筑捍海堰。然而工程的进展并没有像范仲淹和张纶想象的那么简单，而是一波三折，甚至差点夭折。最终因为胡令仪的充分肯定和竭力支持，天圣六年（1028）七月工程竣工。张纶、胡令仪也都因修堰有功而受到嘉奖："淮南、江、浙、荆湖制置发运副使张纶领昭州刺史，前淮南转运使、主客郎中胡令仪为金部郎中。捍海堰成，故有是命。"

泰州捍海堰在北宋天圣年间的这次修建，历时两年，工程规模宏大，"凡调夫四万八千，用粮三万六千有奇"。建成后捍海堰长一百四十多里（古时长度单位，详细说明见本文第三部分），"从庙湾沙浦头（今属江苏盐城），历盐城、兴化、泰州、如皋至通州（今江苏南通）界止，共长五百八十二里"。捍海堰"基阔三丈，面一丈，高一丈五尺"，即堰堤的横截面为梯形，下底长三丈，上底长一丈，高一丈五尺，堰身用砖石垒砌而成。为了便于通漕运和泄内涝，在堰堤设若干涵洞、闸门。因范仲淹参与了修堰，所以泰州捍海堰又被后人称为范公堤。

泰州捍海堰建成后，宋政权对其进行不断的完善。仁宗至和年间，海门知县沈起在海门修筑一道长七十多里的堰堤，"西接范堤，以障卤潮，引江水溉田，田益辟，民率归业"，这样，泰州捍海堰便延伸至海门。

在完善泰州捍海堰的同时，宋政府也十分重视对堰堤的保护和维修。天圣年间，捍海堰刚建成，朝廷便"置兵五百人，分列五寨，专典缮修"。驻守捍海堰的官兵直到哲宗朝时都是专人专用，数额充足，朝廷还专门下诏，"通、泰州捍海兵士诸处不得勾抽"。但是到了徽宗朝时，驻守泰州捍海堰的士兵逐渐被抽调到别处，人员越来越少，崇宁、大观以后，"乃无一人守者"。缺少了保护和维修，泰州捍海堰逐渐颓坏、坍塌。徽宗宣和年间，"堤决，坏田三百余顷"，南宋高宗绍兴七年（1137年）"又坏陨几半"，虽则经过两年修补完成，但是已经不如天圣年间的堰堤坚固了。此后，提举朱冠卿、泰州知州徐子寅、张子正、魏钦绪都因为堰坏而增修过。孝宗淳熙八年（1181年）提举淮南东路常平茶盐赵伯昌针对捍海堰屡次被毁，而每次修筑都要先奏请朝廷再去施工这一极低办事效率的弊端，上书请求把修补堰堤的权力交给淮东盐司，委派官员管理，这样，"今后捍海如遇坍损去处，不以功役大小，即便委官相视计料，随坏随葺，勿令浸淫，以至大有冲决。务要坚固，可以永久"。朝廷准奏。对泰州捍海堰的管理在制度上得到了完善。

元朝成宗大德五年（1301年），"捍海堰颓坏，盐卤浸入高邮郡，诸郡农桑湮没，民饥死流亡者半"。时任兴化县尹詹士龙对泰州捍海堰进行了一次大规模的维修。詹士龙发动了九个郡的民夫,经过十六个月,修复了捍海堰,这是自北宋天圣年以来对捍海堰规模最大的一次修缮。在修复的同时,詹士龙也对捍海堰进行了扩建,堰堤已经"延亘三百余里"。

明代对泰州捍海堰进行过三次维修。第一次是在神宗万历八年(1582年),"巡盐御史姜壁请塞石跶口,筑捍海故堤,命盐城县知县杨瑞云董其役"。第二次是在万历十年(1584年),"总漕都御史凌云翼题准修筑范公隄,建泄水涵洞、水渠一十七处,石锸一座"。这次修堰"用帑金四万二千四百有奇"。第三次是在万历十五年(1587年),"巡抚都御史杨一魁以黄淮交涨,而旧闸泄水不及,山(阳)、盐(城)六邑田沉水底,挑浚庙湾、射阳湖等处河道。水有所泄,范堤乃固,民灶两利"。

清代雍正、乾隆年间对泰州捍海堰也进行过多次修复。"雍正十年(1732年)修,乾隆五年(1754年)重修,十年(1745年)添建石闸、金门,十九年(1754年)又修,并建界牌闸。"

泰州捍海堰从唐大历年间建常丰堰,奠定了基础,至北宋天圣年间正式建成,之后的南宋、元、明、清各朝对捍海堰均十分重视,屡次维修,不断增补完善,前后长达一千多年,其工程规模之大,持续时间之长,在中国历史上是罕见的。

泰州捍海堰是一项功在千秋的重大的水利工程,在中国古代海防中地位非常突出,"东南海防莫盛于淮东捍海之堰"。泰州捍海堰的历史作用笔者归结为三个方面,即遮护民田、屏蔽盐灶、便利漕运。

泰州捍海堰连接通、泰、楚三州,历史上这三州(淮东之地)皆临海,地势低洼,是典型的水乡泽国。泰州捍海堰的修建受惠最大的当属泰州之地了,保护的重点也是泰州,正所谓"捍海大堰虽跨数州,而泰之利害尤重"。历史上的泰州地广人稀,土地肥沃,"有屯田煮海之饶,幽邃肥美",是重要的产粮区。但由于泰州地势低平,很容易遭到海潮侵袭。泰州捍海堰的修建,使之成为了保护广袤农田的屏障。不仅如此,捍海堰建成后,"遂使海濒沮洳潟卤之地,化为良田,民得奠居,至今赖之",原来近海的盐碱地变成了良田。这是人类改造大自然的又一成功范例,和围海造田有异曲同工之妙。在保护了农田的同时,泰州捍海堰也使那些因海患而背井离乡的人们重新回到家乡,过上了安居生活,政府也增加了税收,亦如明朝的潘季驯所赞:"功成,保障贻海滨数百年之安,供我国家百万金之课。"

泰、楚、通三州沿海"盖以斥卤弥望,可以供煎烹;芦苇阜繁,可以备燔燎",是我国古代最大的海盐生产基地。泰州的地位尤其突出,自古就是海盐重要产地。北宋时,泰州"岁煮盐六十万石",宋政府所设的泰州海陵监,北宋初就有亭户718户,丁1 220人,"每岁所收利当租赋二分之一"。泰州捍海堰堤外盐场就达三十多处。捍海堰的修建使得这些盐场不会直接受到陆地上淡水冲释,保证了海盐的产量,可谓民灶两利,"赖于无疆"。

捍海堰区域内丰富的海盐、粮食需要往外运输,漕运无疑是当时最经济实惠、最便利的运输方式了。泰州捍海堰内有一道运盐官河,运河被捍海堰与海隔开,通过捍海堰上的闸洞"纳潮水以通漕"。运河通航便利,"南抵泰州,北抵庙湾,西通高、宝兴盐等处,各湖港商民船只往来及田户车戽,甚为通便"。

总之,泰州捍海堰"外以捍海潮,内以护盐河并各民田",真可谓一举多得,"其计至深而利溥也"。

泰州捍海堰还是一种抗争精神和伟大智慧的象征。人们不会忘记那些组织建造堰堤、造福于民的官员。北宋天圣年间张纶组织修堰,捍海堰建成后,泰州人民"为立生祠"。范仲淹还特别作《生祠记》,用诗歌表达了对张纶的感激和赞誉之情。范仲淹也曾参与修堰,当时州民亦为其立有生祠,且"兴化之民以范为姓"。后人也把泰州捍海堰称为"范公堤",泰州旧有"三贤祠","祀宋张纶、胡令仪、范仲淹。并以修捍海堰有功于民"。这些都体现了人们对于那些勤政为民官员的深切怀念和崇敬之情。

在撰写拙稿之前,笔者曾查找了大量有关泰州捍海堰的资料,在撰写过程中进行了取舍。写作中发现了一些问题,有的问题需要补充说明,有的问题由于条件限制,加上作者学识浅薄不能解决,也一并附录在这里,希望能给对泰州捍海堰有兴趣的同仁一些帮助。

北宋天圣年间修建泰州捍海堰之前确实存在一道已经颓坏的旧堰。史书对这道旧堰及其修建者的记载存在分歧。《宋史·河渠志》言:旧有捍海堰,"始自唐黜陟使李承实所建"。《宋史全文》曰:旧有捍海堰一道,"始自唐黜陟使李承实所建"。《行水金鉴》记:范公堤即捍海堤,唐大历中黜陟使李承式请建。《攻媿集》载:东南堤防淮东捍海之堰,"起唐大历中黜陟使李承"。同一道堰堤,其修建者却分别被说成是李承、李承实、李承式。再看旧、新唐书的记载:"李承,赵郡高邑人……寻为淮南西道黜陟使,奏于楚州置常丰堰以御海潮。屯田瘠卤,岁收十倍,至今受其利。""李承,赵州高邑人……累迁吏部郎中、淮南西道黜陟使。奏置常丰堰于楚州,以御海潮,溉屯田塉卤,收常十倍它岁。"综合以上史料分析,笔者认为,修筑旧堰即常丰堰的应该是李承,而李承实、李承式均为史书所误。

范仲淹于北宋天圣四年(1026年)在张纶的支持下负责修筑泰州捍海堰。

天圣五年(1027年)工程陷入困境时,范仲淹丁母忧离兴化县令任。后来,在张纶和胡令仪的组织下泰州捍海堰竣工。可以说泰州捍海堰是在范、张、胡三人的共同努力下完成的,泰州"三贤祠"证明了这一点。三人中张纶的功劳最大,所以《宋史·张纶传》在记述修堰这件事时根本就没有提及范、胡二人。《长编》的记述相对比较客观公正。后来,特别是明、清时,史书的记载逐渐发生了变化,范仲淹成为天圣年间泰州捍海堰修筑的唯一领导者。如《明一统志》:"捍海堰在盐城,南接泰州海陵县。天圣中范仲淹建议修筑。"《河防一览》:"查得宋臣范仲淹修筑长堤一道。"《行水金鉴》:"范公堤一名捍海堰,宋天圣年间范仲淹监西溪盐仓时所筑。"

随着时间的推移,历史的演进,历史的线条会变得越来越粗略,重大正面历史人物的形象也会变得越来越高大。范仲淹在北宋天圣年间修筑泰州捍海堰时仅仅是兴化县令,相较当时参与修堰的淮南东路发运副使张纶、淮南转运使胡令仪,其职位要小得多。但是,后来范仲淹官至枢密副使、参知政事,其文韬武略、声名威望,张、胡二人自是无法与之比拟,这就不难解释后来的史书何以将天圣年间泰州捍海堰的修筑归功于范仲淹一身了。

由于捍海堰经过不断维修、扩建,故而关于泰州捍海堰的起至和长度在不同时期都有所不同,史书记载也比较混乱。《长编》:"(捍海堰)自小海寨东南至耿庄,凡一百八十里。"《方舆胜览》:"捍海堰在海陵县,百五十三里。"《江南通志》:"虎墩在泰州海场,范文正筑捍海堤起虎墩,即此。""因名范公堤,长一百四十三里有奇。"《河防一览》:"(捍海堰)肇自吕四,终于徐淓,接连数百里。"《行水金鉴》:"范公堤即捍海堰,《安东志》名古淮堤,云堤在盐城二里,自东北直抵通、泰海门。"随着海岸线不断东移,泰州捍海堰残迹尚存,但要想搞清楚其确切位置和实际长度需要查阅大量历史地理资料,甚至需要借助于以后的考古发掘来佐证。因作者才疏学浅,不敢妄自断论,所以原文抄录。

参考简纲

一、泰州捍海堰在历代的修筑情况
  (一)唐代初建,奠定基础
  (二)宋代扩建,最终成形
  (三)元、明、清维修护理
二、泰州捍海堰的历史作用
  (一)遮护民田
  (二)屏蔽盐灶

（三）便利漕运

三、余论（附录）

    （一）李承、李承实、李承式

    （二）范仲淹、范公堤

    （三）泰州捍海堰的起至、长度

参考文献

[1] 田澍编著.史学论文写作教程.兰州:甘肃人民出版社,2011.
[2] 焦培民著.史学论文写作.北京:社会科学文献出版社,2015.
[3] 习罡华编著.史学论文写作.成都:西南交通大学出版社,2018.
[4] 李景隆主编.应用写作.北京:中央广播电视大学出版社,1983.
[5] 刘桂华主编.学术论文写作.北京:经济管理出版社,2015.
[6] 高小和主编.学术论文写作.南京:南京大学出版社,2006.
[7] 杜兴梅.学术论文写作.广州:广东高等教育出版社,2006.
[8] 李正元.学术论文写作概论.北京:中国地质大学出版社,2010.
[9] 周淑敏、周靖.学术论文写作.北京:清华大学出版社,2018.
[10] 王雨磊.学术论文写作与发表指引.北京:中国人民大学出版社,2017.
[11] 杜兴梅著.学术论文写作ABC.广州:广东高等教育出版社,2010.
[12] 卢明德编著.中小学教育科研方法与论文写作.天津:天津人民出版社,1996.
[13] 陈妙云著.学术论文写作.广州:广东人民出版社,1998.
[14] 高瑞卿.系统·规范·管用——评陈妙云著《学术论文写作》.写作,2000,(2).
[15] 史学论文写作讲义 https://max.book118.com/html/2017/1124/141370503.shtm。https://www.doc88.com/p-7718766586620.html.